叢書・ウニベルシタス　1085

メシア的時間

歴史の時間と生きられた時間

ジェラール・ベンスーサン
渡名喜庸哲／藤岡俊博 訳

法政大学出版局

Gérard BENSUSSAN
LE TEMPS MESSIANIQUE: Temps historique et temps vécu

目次

ジョルジュ・ラビカに

本書は、エクス＝アン＝プロヴァンス大学で行った講義の素材を再録したものである。本書の内容について一緒に議論することができたすべてのひと、すなわち友人、同僚、学生たちに感謝を捧げる。ローゼンツヴァイクをめぐる箇所に付き添ってくれたクレポンとド＝ローネーの「二人のマルク」に感謝する。哲学上の指摘をくれたマガリ・ガルサンに感謝する。あるとき、これを著作にするというアイディアを私に思いつかせてくれたクリスティアーヌ・ドニエに感謝する。信頼してこのアイディアを受け入れてくれたジャン＝フランソワ・クルティーヌに感謝する。最後に、忍耐強く手助けをしてくれたアラン・ペルネに感謝する。

はじめに

歴史の時間と主体の時間

「われ予見する　ゆえに　われ誤る」
（ポール・ヴァレリー[*1]）

メシア的時間に考察を捧げ、この考察を一冊の著作というやむを得ない構成物のうちに書きとめるには、あらかじめ若干の説明が必要である。このメシア的時間という主題は、二つの問いかけの秩序――十分に隣接していることは分かるがその統一はそう容易に認められるわけではない二つの秩序――のあいだの接合をなしている。すなわち時間――これには哲学的な由緒正しさがある――と、メシアニズムないしメシア――こちらはむしろ宗教史もしくは宗教社会学に属するように見える――である。これらの異質な領域の結びつきから出発して、そしてその拘束のもとでどのように思考したらよいのか。両者の区別が画定する空間がひとたび標定され、この区別が指し示す境界がひとたび踏破されるなら、言いかえれば、ひとたびこの区別がそれ自体として確立されるなら、この区別を通じて、時間を哲学的に取り扱う際に通常切り離されている——さらには競合している——側面をふたたびまとめることができる、とわれわれには思われた。すなわち一方で、歴史的時間と、この時間を思考することを引き受けるさまざまな歴史哲学であり、他方で、生きられた時間性、その内的意識である。したがって、ここでメシア的時間は、客観性と主観性、歴史と経験、長期持続と激烈な苦しみといった概念的対立と階層関係を——止揚するわけではないが——打ち崩すような、頼りなくしばしば不確かな交差点を指し示すことになるだろう。メシア的時間そのもの〔*le* temps messianique〕であって、さまざまなメシア的時代〔*les* temps messianiques〕ではない。後者は結局のところ、しばしば換喩によって前者を名指すものである。「終わり」の時間性であって、諸時代の終わりではない。したがって、歴史的現実の内在的諸構造を転覆しようとする、メシア性を備えたさまざまな重大な運動が探し求めた果て《エスカトン》＝終わりが本質的に問題なのではない。問題なのはなによりもまず、「時間の長さ」およびさまざまな合目的性の線的論理の水平性を中断する垂直性という、幾度となく再開される試練なのだ。瞬間のうちでのこの待望の時間が終末論と無関係でないのは明らかとはいえ、この時間は、これからたびたび見ていくように、その存在に即した内実としてはいささかも「終末論的」ではないことを証明している。実際、この時間は、それが「諸時代の終わり」に待ち望んでいる当のものによってあらかじめ決定されているのではなく、時間それ自体であり、あるいは少なくとも、時間に属するなにかであり、時間の中心で鼓動しているなにかである。この時間は、自分がなにを見張っているのかを本当には決して知りえない見張りのようなものだ。彼は、休むことなく、猶予が認められることもないまま、ときに高揚を感じ、あるいはしばしば絶望のなか、いつ終わるとも知れない待ち伏せを耐えているのである。〈メシア的なもの〉は、現在／未来の関係を緩めるものとしての未来を形容するのではなく、この関係それ自体であり、言いかえれば、時間の中断をいまここで耐え支え、さらには、たえず仕上げるべきものである現在によってこの中断を要請しさえもするような時間の経験である。結局のところ、暗黙的な仕方ではあるがしばしば問題となるのは、カントの人間学の偉大な問いかけをあらためて取り上げ直すことだろう。すなわち、われわれの表象が表象の対象の原因たるには不十分であることをわれわれが意識しているとしても、因果性のある種の表象がわれわれの欲望や希求に含まれていることにはまったく変わりがないのである。さらにこう言わなければならない。この幻想は動因となって、われわれの力を刺激し、その枯渇を妨げるのに貢献するのである。なぜなら、われわれの力が自分の対象を生み出す能力、つまりは時間のなかで自分自身を生み出す能力を確保しておかなければならないとしたら、われわれの力は使われるよりもまえに使い果たされてしまいかねないからだ。

ここから、この時間的な自己生産の歴史性に関わる、議論の最初の方向性が展開される。のちほど示すことになるが、導入として次のことを主張しておこう。すなわちメシアニズムは、われわれが優先的に取り上げる側面においては、歴史に対して真の意味で距離を取ることを生み出す、ということだ。これは思弁的な歴史についても時系列的な歴史についてもそうであり、哲学者たちの歴史についても歴史記述家たちの歴史についても、またヘーゲルの範疇に従えば反省的歴史についても根源的歴史についてもそうである。[*2] このように距離を取ることは、メシアが到来する時間の絶対的な非特殊性と無条件性によって命じられている。実際、メシアが到来する時間は突如として訪れる時間なのである。それゆえ歴史的領域は、こうした規則なき闖入に対する自閉した対位点、外部性なき全体性として現れる。このように、概念の合法性のもとで、みずからの内的諸差異を包括的に把握することで構成される歴史は、自分自身の弁証法的媒介物によって解明されうるだろうし、これらの媒介物に厳密に内在した一つの目的＝終わりを保持することになるだろう。それに対してメシアニズムは、場所も契機も知ることがなく、時間という純粋な支持体のうちにある。伝統的にメシアニズムは時間を二つの時代《アイオーン》、二つの世界――この世界（オラム・ハゼ）と来たる世界（オラム・ハバ）――のうちに、一方が他方に含まれる仕方で折り込んでいるが、この二つの世界はその性質と特徴に従って根本的に区別されている。おそらくこうした異なるもの、決定不可能なものの相互帰属に向けられた極度の注意が、メシア的待望の最も恒常的で顕著な性格――ときに輝かしく、ときに揺らめくような、またときにはその両方――である。来たるものは存在しているもののうちで動いており、存在しているものは、存在するものとしてのみずからの存在においては、いまだすべてではないのである。こうした時間と歴史の襞についての構造的な証言を行っているのは、メシア思想によって再解釈された、伝統に固有のもろもろの緊張と極性である。エデンの園の二本の樹、現今の世界を統べる《法》を撤廃し侵犯するような来たるべき《法》、シナイ山でモーセに与えられた二組の石板、週日と安息日《シャバット》が衝突し合う宇宙論的時間性といったものがそれである。さらには、モーゼス・ヘスのような人物における内的歴史と外的歴史の区別、重苦しい前史と生成しつつある歴史との共産主義的対立、歴史性の諸構造を構成する差異的なさまざまな時間性がかわるがわる介入するというブロッホ的観念、史的唯物論は神学によって補完されることが必要だとするベンヤミン的テーゼ、代補性というデリダ的論理がある――呼び出すべき引用は、さらに積み重ねることができるかもしれない。

メシア的な襞は、到来と存在との断裂に従って歴史的時間を屈曲させるだけではない。あるいはむしろ、そうすることでメシア的な襞は生きられた瞬間を盛り上がらせ、それによって歴史的時間の起伏が浮かび上がる。もろもろの連続《シークエンス》を切り取ってその反復可能性を認可する一般法則は、翻ってもろもろの歴史哲学の偉大な存在論的連続性によって認可されもするのだが、われわれがこの特殊な層状構造において手にしているのはそうした一般法則ではなく、時間はあらゆる瞬間に時間から抜け出ることができるということの、さらには、いまこそ時間が真に時間化するために時間から抜け出る時であるということの微小な手がかりである。それゆえパウル・ツェランは「いまこそ時が訪れる時だ／いまこそ時だ」と書くことができた。[1]「いまこそ知る時だ／いまこそ石がついに花咲くために溶ける時だ／永久に休むことなく心臓が鼓動する時だ」[2]。時間は、自分自身がそうである背景のうえ、ないしは図面のうちに、突き出たものを呼び求める。詩や文学のエクリチュールは間違いなく、哲学の緩慢な厳密さがなしうる以上にこの特異な経験をうまく説明している。たとえばムージルが輪郭を定めようと試みている「別の状態」は、[3]ミショーが「通常の状態」と名づけるものの裏面であり、これは「普通の生活」が際限なく平凡に続けていく喪失ないしは放棄によって[4]――アポリネールのいう「緩慢な生活」である――特徴づけられる。この他者性が、メシア的な襞ないし裏面の思考がもつ実効的な部分を構成する。加えてこの他者性は、メシアニズムがそれに固有の諸展開においてしばしば示唆している時間の中断という経験について、かけがえのない証言を提供する。ここで詩人たちを参照したからといって、それは捉えどころのない例証でも、美的な見栄でもない。詩人たちへの参照は、瞬間的な結びつきの力をよりよい仕方で鮮明にしてくれる。詩とは「時間的な仕掛け」であり、詩の時間は「内的終末論」[5]によって貫かれており、詩は言わばこの終末論をみずからの律動と固有の言語コードのうちに書き直しているのである。詩について考察してみると、いかにして瞬間が――ローゼンツヴァイクの言葉によれば――「未来の起源」を意味しうるのかが見て取れる。これは誕生という絶対性をまとった始まりであり、原理〔根源〕に先立つ偶発事であり、継起的なものに還元不可能な瞬間的なものであり、ベンヤミンによるところのメシアニズムが意味していたあの相補的世界の論理である。瞬間はつねに行為の瞬間であり、不意の勧告に従って現勢化されるものがもつ非連続性である。能動的な倫理とは、瞬間的で、垂直的で、メシア的なものしか存在しないと考えられる理由は、以上のことから出発するとよく理解できるだろう。

メシアニズムが、長期間の時系列を考慮に入れることに抗いながら、瞬間性と瞬間の侵されざる新しさを際立たせるのだと言えるのはこの意味においてである。長期間の時系列は逆にメシアニズムによって貫かれているのである。失望と期待、待望と刷新が相互に襲ってくる瞬間の波浪は、歴史とその諸形態の断片化された諸経験を凝縮するものとしてのメシア的時間そのものである。無論、瞬間は時間の合法性のもとにあるのであって、瞬間の新しさそのものが出現するためには時間を必要とする。しかし、そのとき瞬間は時間から逃れることができる。そして、瞬間はあらゆる瞬間に時間から逃れることができるのであり、まさにこのことが瞬間を一つの瞬間たらしめている。歴史的知は、このことによって必然的に損なわれてしまう。思考の形象としてのメシアニズムは、さまざまな不一致なもの、単独性、断絶、大変動といったものの力を思い起こさせることで、歴史的知の魔力を解く。メシアニズムは、歴史の時間（容器）とさまざまな出来事（中身）のあいだの区別、歴史の主体－動因の受容性と能動性のあいだの区別をより脆弱にする。メシアニズムはもろもろの因果性を否定するわけではないが、それらの裏をかき、それらをはぐらかし、今ここでの到来のしるしや暗示をその背後に見抜く。時間の瞬間的他者と、他方で――のちほど見るように――記憶不可能な過去ないし探査不可能な未来からわれわれに訪れる他者の時間とが、時間のなかで連帯していることを、明らかにするのである。

ここまでの道のりで、われわれは前提としてあった問いを避けてしまってはいないだろうか。メシア的時間という語そのものと、この語がカヴァーする諸領域のあいだの異質性について当初から見積もられていた留保は、それによって手つかずのままになっているのではないか。言い方をかえれば、人間の主観性の最も根本的な経験に、個別の宗教的潮流から借用した外的で偶然的な限定を結びつけるのは正当なのだろうか。まさにそうなのだとしたら、時間をめぐる一つの形而上学は、それを文化的に個別化することで完全に汲み尽くされてしまうのではないか。そのときメシア的時間とは、平凡な明白さと解きえない不可能性のあいだ、「植物の植物学」と「四角い円」のあいだで揺れ動くようななにかになってしまうのではないだろうか。

これらの問いが無根拠でないとしても、われわれはここまでの文章ですでに、視野がどのように変えられうるかを示してきた。いずれにせよメシア的時間を考えることは、哲学によって非常に古い時期に打ち立てられた一つの装置と、哲学とは根底的に異質な一つの伝統――ここで唯一考慮に入れているユダヤ・メシアニズムの伝統――とのあいだの連結を概念的に練り上げるべく努力を傾けることである。したがってわれわれに必要なのは、ときに哲学とユダヤ・メシアニズムがたがいに異質であることを発見したり、ときに両者がそれぞれを相互に動揺させていることを発見しながら、この双方に付き従い、一方から他方へと移り歩くのを試みることである。われわれはこれを次の三つの前提のもとで行うことになる。

a．第一に、メシアニズムは、狭義のユダヤ思想が与える限界を乗り越える、ないしは乗り越えることができる。

b．第二に、哲学はメシアニズムを厳密に言い表すことに認可を与える、ないしは与えることができる。

c．最後に、とりわけ——というのもこれが上記二つの条件の条件となるからだが——人間的時間がもつ本質的なメシア性がある。加えて、人間的時間の質的な唯一性は決して見失われてはならない。

われわれが時間のメシア的な襞と呼んだものは、このメシア性の比喩的および方法論的な形象である。この形象が一つの層状構造、非均質性を描いているとしても、この非均質性は平行的な二重系列といった考えには帰着しない。結局それは、再統一がなされていないだけの実際上の二元性にいたってしまうだろう。そもそもラビ文学はこの困難に気づいていなかったわけではない。ラビ文学はあるところでは「メシアの日々」と来たる世界——しばしばこれらの語はほぼ交換可能であるが、たいていの場合、同時的でない複数の期間を形容するのに用いられる——を区別し、またあるところでは、たとえばベーアティド・ラヴォ、すなわち「来たる未来において」のような過渡的概念を導入している。描かれることになるさまざまな他者性、下部構造、膨張は、唯一の同じ時間に働きかけている。メシア性はこの時間を見えなくすることはない。たとえメシア性がこの時間のもろもろの裂け目を意味するときでもそうなのだ。

同様に、メシアニズムという語自体の非常に雑多な用法に関して必要となる予備的区別が問題になるときでも、われわれが手にした差異は、良いメシアニズムと悪いメシアニズムとの差異、つまり伝統の文字と精神に忠実な前者と、近代化され、機能低下していて、少しく無知である、伝統の変異体にすぎない後者との差異ではない。時間と結びついた哲学的概念性によってメシア的問いを包囲することは、ある種の不誠実さを強いるものの、この不誠実さが豊かであることもありうる。ここで問題となっているのは、誰一人として避けて通ることのできない思考の状況である。ポール・リクールの近著の言葉を援用するなら、実際われわれは、みずからの意図とは関係なしに、「ユダヤ的記憶と十九世紀の世俗化した歴史記述との非嫡出子(6)」なのだ。したがって必要なのはむしろ、なんびとも——真の意味での伝統的ユダヤ教さえも——逃れられないメシアニズムの我有化の二つのタイプ、すなわち世俗化による我有化と再創出による我有化を標定することで、この「非嫡出性」がしばしばまとう正反対の形態を考察するように努めることである。世俗化したメシアニズムと再創出されたメシアニズムのあいだのこの区別は、つねにというわけではないがある種の両義性なしには立ちゆかない。ときにはこの両義性をその固有の意義に従って——それらが困難に光を当ててくれるときには——働くままにしておかねばならないだろうし、またときには反対に、排除し合うもろもろの内実のあいだの差異によりよい仕方で注意を促すために、この両義性をそれとして示し、限定しなければならないだろう。われわれが本書の冒頭を割かねばならなかったのは第一のタイプ、すなわち世俗化との境界画定であり、第二のタイプ、すなわち再創出の代表者たちがその次に本書に動員される。実際、彼らだけが原初の息吹きと跳躍のなにがしかを再発見し、とりわけそれらを時間と世界に関わる豊かな解釈学に変換するにいたるのであり、彼らだけが、遠き昔との近さをめぐる時間的な期待、郷愁、幸福、苦痛の探索術を再創出しているのである。彼らとともに、現在をめぐる政治学、より正確には瞬間をめぐる政治学が素描されうるように思われる。これは、たえず出現するものへの、しかしまたたえず過去に変わるものへの能動的な開放性としての瞬間の政治学である。

たえずメシアニズムの世俗化と再創出のあいだから出発する場合、この語の用法の三つの異なる次元、すなわち源泉と二つの我有化、ならびにそれらと結びついた時間の三つの形象を区別しなければならない。

1. ユダヤ的伝統に固有のメシアニズム（終末論的時間）
2. 歴史哲学者たちによるメシアニズムの世俗化（目的論的時間）
3. 手短にわれわれが出来事の思想ないし出来事のメシアニズムと呼ぶことになるものによる、メシアニズムの取り戻し（中断的時間）

競合する三つの語義のあいだのこの弁別は方法論的に要請されている。というのもこの弁別は、当初は矛盾に見えかねないもの、すなわち線的かつ均質的な時間表象に対抗するためにメシア的パラダイムを動員することを理解するのに不可欠であり、あらかじめ必要となるからだ。しかしながら、提案したこの区別は三つの異なる用語に頼ることを求めるわけではないし、ましてやこれらの語義のうちの最後のもの、すなわち時間性の経験のなかにふたたび投げ込まれ、演じられ、また生きられもするメシアニズムを形容するためにメシアニズムという語そのものを放棄することを——これは考えられないことではないが——求めるわけではない。このメシアニズムは、デリダによってしばしば喚起される「亡霊化するメシア性」とそう遠いものではない。[7] われわれの第三のメシアニズムは、あらゆる実定宗教の手前にあると同時にユダヤ・メシアニズムの彼方にあって、より根源的でより経験そのものに関わるものであるが、それでもこのメシアニズムは、第一のメシアニズムとの〈共同的‐包含〉〔co-implication〕（第一のメシアニズムを超えて、しかし第一のメシアニズムの内部で）と、第二のメシアニズムとの〈対決的申し開き〉〔explication〕（第二のメシアニズムに反して〔contre〕、しかししばしばそれに寄り添って〔tout contre〕）のようななにかを保持している。こうした近接性ゆえに、同一の語を保持するのが望ましいとわれわれには思われた。この語が、たがいに排除しつつも継起的な布置のうちにあるもろもろの理論的内実を抱え込むことになるとしてもそうなのだ。したがってわれわれはそのたびごとに、問題となっている意味と内容を正確に示さねばならないだろう。これらの異なる規定の戯れにおけるある種の流動性は、かくして、単純化に堕することのない一連の明確化を——そうわれわれは期待するのだが——強いることになるだろう。

したがってわれわれは、時間のメシア性が入り込んでいると思われるもろもろの含意（われわれの第三のメシアニズム）のなかで時間を思考したと言える思想家たちの歩みに、断固としてみずからの歩みを重ねた。それゆえ明示的な参照が多いことや、いくつかの固有名が高い頻度で現れることには驚かないでいただきたい。これはうわべだけの謙遜でも、便利な隠れ蓑でもない。問題となっているのはまったく反対に、手続きを堅固にすることであり、源泉から来る声を響かせ、負債を誠実に認めることで、思考の正当な抑揚を見いだすことなのだ。本書の最後で提案されるメシアニズムのカテゴリーのリストは形式的秩序づけを試みた成果であり、そこでは借用が発見に役立ち、捉え直しが前進を可能にしているが、とはいえ網羅性や、ましてや体系性を申し立てることはできない。一つの論述の構造のなかで——しばしば軽度に中心軸をずらしながら——細分化された思考の諸契機から発して構築された本書の議論は、出発時には限定されていた領野を、後続のより広い諸問題にまで連続的に拡大し増幅することを通じて、固有の論証運動に従った道のりを進んでいく。それゆえさまざまなヴァリエーションや繰返しや捉え直しには、一つの主題的な一貫性と、多少なりとも統一のとれた分散の秩序が保証されている——そうわれわれは期待している。

結局のところ、本書で垣間みられた文体上の理想は、哲学のエクリチュールをメリツァー〔比喩・修辞〕と呼ばれる伝統的構成に——あるいは後者を前者に——従わせることだったのかもしれない。この文学形式を用いたかつての師たちは、寄せ木細工《マルケトリ》をするときのように、寄せ集められ適切に接合された諸断片を用いて、完全な連続したテクストを組み立てていた。聖書やラビたちの注釈や典礼のテクストからのこうした引用は、端から端までいかなる不均衡もなく置かれ、論理的で調和の取れた総体として配置されており、そこにさまざまな反復があったとしても、それが同じ一つのことの反芻や装われた冗言になることはなかった。主題がひとたび与えられると、その主題はもろもろの細かな差異によって再生産され、移し替えられていくが、これらの差異が出発時に措定されたしるしを完全に変形するにいたることもあった。こうしてメリッツァーは著者の主体性全体が見かけのうえで消え去ることを可能にしたと同時に、個々の単独の部品にはない、まったく未聞のもろもろの意義の啓示を可能にした。構成《コンポジシオン》という要求の強い技術のみが、これらの意義をある強度と現前性をもって出現させることができたのだが、その強度と現前性は、素材についての知識や、もろもろの総体についての感覚や、この差異化の修辞法に忍耐強く付き添う能力を読者に要求していただけに、よりいっそう思いがけないほどのものであった。実現しつつある道のりの自己修正、配置のあとに続く調整、調整のあとに続くやり直しを許すようなこの微細建築的モデルに従って、ヴァルター・ベンヤミンは一冊の書物を構成することを夢見ていた。この夢は不可能であり、その実現はありそうもないものだ。というのもこの夢の実現の諸条件が結びついているのは、哲学の書物とエクリチュールにおける著者《アウクトール》と権威《アウクトリタース》、言いかえれば引用と原典との、それ以後逆転した地位だからだ。この夢が行き着くのはせいぜい、不幸で「権威主義的《オトリテール》な」論証の偽造でしかないかもしれない。しかしこの夢は、思考の作業の謝意というものが、深いところではなんであるのかを遠くから伝えてくれる。召喚された声たちの本源性は、それらの内的な協和音への注意も、不調和な音調の指示も、固有の音色の独創性さえも妨げはしない。この本源性が、反響の代わりに音を置いたり、それぞれの歩みの痕跡を消しながら進んでいくことではないとすれば、そうなのだ。

第一章
フィールド――メシアニズムと近代

世俗化

メシアニズムは絶対に近代的である。[*3] 父祖伝来の伝統に由来するとはいえ、メシアニズムが担う諸問題は、われわれの歴史の近代のなかに間違いなく入り込んでいる。近代全体が――良いときであれ悪いときであれ――なんらかの仕方でメシアニズム的であるとさえ言えるかもしれない。このことについての明白なしるしは、もろもろの大いなる物語の終焉が内部に取り込まれて以来なされてきたジャーナリスティックな解説や、その軽微化されたヴァージョンを援用する軽率な歴史的用法のうちにみられる。それによると歴史的「メシアニズム」は、俗化された借り物の目的論であり、共産主義の経験や共産主義のユートピア的な諸変種がその宿命的性格を証拠づけたとされる。一つの宗教的経験がこのように政治および歴史の世俗化された領域に不当に移し替えられたとされるのだが、周知のとおりそれには、解放をめざす政治的企図にとってだけでなく、翻ってユダヤ教そのものにとっても——たとえそれがバイアスのかかったものだとはいえ——有害な帰結が伴っていた。最も繰り返された主張の一つは——そして無論のこと、あらゆる常套句と同様それには一片の真理が含まれているのだが——メシアニズム、とりわけユダヤ・メシアニズムの世俗化がもろもろの偉大な歴史哲学の母型を生み出し、それによって、世紀のうちへの偉大なる政治参加や進歩のイデオロギーのモチーフを生み出したのだと断言するものである。これから見ていくように、こうした物の見方には首尾一貫性がない。というのも、この見方はキリスト教の歴史に、すなわちキリスト教としての歴史にあまりにも注意を払っていないからだ。この物の見方は皮相ではあるが、かといって突飛なものではない。いずれにせよこの見方は、それ自身はほとんど問うていないもの、すなわちこの見方が盲目的に依拠する図式全体に指令を加えている世俗化という概念を問うように促している。この概念は説明的であると同時に描写的でもある。つまり、最も普通の用法では、世俗化はプロセス（世俗化は世俗化する）とその結果（世俗化されたわれわれの社会）とを同時に形容するのである。主観的自律の原則——世俗化はこれと大いに関係がある——と結びついた世俗化が、ヨーロッパ近代におけるもろもろの決定的な哲学的鍵の一つであることには疑いがない。この語の起源は、教会財産が世俗権威に横領されるのを経験したフランス革命の歴史上の瞬間に見いだされる。したがって非常に字義どおりに言えば、世俗化とは、新世紀に入ること、そして一切の後見から解放された歴史の時代に入ることを意味している。そもそも世俗的なものは、即座に現世的なもの〔時間的なもの〕へと合図を向けている。現世的権力は、一方で世俗的なものが精神的なもの〔霊的なもの〕

から「腕」と頭のように対抗分離されるかぎりにおいて、また他方で現世的なもの〔時間的なもの〕を永遠のものから切り離すことによって、厳密な意味での権力の領域を画定する。メシアニズムの世俗化、要するにメシアニズムの時間化はこうして、現世、すなわちわれわれの共通の世界と、時間性という人間の条件およびこの条件が限定し特殊化するものとの明らかな同一化を当てにすることになる。この意味で世俗化は、メシアニズムからその構造的特徴を、すなわち〈来たるべき世界〉が現世に突き刺す永遠性の切っ先を取り除く。そして超歴史的ないし外歴史的なものを世紀および時間のうちに完全に吸収することで、世俗化はそれ以後、内的な期待や成就とは異なるものが歴史のうちで感得されうるのを禁じるのである。

メシアニズムの問いの争点の一つをなしているのは、歴史の意味ないし無意味、歴史の内在的意義の継続的生産、あるいは反対に、歴史に宿るさまざまな罪や暴力のばらばらで不可解な継起といったものである。光り輝く未来や明るい明日は歴史のなかに送還され、最終的に歴史の一つの範疇になってさえいる。世俗化はメシアニズムから一つの図式を丸ごと継承し、それを時間化するのだが、そうすることで世俗化はメシア的感受性そのものを転覆させてしまう。メシア的感受性とはすなわち、歴史は決して、表現したり明るみに出したりできる諸次元の全体を、自分自身で、自分自身のうちで汲み尽くすことはできないという鋭い意識である。メシアニズムとその世俗化との関係はしたがって非常に両義的である。メシア的時間は人間の時間性を、宙吊り、停止、転倒、瞬間の特異な様態のうちで結び合わせるのであり、この側面では、メシアニズムは伝統の、あるいは少なくとも伝統の一部分の同一線上に——たとえメシア的時間が伝統をもう一度言い表したものだとしても——ある。同時にメシア的時間は、われわれの政治的・哲学的近代においては、時間化され世俗化された永遠が歴史的時間のなかに入ることを形容するものであり、このとき永遠は、個人的主体であれ歴史的主体であれ、ふたたび主体のまわりに置かれる。神学の隠喩化である世俗化は、メシアニズムの時間的諸形態を前面に押し出すことでメシアニズムを変質させる。しかしこの変質は、予想外かつ遠回しな仕方で、メシアニズムの動力をふたたび活性化するものでもある(1)。

古典的には、緊張下のこの関係の最初の側面はマックス・ウェーバーによって明らかにされた。ウェーバーはまさに、宗教的表象に由来する諸現象の総体が歴史的社会のうちに体内化されることで消失するプロセスを世俗化と定義している。ヘーゲルはすでに世俗化のこうした次元をきわめてよく理解していた。自然哲学および精神哲学に関するイエーナ講義のなかで、ヘーゲルは「教会と国家との総合的連結」と、それ以後近代人が生きなければならない「二つの世界」を分析している。教会とは――とヘーゲルはおおよそこのように説明しているが(2)――思考の力にまで高められた国家である。しかし同時に国家は「定在する」精神、天上の王国の唯一の実効的現実と化し、宗教はあらゆる現実的実存の喪失(*das Wirklichkeitslose*)を表す。これは単に実効性をもたないものであるだけでなく、生きた物質性が欠けているのと同様に国家が欠乏しているものでもある。『エンチクロペディ』(第一九八節)で国家の論理的構造を提示しようとしている国家の三つの三段論法は、宗教の三段論法を形式的に移し替えたものだ。国家は、即自的に宗教であるものをたえず現実化し現働化する。これは『ユダヤ人問題に寄せて』のマルクスが論点をずらしながらふたたび取り上げる主題である。ヘーゲル的な世俗化は、国家による国家のための世俗化――哲学者自身が言うように、それは「水のなかで火を保つ」のを望むことかもしれないが——である。この世俗化は普遍史によって、キリスト教の偉大な諸要件を採用ないし採用し直すことであり、それゆえニーチェはヘーゲルについて、彼が偉大な時間稼ぎ人、神の死を「遅らせた最大の人物」だったと述べることができるのである。(3) かくしてウェーバーにとって世俗化とは、周知のように、国家による倫理的理念の現実化のためのこうした宗教的なものの脱現実化の行き着く果て、脱呪術化、世界の合理化を指し示している。しかしながら、このドイツの社会学者の偉大なテーゼは、目的論的なものとメシア的なものとの混同のまわりに織りなされた、そしてこれから見るように時間の空間化によって認可を与えられた両義性のようなものを保持しているようにわれわれには思われる。ウェーバーのテーゼは、宗教的ないしメシア的呪術化と目されるものの消失を世俗化に結びつけているが、その歴史的起源をユダヤ預言主義のうちに見いだしているのである。

こうした一般的でそれ自体としてはほとんど疑う余地のない説明の枠組みに対置するわけではまったくないが、ここでわれわれは世俗化を、むしろキリスト教に固有の歴史的弁証法が緊密な仕方で支える運動とみなすことになる。すべてはあたかも(というのも、ここで問題になっているのは来歴を考察することであって、教会史ないし神学的教義を分析することではないからだが)キリスト教がすでにユダヤ教のもつなにがしかを世俗化しており、キリスト教それ自体がメシアニズムの世俗化運動として——この運動はあまりにも連続しているために、最後に神の死がこの運動の実現として現れなければならない——展開しているかのようなのだ。われわれはこの解釈路線をローゼンツヴァイクから借用しているが、ローゼンツヴァイクこそがこのことの最も総括的な説明を提供したのだとわれわれは考える。ローゼンツヴァイク自身は『啓示の哲学』(4) のシェリングに多くを負っており、シェリングはと言うと、教会の三つの時代ないし三つの教会の理論の功績を、十三世紀にフィオーレのヨアキム*4によって提案された注釈技術の生成的モデル化と、それが解釈の領野で開いた歴史的時間の再考に割り当てていた。ゲルショム・ショーレムによって提出された仮説、すなわち、ヨアキム主義と、同じ瞬間に同じ空の下でカバラの最もメシア的な諸潮流が練り上げたシュミトット〔安息年を意味するシュミターの複数形〕の理論との接近がありうるという仮説を保持するなら、(5) そしてまた、この連鎖のもう一方の端で、最近ジャン＝リュック・ナンシーによってローゼンツヴァイクの分析が最も生き生きとした活力のもとで再発見されたことに驚かずにはいられないとすれば、(6) われわれが取り上げたより古典的な読解とは異なる世俗化の読解が、立ち止まるに値するものであることは認められるだろう。そこでわれわれは、これに割かれた『救済の星』の数頁の内容を簡潔に思い出してみよう。(7)

歴史の連続的なキリスト教化——逆説を含まないわけではないが、これはわれわれが世界の脱キリスト教化と呼びたいものを生み出す——の区切りを分析するために、ローゼンツヴァイクは偉大な先駆者たちによる三分割の道具立てを彼自身の目的のために活用している。ペテロの教会は、異教諸民族を改宗させながら、ローマ帝国の舞台に登場する。この巨大な課題を支える地理的拡大は、ある領域横断的空間と、一つの可視的身体——そこでは人間の活動がもつ純粋な外部性が世界の運命に組み込まれる——の構成のうちに具現化される。古代異教の一元論的調和にこのようにもたらされた矛盾はしかし、古代異教の哲学的真理を保持しており、これは中世スコラ学によって啓示の内容と端的に組み合わされた。歴史的には宗教改革で頂点に達するパウロの教会は、この歴史的かつ外延的な第一のキリスト教化を、魂の内面的かつ内包的な改宗によって引き継いだ。これは西洋が固有の内面性と文化的特殊性を構築する瞬間である。しかし、ペテロの教会の目に見える勝利が真理の分裂に帰着したとすれば、パウロの教会の勝利のほうは、現実的なものの分割に、そして精神と世界との、信と実効性との、内部と外部との分離に直面しなければならない。プロテスタント神学はドイツ観念論のうちに自分自身の完成を見る。パウロ的主体性は、分割した現実、すなわち精神と精神でないものとの対立という確認事項が有する近代性を裏づけている。世界の全体はなおも改宗を免れているのである。ヨハネ的時代によって、身体にとってのペテロ的契機と魂にとってのパウロ的契機と同様、生そのもののキリスト教化の時代が開かれる。こうしてヨハネ的時代は、キリスト教の全面的成就への傾向を意味している。ところでキリスト教はそれ自体として、単なる宗教としての自分自身を乗り越えるとともに、文明として完全に時間的な仕方で到来している。それゆえヨハネの教会は特別な形態をもっていない。ヨハネの教会は旧来の諸形象を時間化することで活気づけ、それらをゲーテ的な意味での内在性——自己と世界との合一と、世界の運命との合致のうちに意味を基礎づける偉大なる内在性——と合流させる。ヨハネの教会は異教の終焉を完全にしるしづけるのであり、それ以後異教からはすべての空間が取り去られる。しかし、ヨハネの教会は同時に異教の普遍化を証言しており、その実質を弁証法的に統合している。ヨハネ的契機においては、外部性と歴史との一切の関係が撤廃される。解放をもたらす出来事、ローゼンツヴァイクの言う自由化《リベラシオン》の作業は、救済の歴史的かつ世界内的な条件として確証されるのである。

　キリスト教が自己同定するのは、自己の乗り越えという連続的運動によってであり、古いものを新しいものに——トーラーを福音書に、ロゴスを肉に、ポリスを神の国に——たえず改宗することによってである。したがってキリスト教の歴史的弁証法というものが存在するのであって、これを『救済の星』

は、内部と外部の対立の解消の糸が終わることなく続いていく一本の線として描写している。時間化、世俗化、非宗教化が、ヨハネ主義——キリスト教の究極的完成にしてヨーロッパの意味——への巨大な近代的傾向の徴候である。キリスト教の生、すなわち自分を普遍的に世俗化し、衰退した自分の形態を再活性化することでたえず進行していくみずからの真理の行使は、人類史のなかで自分自身を実現することの模索によって、かかる模索のなかで展開される。普遍的次元に従って方向づけられた救済の経験は、ヨハネ的な意味では端的な歴史と混ざり合うのである。いずれにせよ、世俗化を仕組むことで問いかけを必然的に惹起するのが歴史に対するキリスト教の関係であることはよく見てとれる。たとえば、時間性との「距離を置いた」随伴というキリスト教の「道」を描写するためのローゼンツヴァイクの筆致において、そしてまた「有機的想起」に対置された「歴史」を形容《キャリフィエ》するための——権利を剥奪《ディスキャリフィエ》すると言わねばならないだろうが——ペギーの『クリオ』のなかに、同じ一つの比喩が同時に現れていることは、まったく注目すべきことである。すなわち鉄道のイメージが、時間の諸形態が自己と同時間的であるという技術‐歴史的近代を形容するのに役立っているのである。「キリスト教徒は、みずからの永遠の道のレールを河と平行に引き伸ばす[…]。キリスト教徒自身は結局途上にいるだけなのであり、彼自身の関心は単に、つねに途上に居続けること、つねに出発点と到着点のあいだに居続けることである[…]。彼が窓から見やるたびごとに、彼の脇の時間の河はたえず流れ続けている。河のうえを旅するひとは、結局ある蛇行から次の蛇行を見るだけである。鉄道のうえを旅するひとは、河を、自分がたえず途中にいることのしるしとみなす(8)」。「歴史とは、海岸に沿って(しかし一定の距離を置いて)走り、望むひとがあればすべての駅に停車する、あの長大な縦断鉄道である[…]。しかし、この鉄道は海岸そのものとは一致しない」(9)。同一の文学的比較が意味しうるのは、歴史的時間のうちでヨハネ化されたキリスト教であったり、逆転された前線では世俗化された学科的特殊化としての歴史であったり、キリスト教的歴史であったり、反歴史的なキリスト教的信であったりする。ここでわれわれが目にするのは、ローゼンツヴァイク対ペギーという二つのテーゼの対立よりはむしろ、問いかけの同一の土壌が両者を支えているというそれとは正反対の徴候だろう。

さまざまな傾向のこうした指標、それが方向づける多様な意味、そしてそれが統合する反動的な異議申し立てさえも、結局は次のことをよりよい仕方で主張することを可能にする。すなわち、キリスト教の歴史的本質は弁証法的であり、それは歴史的弁証法の本質が――ヘーゲルとヘーゲル主義がそれに与えた堂々たる形態においては――キリスト教的であるのと同様である、ということだ。世俗化の作業は、それが知解可能であるためにはこの同一性に関係づけられねばならない。世俗化されることで――誤った表象によれば――ヨーロッパ史のなかで進歩主義のカーブを描いたとされるのは、ユダヤ・メシアニズムではなく、キリスト教によるユダヤ・メシアニズムの時間化および弁証法化なのだ。というのもキリスト教が、ユダヤ・メシアニズムの世俗化と歴史的具現化の形象そのものを形容しているからである。ローゼンツヴァイクの分析の最後に、世俗化はキリスト教のヨハネ化の産物として、すなわちわれわれの歴史の最もキリスト教的な次元、それ以後もはや教会装置を必要としないキリスト教化として現れる。しかしキリスト教のこの成就、この教会なきキリスト教化の根本的意義は、それが成就するものの脱キリスト教化のうちで明らかになる。というのも、ヨーロッパにおける歴史の次元、そしてまたヨーロッパ的次元としての歴史は、そこでは完全にキリスト教的なものとして確証されるからであり、その結果キリスト教は、歴史によって歴史のうちで完成するしかなく、みずからの意味を実現することでそれを汲み尽くすしかないからである。あらゆる歴史哲学の最初のものであるキリスト教はこうして、マルセル・ゴーシェの形式に従えばこの「宗教からの脱出という宗教」であることになろう。政治的なもののあらゆる制度がもつ準ニヒリズム的裏面の指標としての、政治的なものの宗教的背景は、そこにみずからの源泉を見いだす。かなりの部分で、近代の政治的メシアニズムの数々はヨハネ化によって可能となっている。実際、ペテロの教会が世界の大時計に合わせてみずからの時間を刻むのに満足し、パウロの教会があらゆる実定性を内面的に宙吊りにするのに満足していたのに対し、不定形のヨハネの教会はキリスト教の全面的な歴史化運動を開始する。ユダヤ教以来、自由化《リベラシオン》と救済は一緒に進んでいた。しかし、それらはいまや、不適合と適合の戯れと拍動のうちで外延をともにしている。待望と、待ち望まれているものの告知は、一方のうちでの他方の止揚ないし有効活用の秩序に応じて相互に決定される。近代人、すなわち世俗化の人間は、内面性において（パウロ）、脱異教化されていると同時に（ペテロ）前兆と現前、脱呪術化と進歩の楽観主義のあいだの歴史的時間の無限定性に支えられた（ヨハネ）世界に住んでいる。この側面において、メシアニズムと世俗化はあらたに不可避的にぶつかり合う。というのも世俗化は、歴史の思考可能な連続性のうちに表象不可能な断裂の出来事をふたたび挿入し、予想外なものをその告知のうちにふたたび挿入することに存するからである。キリスト教と競合しながら、近代哲学はこの訴訟を積極的に審理しなければならなかった。

近代哲学のメシア的構造

この第二の論点は実のところ最初の論点を詳述するにすぎない。近代哲学が世俗化の主要な推進者だったことは誰もが知っている。ニーチェの言葉によれば狡猾な神学である近代哲学は[*5]、実際、とりわけドイツ観念論が練り上げたもろもろの歴史哲学というかたちで、キリスト教神学の資料体の大部分を練り上げ直す複雑かつ多様な手続きを介して整えられている。近代哲学の起源となる構造はメシアニズムのキリスト教的世俗化であり、そこを経由することで、「ヨハネ主義」と近代哲学の本質および運命の共同性と、両者が同一の存在論的実質を競合的に共有していることが分かる。このことは単に哲学が神学を参照することについての問いだけでなく、とりわけ、あらゆる神学がもつ哲学的基層についての問いを提起するものである。ここで問題になっているのは当然世俗化されたメシアニズムであるのに、なぜメシア的構造について語るのか。まず非常に大まかに言えるのは、近代哲学はみずからの実践において理性の〈いまだ‐ない〉を——理性はすでにそこにあるとされるにもかかわらず——決定しているということである。したがって、この〈すでにそこにありながらいまだない〉はみずからの〈そこにある〉〔定在〕を実効化し、それを理性の現実として十全な仕方で到来させねばならないことになる。このことは哲学的主体性を、もろもろの弁証法的冒険の道のりに、すなわち変形すべき対象をめぐる企図および思念のなかに、そして、合理性が到来するものへと開かれているのを考慮することへと巻き込む。時間に関する偉大な近代哲学がすべて、時間性の本質としての未来にとくに注意を寄せていたのは注目すべきことである。未来とは、いまだ到来していないかぎりで、いかなる仕方でも先在していないものであると同時に、待望の地平のうちでそれでも予期されるものである。

デカルトからマルクスにいたる——とはいえ「中世啓蒙」(レオ・シュトラウス)まで遡って、そこから近代の外へ現代的に出ていくところまで行ってもよいのかもしれないが——近代哲学の運動は、合理的ユートピアに貫かれており、世俗化はかなりの部分でその歴史的実現であった。理性の未-来〔à-venir〕は人間の運命である。この開かれた上昇的視野において、人間精神の自己了解は、生と世界の合理化のプロセスと軌を一にしている。近代の合理的秩序の大規模な拡張は、普遍的精神の自己運動の承認と、変形という歴史的過程への信仰とを、同じ一つの潮流のなかに包摂する。理性は、みずからの象徴的生産物によって動かされており、自分自身が認可している当の支配に異議を申し立てる能力を保持している。理性はこの支配をもたらすと同時にそれを否定するのである。自分自身の言表と前提の彼方へと向けられた哲学的理性は、自分自身ではいまだ実効的となっていなかったものとして、あるいは、理性をそれ自身に先立って——想起のうちにふたたび捉えられながらも——あらかじめ条件づけるものとして決定するものとの関係のうちで構成され、現実化される。概念の可能性の前方および後方へのこうした参照は、その存在構造と同様に、この構造を成就することになる時間にも影響を及ぼす。そこには驚きも喪失もないが、しかしまた知の獲得物の教条主義もなく、反対に知のたえざる流通、知の生成のうちにある。実のところ、これはシェリングが理性について——彼は理性の批判的歴史の一切をたどり直しているが——理性とは「認識することとの無限の潜勢力」、認識と認識された存在の潜在化の能力にほかならないと述べる際に区別していることである。そのとき《概念》は、その不可能性および逆転の地点にいたるまで、一つの潜勢力と探索を、そして拡張的でつねに満たされぬ可能性を意味し、成就するとされる。実際、プラトンの対話篇から理性的コミュニケーションの倫理にいたるまで、哲学的エロスは了解することの欲望によって——みずからを反省しながら乗り越えることのできる非了解に培われた希望によって、とさえ言える——跳躍している。哲学的期待は、知られた非知によってソクラテス的に駆り立てられたこうした知の欲望から生じている。この期待は理性の実現を願っているのだが、それを促進するのは純粋な知の探求であり、すでにある一切の知識に異議を申し立てる探索であり、既存の知の彼方をめぐるたえざる倫理である。

たとえば、私が認識することのでき、カテゴリーが構成する所与、存在するものは、カント哲学では超越論的理想へ、すなわち与えられていないなにかに参照させられる。理性が有するもろもろの《理念》はこうしてある構造的外部性をまとって存在の彼方に向かうのだが、その構造的外部性を哲学はみずからの力動的効果に従って把持——あるいは再把持——することができる。哲学の時間と哲学が展開される時間というものがあって、この時間は哲学自身が与えられていないものの秩序に関連づけるものによって決定されている。思考はこの与えられていないものを、言わばその贈与および現前のうちで到来させることができるとされる。ヘーゲルは『精神現象学』序文で哲学のある種のロマン主義的口調——言いかえれば教化的で、恍惚とした、メシア的な口調——とまさに決着をつけようとしているが、この決然たるテクストで彼はためらうことなく、哲学はいまや身分を変えて、知への愛の状態から実効化された知の状態に移行しなければならないと説明している。この移行の時間、「われわれの時間」は、「新たな時代への移行」であり、「誕生と推移の時間」——これは哲学者ヘーゲルに固有の時間だろう

——であって、そこでは「新たな世界の形象」、すなわち、いままさに「作動」している彼の哲学が精神の「連続的な前進運動」に与える一般構造が素描されると言われる。[10] 哲学が知の実効化であるためには、したがって時間を変えねばならないのだが、しかしそれは猶予なしに、時間の定在の諸瞬間を直接的に提示することにおいてである。したがってヘーゲル哲学の「別なる時間」は必然的に、実現の現在、みずからの体系性において現前的に実効的である知の現前である。かくして、別なる時間、すなわち未来に存在しなければならないことは、みずからの実効化された——ないし実効化可能な——現在、〈未来的現在〉〔présent-futur〕のうちで止揚される。そして、ヘーゲルが喚起する無際限に前進する精神の運動はそもそも、この〈存在しなければならない〉の真理の後退運動のようなものである。前進運動は、その十全なる存在の時が来るときになってはじめて、後退運動を確証するのである。哲学の時間は、さまざまな現在ないし現在の変様の継起である。もし現出とその成就との同時性によって、哲学のヘーゲル的形象が実効的知となるとしても、これは問いを閉じるわけではなく、反対に、適合した現働化ないしみずからの時間との不適合といった二者択一的な項でもってあらたに問いを提起することになる。ハイデガーによって哲学は「本質的に時代に合わないもの」とみなされる。というのも哲学の運命とは、「自分自身の今日においては直接の反響に決して出会うことができないもの」[11] だからである。哲学の存在とは、存在しなければならないことであり、この生成は、それが隠しもつ不足とそれが掘り起こす忘却によって、哲学という名前そのものに責任を負わせる。これはヘーゲルにとっても同様であったが、ここでは形而上学的理性そのものの権利剝奪という意味においてである。『ヒューマニズム書簡』に読むことができるように、来たるべき思考とはもはや哲学でさえなく「名も無きもの」であり、そこに立ち続けねばならないのだ(12)。

知への愛、科学の学説、絶対知、〈存在〉の思惟——名称とその統制をめぐるこれらの闘い以上に、哲学的実践が機能的に支えている理性的ユートピアの移ろいゆく内実を見事に示すものはない。実際、こうした解任と任命の数々は、約束〔*promesse*〕という、哲学の実現をめぐる非常に含蓄ある主題系をまったき濃密さで出現させている。古典的観念論からニーチェにいたるまで、実現〔*Verwirklichung*〕と、来たるべき哲学（フォイエルバッハ、若きベンヤミン）ないし哲学の終わり（マルクス）というその付帯理念は、もしそれらの転変の歴史をたどり直すとすれば、「終焉の古典」（デリダ）——哲学の終焉であると同時に、歴史の終焉であり、人間の終焉である……——によって演じられた偽りの出口の演劇的連続体《セリー》として読まれることになるだろう。それぞれの哲学は、自分自身が計画した決定事項の高みに決していたることなく相次いで続いているのであり、それらが相次いで続いていくのは、各々が行った解放の約束を守らないからである。これらの哲学は、自分の時間〔時代〕よりも前進しているという近代的様態のもとで、自分の時間〔時代〕に属していなければならない。そして、神学‐政治的権威の後見を問いに付すことで近代理性の作業が開始されたとき、これらの哲学は実際そうだったのである。こうして奨励された知的解放は、人間相互の関係や社会関係のうちに体内化されたさまざまな疎外の批判にいたるまで続けられた。時代の要請に応えるという道のりと能力のなかに自分自身を映し出すとき、近代哲学の理性的ユートピアは自然な伝達手段を、過程《プロセ》〔進化〕および進歩の語での歴史表象のうちに発見する。

進歩という概念の機能は、救済の場の世俗化として解釈できる。古典的に言えば、アドルノ(13)はあらゆる歴史哲学の起源――まさに宗教的な起源――をアウグスティヌスに見ている。『告白』の著者がはじめて、自然の円環における同じものの永遠回帰という異教的教説に、メシア的救済の約束を置き換えたとされる。その後、ヴィーコとデカルトとともに、第二の置換が第一の置換に置き換わったとされるが、その際の様態は、ヨハネ主義に通じる相次ぐ代替物の入れ子構造として世俗化を形容するものである。人類が、歴史のあらたな主体として、神に取って代わる。近代哲学のメシア的構造はまさに、宗教思想の世俗化の結果である。それ以後、救済の観念はもはや、人間の歴史――救済はこの歴史を超越するとされる――の終焉としては与えられない。救済の観念は人間の歴史の内在的終わり《テロス》として歴史に統合される。時間的な実効化と連続性からなる直線性のうちで対象を思考する構築主義的哲学、すなわち進歩主義が生まれた。歴史は、みずからの原理そのものの名において、たえずより完全に発展していくよう呼び求められる。歴史の目的〔終焉〕は、ヘーゲル哲学の絶対的自己意識、マルクス的共産主義の自由の統治――それにはのちに立ち返る――あるいはまたカント的人間性のうちに到来しうる。

カントにとって、人間性の観念は来たるべき哲学の地平を描くものであり、そのプロレゴメナは形而上学の思い上がりの批判――それがこのプロレゴメナの必要条件である――から生まれる。この人間性の観念を理解するためには、この観念を直接の歴史的資料のうちで解読しようと試みるのでは十分ではなく、「全体としての世界は最高善に向かってたえず進歩している」という純粋実践理性の仮説にもとづいてこの観念を裏づけなければならない(14)。したがって実践哲学は歴史哲学を説明するのに役立つことができる。というのもカントによれば、進歩は、経験的出来事や活動のうちに現出する必要はなく、投射的理念性においてそれらに先行するものだからである。自由は歴史や社会の矛盾を通して生み出されるが、こうした矛盾は、自然が自分の計画に従った全措置の展開に終止符を打つために用いる手段である。こうして人類に唯一適合する文化状態が、自然状態から生じる。というのも、よく考えるならば、「個々の主体を考慮に入れるときには混同や不規則性が一目瞭然であるものも、反対に種全体を考慮に入れるときには、この種が元来もつ傾向の緩慢ではあるが進歩的で連続した展開とみなすことができるからである[15]」。この種の自然の狡知は、カント自身が『諸学部の争い』で取り上げている世俗化された摂理の狡知に似ている。実際、一方では、人間主体のうちにいささかなりとも理性的な意図があるのを前提とすることはほとんど不可能である。他方で、哲学的理性はと言えば、人間に関する事柄の進行がもつ不条理さのうちに、なんらかの自然的な意図を発見することができるとされる。かくして哲学的理性は、ある特定の次元、個々の振る舞いの無秩序な総体に優越した次元にふさわしい歴史の教育者となりうる。未来は、自然の計画の深みを吟味することのできる哲学に属している。あらゆる哲学は未来の哲学であり、つねに来たるべきものなのだ。哲学は、この自分自身の前方のうちに身を保つ。しかし、正確を期さねばならないが、カントの思想に関するかぎり、哲学がそこで身を保つといっても、それには自動的な現働化の保証はない。そうだとすれば、それは重大な帰結をもたらすことになる。実現は約束されているが保証されてはおらず、一つの傾向、すなわち性向と自由とが一体となった効果をなしている。この点で啓蒙人であり続けるカントにとって、活動が必然性を修正したり妨げたりするために必然性に付け加わるのである。このことがよく分かるのは世界市民的状態においてである。世界市民的状態は、自然の計画——それによれば人類はすでにみずからの歴史の枠組みのなかで進歩している——に書き込まれた政治的活動の格率を提供するが、この格率は、たとえ完全には実現されえないときでも、人間たちにとっての義務の価値は保持しているとされる。幸福なことに、カントは進歩という不可避的な必然性を前にしては躊躇したままである。実際の歴史は、人類の世界市民的運命の徴候を提供しているが、これはただ次元の変化、すなわちなんらかの経験によって「人類の預言史」の考慮に移行することだけが解読を可能にするものであって、[16] その不確実性の度合いは、賭博師の色々な賭けに確率論を適用するのと同じ度合いである。[17] 狡知という形象はキリスト教的な摂理主義を世俗化するが、しかしそれは――カントが素描した歴史の裁きの批判を少しでも読むことができさえすれば――自然の計画を、部分的にその罠の裏をかく第二段階の狡知にすることによってである。人間は、感覚や悟性の支配とは他なる「統治」に、すなわち、あらゆる政治的集合体《レピュブリック》から区別された、倫理的で人類全体と関係しているとされる国家〔*res publica*〕――もろもろの政治的集合体はその図式にすぎない――に運命づけられている、あるいはむしろ究極的には運命づけられていると感じている。したがって、普遍史を人類の政治的統一の関数として扱うことは、この意図の前進にとって「前向きに働く」ほかないという賭けをしなければならない。そう希望しなければならないのである。この理念は決定的ではなく単に統制的という地位であるが、それゆえこれから見るように、カントの歴史哲学は一つの希望に通じる――さらには希望のうえに基礎づけられる――ことができる。この希望は、理論的な答えをもちえないものだが、だからこそ主体にとっての意味ある動機づけであり続けるのである。

まずブロッホが、次いでアドルノが、進歩をめぐるカント思想のこの開放性が有する決定的な哲学的面白さを取り上げている。実際、この開放性は中断に見舞われ、自分の限界を消すことなく、歴史的過程の断裂を示すことになる。この開放性はみずからの内実の不十分さを問題含みな仕方で保持しながら、明らかにありとあらゆるやり直しを可能にし、それに誘ってさえいた。分離したその両端をヘーゲルがふたたび閉じ、能動的実質と絶対的理性、〈ある〉と〈あらねばならない〉を弁証法的に一致させ、哲学のメシア的形象をまったく異なる仕方でふたたび作動させることになるだろう。世界市民的使命は理性のうちに基礎をもつ理念であるが、つねに不確実性が染みついたままであり、希望されるしか、あるいは目的やもろもろの善意志の一致ないし決意には決してなりえないことに自分自身で絶望するしかない。この使命は、いまやヘーゲルとともに、それ自体として自己生産する世界史の普遍存在のうちで実現される。そのとき絶対知の成就が意味するのは、来たるべきものの不条理さ、および、来たるべきもののこの到来が全体として実効的知のうちで現前することである。さまざまに異なる民族精神の個別の歴史が、各特殊性のそれぞれの段階に応じて、世界精神の展開を現働化するのと同様である。〈未-来〉と存在するものとのこの同一性が引き起こすのは、「存在者が自分に救済のアウラが割り当てられるのを見るのは、救済が起こらなかったあとである」ということであり、このことは「計り知れない射程を備えた進歩の概念の変容[18]」を表している。なぜならそれは実効化の今をその生成のうちに入らせるからである。存在するものの本質を、それが存在しているとおりに描写することは、必然的に、在るものを存在するものの本質として提示することに導くはずではないか？　若きマルクスのこの疑問に照らし合わせるならば、ヘーゲル主義とは当然、「時期尚早な終焉の知」の存在論的形象とみなされうる。「言わばメシア的な主体」が、この知の能動的ではあるが否定された原理——というのも規範的であるから——ということになろう[19]。結果としてヘーゲル主義は、近代哲学のこのメシア的構造に属する問いのすべてがそれ以後通過していく十字路をなしている。というのも、ミネルヴァの梟が昼間が終わったときにしか飛ばないのは、ミネルヴァの梟はみずからの実現の条件の訪れと成就を夜まで待っていたからである。哲学が、ヘーゲルの言うように世界を「若返らせる」のではなく世界を認識する任を負った世界の思考として実践されるためには、哲学はすでに一つの到来を書きとめていたのでなければならない。すなわち、結局のところ夜の作業をもはや解きほぐすことはない昼間、ペネロペイアの織物が仕上げられ衆目にさらされている昼間の到来である。終わりなき未完成の比喩に抗して事後性の比喩を作動させることで、ヘーゲルの思想は、報われた忍耐の哲学、概念の作業の正当な報酬の哲学としてみずからを差し出す。『法の哲学』序文の最後の数行が喚起しているように、この側面においては、その「つねに遅すぎる」は、知の正当かつ好ましい契機以外のなにものでもない。それはいささかも出会い損ないを示すのではなく、反対に、現実的なものと理性的なものの婚礼の最適な時を示している。ヘーゲルを出発点として、一つの緊張関係が継続的にこの有名な形象に働きかけていく。《知》か、それとも《未来》か。あるいは現実的なものと理性的なものの等式か。この場合、両者は、概念と対象とが一致する現在の合致のうちで乗り越えられる。あるいは現実的なものと理性的なものを、投射性において捉えるのか。その定式はモーゼス・ヘスが『ヨーロッパの三頭政治』のなかで簡潔に与えていた。「現実的なものの一切は理性的である。よろしい。しかしこれから現実的になるものは、いまもまた現実的なのだ！」

歴史的知のメシア的脱呪術化

知は、世界から偽りの超越を剝ぎ取り、世界を自分自身に対して不透明にするもろもろの偶像や神秘を打ち壊すことで世界を脱呪術化するのだが、このことに疑いを差し挟む余地はないし、またそれは望ましいことでもない。その際に知は、みずからの肯定性〔実定性〕のうちで自分を褒めたたえ、世界の脱呪術化と歴史の世俗化を自分の功績にすることで、自分自身に魅了されるおそれがある。われわれはこの知に、知の脱呪術化としての、そしてとくに歴史の知の脱呪術化としてのメシア的なものを対置するだろう。ここでメシア的なものが名指しているのは、自分自身の源泉の内部に由来しつつ外部へとせり上がっているような、自分自身から脱出した伝統の核心である[20]。このメシア的要素は、多様ではあるが緊密に結びついたさまざまなメシア的思考について語るのを可能にし、それらを進歩主義的パラダイムのなかで世俗化されたメシアニズムとは逆向きに作動させるのを可能にする。そのとき倫理‐政治的内実は、それらの歴史化から帰結する実用的視野には還元不可能なものとしてより明確に現れるだろう。メシア的な紆余曲折は、宗教的なものを政治的なものへと近代的な仕方で価値転換することに指令を与えている、内在的内部化と水平的投影の図式には同化しえないことが明らかになるだろう。

したがって、メシアニズム、ないし、いましがたその輪郭を特定したメシア的次元が、進歩の目的論でも歴史主義でもないことを主張しなければならない。

もろもろの偉大な歴史哲学は、生産様式の継起というマルクス主義理論と同様、連続的で均質的な時間を直観的に把捉し、次いでそれを諸時代の全体の共通の尺度とみなす（シェリング）。このことはある点までは、「歴史」が、現実的なものの領野から切り取られた認識対象として、「自然」との対立において現れるための条件をなしている。しかし、歴史的方法はしばしば認識論的な歴史主義に帰着し、この歴史主義は二つの異なるテーゼ、すなわち歴史的記載による決定というテーゼと、この決定によるあらゆる真理の相対化というテーゼとを因果律に従って結びつける。ところで、いまやすっかり確立されている行為遂行的矛盾に従えば、この第二のテーゼは、それが真であると同時に第一のテーゼと明示的に関係するためには、必然的に自分自身が仮定する当のものから逃れなければならない。この悪循環は、閉じた対象としての歴史の歴史的構成、すなわち、歴史の形而上学の多様な変種と一体をなしている。歴史の科学は歴史的であるか、さもなければ存在しないかのどちらかであるが、歴史的であるかぎり、歴史の科学は厳密な意味での科学ではないのである。法廷であれ世界の意味であれ、対象としての《歴史》は、みずからの規則と基準を自分自身に課す領域へと変形する。超越論的な言説の立場をすべて解体することをめざしていながら、この対象としての《歴史》は、自分の外にある一切を説明すると目される鍵概念としての歴史性をこの立ち位置に就任させる――これこそが理解しなければならない当のものであるにもかかわらずである。付け加えて、ヘーゲル－マルクス主義と呼んでしかるべきものに由来するもろもろの歴史知〔historiosophies〕においては――このヘーゲル－マルクス主義は、ヘーゲルの思想もマルクスの思想も正当に評価していないが、それでも両者の真の理論的財産を得ることができた――歴史は和解〔*Versöhnung*〕ないしその亜流の弁証法によって解明可能である。さまざまな分裂や衝突――それらの形態がどんなものでありうるとしても――を和解のうちで止揚することで、歴史には一つの方向が提供される。アドルノの分析をたどるならば、歴史は自分の媒介物全体に内在する一つの終焉〔目的〕を保持しており、こうした媒介物を貫いてそれらを善き合目的性において成就する。そのとき歴史の内在的知の一切は、無際限な終焉〔目的〕の知となる。ドイツ－キリスト教的帝国の永続にしても資本主義の最終的瓦解にしても、この歴史における生は、プーシキンが述べていたように、終わりなき晩餐の連続に似ている――無際限に宙吊りにされた終焉の始まり、ないし、文字どおりに終焉的である始まりの始まりである。

反対にメシア的感受性は、外歴史的次元の特異な動力を前提とするなかで保たれる。この次元は、一切の歴史の外部であると同時に、歴史への他者性の現前――これはまさに歴史に制限を割り当てる――であろう。すなわち、現世で作動している来たるべき世界、時間の中心に住まう生きた永遠、事物の現実を秘密裏に貫く事物の真理である。「われわれが探し求めるものはまだここにはない」とローゼンツヴァイクが書くことができたのは、「より正確に言えばそれはいまだここにはないものとしてここにある」と即座に付け加えるためである(21)。こうして歴史的全体は、いまここにある歴史の諸規定を免れるものが有する外部性との緊張関係のなかに入る。進歩をめぐる諸哲学の歴史愛や目的論と隔たったところで、メシア的なものは、ア・プリオリの次元に逆らう歴史的世界の一つの見方として提示される。いかなる歴史体系も、人間の活動がどのようなものになるのか、さらにはそれらがなにを与えることになるのかを予見することはできない。まさにこのことによって人間は歴史をもつのである(22)。人間はもろもろの出来事の骨組みのなかで行動するが、この骨組みは歴史のうちに捉えられている、あるいはむしろ歴史はこの骨組みの把握であり、それゆえ人工物でありさらには墓場である。ペレックが語る大文字のHの歴史〔大鉈《おおなた》の歴史 l'histoire avec une grande hache〕*6 はかくして、自身の大文字の威厳の下に、唯一的で現実のカタストロフを隠しもっている。歴史はこのカタストロフに取って代わることさえあるのだ。メシアニズムはまた、敗者の記憶と強者の暴力で満たされた歴史への極度の感受性によって、そして、みずからの客観性と因果的連関のうちでさまざまなプロセスの展開を認識しようとする学科および知を前にした、多少とも強力な歴史嫌いによって、二重にしるしづけられている。もろもろの経験や期待や予期を普遍史に記載し、それらをただ普遍史を主観的かつ部分的に暗示したものに仕立て上げる代わりに、さまざまなメシア的思想はそこに宙吊りにされた待望の徴候を見て取る。この待望において待たれているものはたしかに、それを一つの終焉〔目的〕のように待ち望む者に差し出されている。しかしメシア的終末論は歴史主義的な目的論からは遠く隔たっている。ここで期待されている終焉〔目的〕は、歴史に襲いかかる絶対的なものの塊である。それは歴史の終焉〔目的〕、歴史における終焉〔目的〕ではなく、外歴史的な介入〔あいだに‐到来することinter-vention〕に紐付けられた停止であり、歴史の外部からの歴史内部への到来である。「終焉」〔目的〕はあらゆる事物の無条件を形作る。この終焉〔目的〕は現象的に現れることができるし、厳密な意味での歴史的形態や出来事のうちで予期されることができるが、しかしこうした形態や出来事を止揚することはない。というのも、この終焉〔目的〕はあまりにも予見不可能で表象不可能であるために、たえず知への誘惑を提供しながらも一切の知の裏をかくからである。この終焉〔目的〕は、軸的な方向性でも矢印の先端でもなく、即時的な緊急性および至上命令である。歴史は終わらなければならないが、歴史は歴史の他者によってでしか終わることができないのである。

のちにより詳しく見るように、こうしたメシアニズムと進歩主義、終末論と目的論、待望と弁証法のあいだの各項の差異は、倫理と歴史的存在との関係をめぐって相反する問題設定をもたらす。もし歴史が、みずから告げる裁きの基礎であり、かくして一つの世界とその意味とを構成できるとしたら、政治的‐道徳的領域に固有の効力は、歴史に包摂されたものであるとそれを規定する命令の一撃のもとでそれ自身崩れ落ち、首尾一貫性をもちえなくなってしまうだろう。人間的なものをめぐるメシア的見方では、この効力は逆に、終結させることのできない、心を悩ます問いとなる。敬虔な行動あるいは道徳的行動が到来を早めることができるか否か。「主観的要因」は歴史の「客観的進行」を重層決定し、さらには歴史の「法則」を指揮することができるのか。予想外のものの瞬間は、〈あらねばならないもの〉と〈あるもの〉との弁証法的一致を転覆させることができるのか。

メシアニズムが表しているのは、政治のなかで真に倫理を思考することを可能にしうる道のりであり、言いかえれば、主体が普遍史の客観的裁きから離脱する可能性、さらには主体がこの裁きを裁き、その力と普遍性を——とはいえそこから身を引いたり、逃れたりすることなく——問いに付す可能性である。歴史主義から待望の時間へ、裁判官としての歴史から裁かれる歴史へ——かくしてメシア的なものは、[23]さまざまな実証的な歴史的知とそれらの認識的明証事とは逆向きに進み、ある実践的信の即時性〔直接性〕に信頼を寄せることになる。

第二章

問い――メシアニズムと哲学

形而上学と時間表象

哲学的伝統において、概念としての時間は、空間と同様に外的現実の特権的な存在様態である。存在するものはすべて、時間と、そしてもちろん空間と関係がある。存在するものはすべて時間のうちにある〔時間のうちで存在する〕。しかし、翻って時間は、ただの事物や事物に属する属性が存在するような意味で、すなわち存在者が存在するような意味で存在してはいない。時間と存在とのこの相関関係が、古くから時間をめぐる哲学的問いかけを束ねている。周知のように、時間をめぐる哲学的問いかけは、不可避であると同時に答えをもたないものであり、不可能であると同時に必要なものである。あらゆる存在論《オントロジー》は、存在時間《オントクロニー》の範疇のうちで作られるほどである。[*7] 時間は、主体と認識対象にひとかたまりとなって属している。時間を感じるだけで満足しているときには、私は時間がなんであるかを知っているのだが、時間の存在について問われるやいなや、私は自分が感じているものを失ってしまう（アウグスティヌス）[*8]。ひとは、時間とはなにかという問いをたえず自分に立て続けていながら、決してこの問いを立てることができない。なぜならば、それは時間を一つの存在として措定することに帰着するからである（ハイデガー）。事物と同じ存続様態をもたないがゆえに、時間は個別の事物を定義することができないし、ましてやそれ自身一つの事物として定義されることができず、情動と了解との混同の危険に晒されている。時間それ自体、そして時間のなかで起こるものは、分析の濾過器から分離されることがない。したがって、時間が主体に固有なものとして、そして最も根本的な仕方で主体に属するような存在様態を形容するかぎりで、時間は時間の時間化や持続のうちでしか語られることがないのである。しかし、このように形容すると、時間が存在者ではないことと結びついた留保に匹敵する、否定的な留保がふたたび現れる。事物のように存在しないのと同様に、時間は人間主体の賓辞ではありえない。というのも、もしそうだとすれば、この人間主体の存在は、いま存在する姿でありつつも非時間的であって、時間は――カントの語を援用すれば――単に「条件」でなく「カテゴリー」でありうると主張することになってしまうからである。人間であるとは〈時間である〉〔être-temps〕ということであり、これが少なくとも暫定的には、規定可能に見える唯一の「実体性」である。というのもここでもまた、アプローチが正確になればなるほどさまざまな区別が不可欠になり、対象はますます逃げていってしまうからである。そして、人間がもし全面的に時間であるとしても、それは脱所属や脱固有化というスキャンダルにおいてのみそうであるということになるからだ。時間は過ぎ、逃げ出し、逃れていく。だからといって、この時間の非存在は、なにがしかの時間があると肯定することを禁じるわけではない。私の身体的存在の緩慢で気づかないほどの変様、連続的な老い、他と区別される瞬間に位置づけることができず捉えることもできないなにかは、断続的な意識化を通じて私がその効果を確認するたびごとに私を捉える。〈存在しない〉、〈もはや存在しない〉あるいは〈まだ存在しない〉への不断の傾向は、一つの実存の立場を可能にする。少なくともアウグスティヌス以来なじみ深いものとなっているこの逆説から出発し、時間が存在者でも存在でもないのを見て取ることによってこそ、われわれは人間的時間のメシア性の核心を定めることができるだろう。すなわち、存在しない存在、したがって、たとえ存在したとしてもいまはもう存在せず、つねに到来すべきもの（待望、予想、予期）、ないしはふたたび到来すべきもの（想起、反復、記憶）であるような存在のメシア性である。

時間が——同じことは空間についても言えるだろうが——主体と認識対象とに同時に属する以上、認識の基礎をめぐる問いは、認識の多様な規定を統合して、時間と空間の定義——たとえば事物のあいだの理念的関係や、感性的直観の形態といった定義——を提案するように哲学に義務づけてきた。これらの命題には——カントにおいて顕著だが——科学的時間と心理学的時間とを分離しないという一貫した配慮がある。したがってこれらの命題は、時間の生きられた経験と空間の内的知覚という主観性と、物理学的・数学的諸科学によって練り上げられた時間概念の客観性とに同時に開かれていることになる。それらは両者に従属してもいるだろう。というのも、これらの科学は主体の時間とはきわめて異なる「時間」でもって作業を行っているからだ。熱力学が示すところによれば、時間の方向は、増大するエントロピーの概念に性格づけられ、一部のエネルギーの喪失ないし変形は、閉鎖的で双方向的な一種の永遠性をまとった全エネルギーの保存とセットになっている。見て分かるように、ここでは生きられた時間との断絶はきわめて根本的なものである。実際、そして自分に非常に好都合な仕方で、科学は、取り決めにもとづく象徴的時間を生きられた時間に対置するのであり、この時間が、あらゆる種類の現実的大きさを測定するための一般的大きさとして役立っている。ここにはなんら驚くところはない。主観性が科学性を基礎づけることがないのと同様に、時間性も物理学の客観的時間とは関係をもたないのだ。われわれの議論にとって興味深く、そして哲学の身分そのものに関わるのは、物理学がいかにして持続や同時性や継起といった伝統的概念を、それぞれ運動、一次元性、不可逆性のほうへ引き寄せながら生み出しているのか、である。これは客観的なものによる主観的なものの、そして空間による時間の二重の相互汚染と呼びうるものによってなされているのである。

時間の連続性はなじみ深い仕方では持続として与えられる（このなじみ深い持続はきわめて含蓄に富んでいるために、フロイト的無意識の持続でもある。そもそも、無意識が知らないのは時間というよりはむしろ時間系列《クロノロジー》である）。空間および時間をめぐる思想において、哲学は非常に早くから、連続的持続というこの直接的経験を運動の経験と結びつけてきた。エレア派のゼノンは、点の多数性――言いかえれば、結局のところ無限の分割可能性による不動性に捕らわれた瞬間の多数性――という前提を運動に押しつけることで、運動の実在を否定していた。アリストテレスはゼノンの四つのパラドックスに答えながら、時間および空間を、無限に分割することはできるが現勢的な無限性ではなく単に潜勢的な無限性によってのみ分割できるような連続量として打ち立てる。つまり時間はまさに数において無限な瞬間からなり、空間は数において無限な点からなるのだが、それは加算的な無限性によるのではないのである。アリストテレスの分析と、物理的時間の連続性という彼の公準は、近代物理学およびベルクソン哲学にいたるまで、程度の差はあれ維持されている。この永続性を解く暗号をもたらし、その秘密を引渡すこととなったのは、偉大なる回顧者ヘーゲルである。ゼノンの論法の二律背反は、運動において、運動によって取り除かれる。なぜならば「運動においては、空間は時間的に措定され、時間は空間的に措定される」[1]からである。

類比的な仕方で、また同じ方向に向から帰結を伴いながら、時間の空間化、すなわち全実体の普遍的相互活動という古典的観念は、実体が——カント哲学の用語を用いるなら——空間のなかで同時的なものとして知覚される可能性として説明される。時間のこの一次元性が、空間と持続のあいだの連結符をなしている。ベルクソンは、いかにして純粋持続が、測定可能で空間化された時間となって外在化されるのかを示すことができた。事実ベルクソンは、もろもろの同時性を、数え上げ可能な時間の単位に関係づけ、これらの単位を、不動で抽象的な状態として標定される瞬間に関係づけている。「創造の連続性」ないし「創造的進化」という語彙そのものにおいて、創出と連続体のあいだに矛盾がないわけではない。分厚い持続は、時間から一切の中断を排除することで、今度は瞬間を空間化する。瞬間の天然の輝きと行為の力を逸するからである。しかし、カントや他の多くの哲学者においても同様に、時間の空間化には、それが動揺する地点と批判的転換とが見いだされる。実際、ベルクソンは、展開から展開されたものへの移行、内的持続から運動による時間の尺度への移行が、最終的に行為を（そして瞬間を、と付け加えねばならないだろう）「一度に与えられる事物の普遍的骨組み」[2]へと変換するさまを述べることができる。彼が提示するこのメカニズムの説明は知られている。目を閉じて一枚の紙に指を這わせるとき、私はたしかに一つの運動を行っているが、しかしそれは、あたかも私自身の意識の内的流れのなにかのように、この運動を内部から知覚することによってである。目を開き、指がなぞった線を観察するなら、私は加算可能な運動の瞬間の並置が記載されているのを見るだろう、そしてこの運動の分割可能性によって、私は線が描いた持続を測ることができるようになる。(3) かくして時間の空間化は一つの明証事として与えられる。そしてこれから見るように、われわれがメシア的時間の問いに与える内実は、厳密に時間的な仕方で時間を思考するという反明証事を押し出すことに行き着く。カントに関してのちに見るように、このことはおそらく単純ではないのだが。

時間の方向《ディレクシオン》、過去から未来へ進む意味《サンス》〔方向〕という観念は、持続の観念と結びついている。継起の次元は連続性の次元を倍化するものであり、時間とは継起的運動の連続的な大きさであるというアリストテレス『自然学』の定義はこのことを明確に示している。継起の次元は連続性の次元がもつ空間化の効果を増大させてもいる。文法的継起の時間が容易に物質化される直線に加えて、天体の継起を表す、有限であると同時に無限定な円がある。すなわちアリストテレスの言うククロス〔円〕や、大時計や腕時計であり、そこでは地球の周囲を回る天体の周期的かつ反復的な運動が象徴化されている。線状性という静的表象に、宇宙の形象化というより力動的な見方が重ねられるのだ。この世では、時間の継起的方向は巻かれたものを広げていくような展開であるが、ふたたび巻き取られることはありえない。誕生から死にいたるまで、時間の流れが逆向きになることはない。記憶や欲望、恐れないし期待を通じて、この不可逆性は、ギリシア人たちが時間の歯牙と呼んでいたものの嚙砕《ごうさい》そのものである。間違いなく人間は、ジャンケレヴィッチが言及しているあの「受肉化した不可逆的なもの」である。(4) 提起しうる唯一の問いは、不可逆性から逸脱する時間的諸様態——すなわち時間性によって時間性の裏をかく方法、有限性のうちで不可逆的ななにかを修復する方法——を考察することはまったく考えられないのか、という問いである。ハンナ・アーレントが分析しているような赦しや、ある意味では約束も、事実が連鎖していく継起的かつ不可逆的な単なる展開に対して、予見不可能な発話や行為がもつ贖いの力を組み込んだような時間の哲学の素描ないし、そうした哲学への通路として読まれうる。人間によってなされたことは、たとえ彼らが自分がなにをしているのかを知らなかったとしても、なかったことにされることはできない。この点で赦しはいかなる逆転も行うわけではない。しかし、行為の瞬間や持続の宙吊りのうちになにがしかの啓示があるのとまったく同様に、赦す能力のうちにはなにがしかの救済があるのだ。ここにあるのは、さまざまな分節からなる複雑な多様性を——そしてとりわけ豊かさを——まとった時間を描写するには、継起や持続や同時性では十分ではないというしるし——そしてメシア的思考はさらに他のしるしを生み出す——である。継起や持続や同時性が一致して有している空間化の効果が、時間をめぐるあらゆる時間的思考を妨害することさえありうる。時間をめぐる時間的思考が注意を払うのは、時間の諸次元の分離であり、時間の流れよりもむしろ時間のうちで成長し熟するものであり、ア・プリオリに一続きで与えられる単なる継起よりもむしろ時間のうちで演じられるもろもろの乗り越えである。

しかしながら、哲学は哲学のなかにそっくり含まれるわけではなく、こうした異質性や収縮を異なる側面から主題化した哲学者も少なくない。われわれがとくに考えるのはシェリングである。シェリングは『世界年代』のなかで、複数の異なる時間が線的でなく同心的な仕方で相互に関係づけられるという、複数の時間の有機性の理論を提起した。それ以後、時間はもはや、到来したもの、到来しているもの、これから到来するもののすべてを含む普遍的な容れ物ではなく、時間についてひとがもちうる知にいたるまでをも包摂し、(5)時間の空間的表象に内在する形而上学的諸形態から逃れることを可能にするような力動的結合である。ヘブライ的伝統、とりわけカバラのいくつかの古典テクストをシェリングが熟知していたことは知られている。おそらくシェリングはそこに躍動と着想とを見いだしたのだろう。われわれは、この伝統が最も深く古いところで時間について教えているものを、簡潔な比較研究的素描のかたちで捉え直してみよう。

ヘブライズムとヘレニズム

まとめておこう。ギリシア人であるわれわれにとって、要するに時間は一本の直線であり、この直線に沿ってわれわれは視線を前方に向けたままにしておく。われわれは文法上のそれぞれの時間を点によって表示することができる。現在とはいま私がいる点であり、未来とは私の前にある任意の点であり、前未来とはこの二つのあいだのどこかである。私の後ろには複合過去があり、その後ろには半過去があり、さらにその後ろには大過去がある。このまっすぐな直線は無制限だが、この無制限性はぼやけたものである。文法上の時間が再現する断片のみが、この不正確さを逃れるのである。直線が、われわれの空間的表象の直観的かつ感覚的な直接性を忠実に表示しているとはいえ、直線は太陽の見かけの移動に対応した時間の数量化には不便である。地球の周囲を回る太陽の運動に従って時間を測定し暦を作ることが問題となるやいなや、直線は円に場を譲ることになる。しかし、円の画一性によって円は線状性に送り返されるのであって、円は結局のところ環になった直線にほかならない。たとえ直線と円という二つの形象が、時間とその展開についての異なる——しばしば対立した——比喩化と概念化を含意するとしてもそうである。いずれにせよこれらの形象が、われわれの時間表象の形式——しばしば競合はするが、同様に空間的な形式——をなしているのである。

なぜわれわれはこれらの形式を必要とするのか。この問いを立てたのはカントである。時間とは、そのなかでわれわれがわれわれ自身の直観、内的状態の直観を手にする領分である。ところでこの内面性は表示不可能である。したがって、内感に形式を与える直線の類比によって、この表示不可能性の修復を試みなければならない。類比は明らかに、「直線の属性でもって時間の属性を結論づける」[6]という危険を冒させることになる。カントはこの点を強調しているが、しかし類比の必要性を、時間の客観的価値と主観的条件という二重の拘束——それゆえ時間は経験的現実であると同時に超越論的理念性となる——に関係づけている。事物を現象とみなした場合、私はあらゆる事物は時間のなかにあると言うことができるが、事物の直観を捨象して事物を事物という地位に還元するならば、私はそうした言表を慎むこともできる。直線の類比的機能と構造的使用を思い起こさせるとき、カントの超越論的美学は、ア・プリオリで事物に外在する表象のうちに時間の問いを保持しているにもかかわらず、事物の時間化を促進している。空間と異なり、時間は外的世界から生じるわけではない。いかなるメートル原器も時間を提示することはできない。時間はもはや、アリストテレスにとってのように局所的運動に結びついてはおらず、意識状態に結びついている。つまり、空間は外的現象の可能性の条件でしかないが、時間は外的であれ内的であれすべての現象の可能性の条件である。したがって、時間の条件に服さないような経験の対象はなにもない。かくして時間は、主観的かつ心的な生の内密性をなすと同様に、各個人の歴史的実存の内密性をもなすのである。

すでに述べたように、カント主義の開放性を保証しているのはその両義性であり、それによってカント主義は時間をめぐるメシア的思考のたえざる参照点となっている。若きヴァルター・ベンヤミンが、カントの経験概念、より正確に言えば「上位の経験様態を正当に評価できるある種の類型論」を、メシア的経験を思考するのに役立つ哲学的遺産のうちで最も貴重なものとみなしたとき、彼はこのことを炯眼でもって予感している。(7) 時間に関するこの両義性ないし二重の構成は、ときにカントによってもそれと認められ論じられている。とりわけ彼が、永遠性がなんでありうるのかを考察し、そうすることで根本的に新しい時間意識を開示するときがそうである。『万物の終わり』の小節のなかでは、瞬間はまず、先行する点と後続する点に囲まれて、時間の線上で時間点〔*Zeitpunkt*〕をなすものとして与えられている。しかし、万物の終わり――言いかえれば連続性の根本的中断――という普遍的概念を考慮に入れる際には、「感性的世界の終わりをなす瞬間」と「叡智的世界を開始する」瞬間とを同一線上に置こうとすることは不可能になるし、矛盾となる。そこでカントは、時間の類比的表示とはまったく他なる時間の観念、より正確に言えば、時間との他なる関係が思考可能であるという考えを押し出す。一方で、経験の限界を超過するがゆえに、永遠性は無条件的な「本体的持続」だとされる。永遠性は、道徳的完成への無限の進歩に固有な時間性なのである。他方で、もはや時間点〔*Zeitpunkt*〕ではなく瞬間〔*Augenblick*〕であるような瞬間は、時間のうちでの万物の終わりであり、「そして、同時に（幸福な、あるいは不幸な）永遠性の始まり」(8)、未来の起源である。終わりにして始まり、時間のうちなる追加時間

〔outre-temps〕である各瞬間は、到来という出来事の可能性へと開かれ、希望という特殊な情動を生み出す。すべてが（あるいは無が）到来しうるこれらの瞬間は、メシア的宙吊りの点に似ている。こうした点の不連続性は、線における、そして線による止揚を禁じるのである。カントはこの小論で、最後の審判を意味するドイツ語表現の字義性についての語源的指摘（最後の〔最も若い〕審判〔*das jüngste Gericht*〕、最後の〔最も若い〕日〔*der jüngste Tag*〕）に回り道をしながら、時間は線状性とは別の類比を惹起しうることを垣間見てさえいる。「日々は時間の子どものようなものである。ところで、親から生まれた最後の子どもがもっとも若い子どもと呼ばれるのと同様、最後の日も〔…〕もっとも若い日〔と名づけられる〕」[9]。子をなすことおよび繁殖性の類比は、現働化するさまざまな潜勢性にもとづいて、画一化不可能で一方向的でない時間表象を示唆してくれる。人間の時間のなかでは、さまざまな加速や不在、老いや若返りが確かめられるのであり、このことはベクトル的ないし円環的な単なる継起を問いに付すとされる。カントにおいて、時間の思考に刺激を与えているのは永遠性の思考だが、いずれにしてもこうした永遠性の思考が、カントのアプローチの領野を出産の比喩にまで拡大するのである。

　時間と永遠性の関係を彼なりの仕方で問う際に、プラトンはすでに、形式的類比と質的差異のあいだの二元性を取り上げていた。プラトンにとって、人間の時間は、永遠性という叡智的原型を感性的に適用したものである。神的時間が永遠性であるように、人間の永遠性は時間である。類比はここでは不動の原像と創造物、すなわち原像から得られる「可動の」像とを結びつけている。差異は両者の排除関係に起因する。プラトンが言うように、数に従って前進するものは、完成からの堕落として、永遠性と根本から対立する。人間の時間は、この束縛もしくは不可能性に由来する。永遠の像は、像的であるがゆえに「可動的」である。この像の運動は、時間の部分である夜と日、月と年の差し引きの運動である。しかし、時間はまた、時間の経験を構造化する諸形態、すなわち過去と未来を有している。したがって、物理的時間があるのだが、心理学的時間もまた存在している。これは分割可能な時間であると同時に、感じられた時間である。しかしながら、プラトン的な原型の働きは、類似した連続体のかたちで再開される堕落形態としての時間を生み出す関係に依拠しており、感性的および叡智的な場所のトポロジーによって、言いかえれば空間的図式によって完全に指揮されている。この点でプラトン的な原型の働きは幕開けとなったものである。われわれはきわめて古い、時間の文化的軽視に関わっているとさえ言える。これは哲学的および科学的思考がみずからを構成していく過程で、かなりの部分で継承してきたものだ。時間が秩序や調和の侵食および攪乱の要因だとすれば、反対に数学的理念性や幾何学的命題が普遍的な有効性をもつのはただ、それらが位置しうる神的な〈時間の外〉〔hors-temps〕によってのみである。これから見るように、聖書的‐ヘブライ的思考は、まったく異なる方向に向かって展開される。時間のこの過小評価は空間化と尺度とに結びついており、これらは、固有の豊かさを、そして時間的展開の予見不可能性が潜在的に支えている新しさを犠牲にすることで特権視されている。意味論はこのことを率直に示している。測定可能な時間の単位、月を名指す *mensum* は、ヘブライ語でそれに対応する語ホデッシュとは非常に異なる語彙の領野に位置している。ホデッシュが目配せをしているひとまとまりの単語の語根は、新しいものによる支配を表現しているのである〔ホデッシュと同語根のハダッシュは「新しい」の意味〕。インド・ヨーロッパ語族の語彙は、空間的表象への時間的表象の依存をかなりの一貫性をもって示している。インド・ヨーロッパ語族の語彙は、われわれは空間的表象を用いてしか時間的表象を作り出せないのではないかという前提に導く。われわれにとって、空間および空間に配置された事物の知覚はより自然に発露するものであり、われわれは対象の並置とそれらを隔てる距離から、以前と以後の観念をア・ポステリオリに導き出すほどである。多くの言語は、前方と以前、後方と以後を言うために、同一の、ないしは近い語を用いている。直線という純粋に視覚的なイメージを、待つ人の行列というより可動的なイメージで膨らませてみれば、単なる空間的布置もしくは移ろいゆく運動の継起といった風に意味に変化が与えられ、誰かが私の前方あるいは以前に、後方あるいは以後に通りすぎていったと語ることができるのが分かる。

この例を通して、ヘブライ語が過去と未来を述べる際に示す差異に入っていくことができる。もうしばらく直線のイメージを——このイメージの限界を認めることで、その使用を控えざるを得なくなるまで——捨てずにおこう。未来は私に直面しており、私の前方にある。過去は私の後方にあって、私は過去に背を向けている。ところでヘブライ語は前方を述べるためにカダムという語に訴えるが、この同じ語はまた、過去、起源の時間（ケデムと言えば〈古代〉であり、カドゥムと言えば〈昔の〉である）、言わば直視できる亡霊をも意味する。後方はアホール（あるいはアハールもしくはアハリット）と言われるが、これは同様に、出口や、一時代の終わりや、結果として未来《フュチュール》をも——とはいえこれは見えない地平線のような仕方でなければ提示されない未来だが——名指す語である。ありとあらゆる聖書の翻訳が「未来《アヴニール》」と訳しているのがこの語である。たとえば「箴言」（二四章一四節）（汝が知を見つけるならば、未来があるだろう）、「エレミヤ書」（二九章一一節）（あなたがたに未来と希望をお与えになるために神がかたどられた意図を私は知っています）、そしてさらに多くの場合においてもそうである。

神が顔ではなく「背中」だけを見せるだろうとモーセに語る例の聖句（「出エジプト記」三三章二三節）を大胆に注釈してみれば、現前の存在論的不可能性こそがまさに人間の時間性を織りなすものとして現れるかもしれない。実際、ヘブライ語本文は、このあまりにも有名な「背中」を意味するために、アハリーすなわち「私の後方」、私の以後と述べている。そのとき神の見かけ上の拒否は、いかなる種類の禁止にも属しておらず、この存在論的不可能性そのものに属していることになるだろう。来たるべき神を「見ること」ないし来たるべき視覚への開放性だけが、見ていると信じる〈見ざること〉、すなわち背中を顔と、痕跡を現前とみなすような〈見ざること〉——厳密な意味での偶像崇拝——の脱却となるだろう。神は一種の壮大な同語反復を用いて、あなたはわが未来を、言いかえれば、あなた自身の未来が住まうわが永遠の現在を見ることになるだろうと、つまりは、私はあなたに示すことのできるすべてをあなたに示す、そしてほかの人間は決してそれに気づかないだろう、と言っているかのようだ。しかしあなたはまだこれを本当には見ることはできないだろう、あるいはむしろ、あなたはいまや見ることのできないものを見る、なぜならば、あらゆる対面、あらゆる見方、あらゆる現前は、人間の時間性の構造そのものによって不可能性を与えられているからだ、と。そのとき「私はあるという者だ」（「出エジプト記」三章一四節）は「出エジプト記」三三章二三節の序文として読まれなければならないだろう。この言表の賓辞形式は繫辞的関係によっては解決されないかもしれない。この形式はいかなる存在もいかなる本質も形容しておらず、もろもろの時間のあいだ、対面という不可能な「栄光」と人間たちが時間的に歩んでいく「道」とのあいだ、こう言ったほうがよければ——ただしこれは乱暴な仕方であり、しかも可動的な形態をイメージとして媒介させてはならないが——永遠と時間とのあいだのつながりを素描していることになろう。私の時間はあなたのこの時間には属さない、と神はモーセに語る。しかし神の遠ざかりが、未来、すなわち、預言的に感じられるこの不可視のものの脱臼そのものをなす。ここで問題となるのはまさに人間の時間であり、把持できないその内的な遅延である。

自己の前方にある過去と、背を向ける未来というヘブライ語的な規定は、みずからを時間化する神というこの逆説的な背景のうえに浮かび上がる。これは自分がそこにいるわけではない時間の直線を遠くから眺める者には奇妙に映るが、自分自身が不可視の時間に浸り込んでいるのを想像する努力をしてみればまったく明快になる。この不可視の時間は、諸世代と人類全体を永続させる時間であり、本来の意味での歴史的時間である——歴史とはそもそも、表象と思考、表示と経験とのこうした衝突の中心にあるものだ。そのとき——つまり直線を外側から観察する者の立場を放棄しさえすれば——気づくのは、われわれ以前にやってきた先祖たちはいまや過去に属しているということだ。古代人たち、またギリシア語はこうも言うのだが、最初の者たち（*oï proteroï*）は、過去に飲み込まれている。物理学的で数学化された時間の矢印形の直線上では、われわれの先を行く者たちはわれわれの後ろにいる。未来の世代はと言うと、われわれのあとにやってくるのだが（列のなかではわれわれの後ろ）、未来の線状の表示に従えばわれわれの前方にあることになる。時間の生きられた経験はあらゆる表象に逆らうけれども、反対に、点や線分や直線を用いた時間表象は、思考しえないなにかを見せてくれるのである。

要するにわれわれが関わっているのは単に二つの異なる一般的表象ではなく、厳密な意味での、表現力に富んだ二つの立場、二つの見方である。(10) 第一の見方は、線上に置かれた点、総体としての空間的・視覚的領野に書き込まれた点のなかに主体を客観化する。つねにすでに構築されている時間というこの条件のもとでこそ、時間は対象として測定可能となる。第二の見方は、主体がもろもろの世代、誕生、死者、子孫、後裔たちの網の目の——つまりは本来の意味での歴史、ヘブライ語でトレドットすなわち生み出すこと——のなかに自分自身の状況から出発して場を得る、その際の諸関係の全体を捉えるものである。まさに構築されつつある時間というこの条件のもとでは、時間はわれわれに尺度を合わせたものとして、すなわち、われわれの日〔今日〕という意味でわれわれがその「子ども」であるようなものとして現れる。これによって、進歩主義的目的論にわれわれが対置したメシア的終末論の意味のすべてが明確になる。すなわち対象指向的で構造的な時間に対する、生成的時間、あるいはむしろ創世的時間〔temps génésique〕である。未来は、われわれの前方にあり把持によって現前に差し出されるものではなく、われわれのあとに隠れた仕方で訪れるものでもある。もっと言えば、たとえばモーセにとってそうだったように、未来とは背中である。われわれは未来を地平線のように見つめるのではない。これは、われわれが自分のあと、後方にもっているような過去の巨大な塊を放り出すことがないのと同様である。というのも、もしそうだとすると、われわれは未来についての可視的なデータのなかで平静に未来を探索できることになるだろうし、他方で、われわれの視覚に閉ざされた過去に知覚的に接近することは不可能になるだろう。もちろん事情はまったく反対である。過去に成し遂げられたものを、われわれは先人の著作や建造物や文明については眼下に手にしているし、父祖の行為については記憶にもとづく回顧のうちに、さらには、忘れられてしまったことになるもの、喪失にいたるまで残っているものという特異な効果のうちに手にしているのである。

　そもそも時間についてのヘブライ語文法は、成し遂げられたものと成し遂げられていないもの、完了したものと完了していないものとの区別によって全面的に構造化されており、この区別は過去・現在・未来《アヴニール》という三次元の区別を横断している。反対に未来《フュチュール》には、根本的な不可視性、調子を狂わせ掌握から未来を逃れさせる予見不可能性が与えられている。時間は、遠くから見つめることのできるような展開ではない。博士たちはすでに、聖書本文での時間の文法的表現は厳密に時系列的な並び順に服していないことを指摘していた。過去形に活用された動詞は、必要があれば未来の動作を示すことがある。これは、倒置法と呼ばれる用法において当該の動詞が文字ヴァヴに先立たれた場合、すなわち過去を未来に、未来を過去に転換させる能力を統辞論的にこの文字に与えている様態に従った場合である。聖書ヘブライ語では、「そして彼は行った」は「彼は行くだろう」と解されうる。かくして複数の時間のこの特異な布置は、それが可能にする逆転‐倒置によって、言語それ自体をメシア的襞の場とする。このことについてラシは「トーラーには厳密な前も後もない」と結論づけるまでにいたった。実際、時間は新しいものを生み出すことであり、この新しいものは、現働化に投げ入れられている一つの可能性というかたちで予見されることはまったくなく、したがって線分化された直線上に容易に象徴化されることはない。

このように終末論とは、未来に背中をもたれているという状況である。終末論という語それ自体はヘブライ語の悪訳から来ている。終わり〔*ta eschata*〕はヘブライ語のアハールを訳したものとされるが、すでに述べたようにこの語は最後の事態ではなく、以後に訪れるものを意味するのであり、しばしば「諸時代の終わりに」と訳されるベ‐アハリット・ハ‐ヤミームが名指しているのは〈日々のあと〉、すなわち未来のことである。[11]したがってメシア的終末論とは、自分自身のいる場所から最後の諸時代を探査するような終わりをめぐる教説というよりはむしろ、時間の極限の果て、「残りの時」――G・アガンベンによればそれがメシア的時間である――へと向かう、予言不可能なものをめぐる終末論である。メシア的終末論が証拠立てているのは、現在の自己からのこの脱出であり、それによって各時代ないし各世代は、ミシュレの美しい表現によれば「次の時代を夢見ている」[*9]、つまりは自分の未来を夢見ている。『パリ　十九世紀の首都』のある一章のエピグラフに歴史家という語を置いたヴァルター・ベンヤミン以上に、こうしたメシア的・終末論的時間性の生き生きとした顕現を、美学的であると同時に哲学的な近代的感受性のうちで見事に表現した者はいない。ベンヤミンの歴史の天使は、その原型ないし像であるクレーの水彩画の「新しい天使」よりも不安を抱えながら、自分が背中を向ける未来へと追い立てられている。天使は、あたかも前の諸世代を夢見ているかのように呆然とした顔を過去に向けながら、嵐に押し流されている。天使は自分が見つめる恐怖、自分を苛む恐怖を癒し、「死者たちを復活させ、壊れたものを修復する」ために後ずさりをやめようとするのだが、嵐のせいでそれができない。ベンヤミンの天使は、目的論による終末論の侮辱の象徴である。過去への天使の期待は、妨げられているが、同時に執拗である。あたかも眼下に眺める過去に天使が無関心でいられるかのように、そして無数の死者たちの名誉を回復することなどまったくなしに――それでも彼らは報いを要求するのをやめないのだが――輝く明日へとまっすぐ向かうことができるかのように、「進歩」はみずからの嵐のなかに天使を押し流す。天使はと言えば、立ち止まり、自分が釘づけにされた直線の冷酷で機械的な流れを中断したいと願っているのかもしれない。歴史がついに過去のもとを訪れ、過去が贖われるために、天使は飛び立ちたいと願っているのかもしれない。天使は、メシアニズムと世俗化のあいだの衝突に完全に捕らわれ、両者の争いの歴史に絡み取られ、そして闘う者たちが近くにいることで邪魔をされてもいる。ベンヤミンは一つの「ユダヤ的イメージ」[12]を、近代の終末論的メシアニズムのバロック的アレゴリーに変形させた。というのも、困難な立場にある天使が、未来の幸福の経験は現在の挫折の経験のうえでしか支払われないことを思い出させるとしても、天使はそれと同時に、過去と救済との結びつきを、そして過去が未来のもとで価値をもつことへの要請を証立てている。この要請があるおかげで、天使は、目隠しをして、なにごともなかったかのように未来の夜に前進していく進歩主義にならずに済むのである。かくして第二のテーゼは第九のテーゼの天使にこだましている。「過去は、過去を救済に割り当てる秘密の索引をもっている。先に行った者たちを取り囲んでいた空気のそよ風がまだわれわれをかすめてはいないだろうか。われわれが耳を貸している声のなかに沈黙してしまった声の残響がまだ残っているのではないか。われわれが渇望する女たちには、彼女たちが決して知らなかった妹たちがいるのではないか。もしそうだとすれば、過ぎ去った諸世代とわれわれの世代のあいだには秘密の出会いがあることになる。この地上で、われわれは待たれていたのであり、われわれのまえにあった各世代と同様、われわれにも、過去がみずからの権利を主張するかすかなメシア的力が与えられているのではないか[13]」。

不連続な複数の時間性どうしのこの錯綜と同盟関係は、記憶によって過去を救済に結びつけることで、過去に一つの未来を与える。過去の、死者たちの、敗者たちの弱さは、起こりうる償い、来たるべき、望まれた償いの力を、一種の未来の追憶のなかで待ち望んでいる。こうした現在の自分自身に対する非同時間性こそが、もろもろの現在や現在の変様の継起とは異なる仕方で時間を思考し、現在の自分自身に対する差異とは異なる仕方で時間的差異を思考するように強いるのである。訪れるものすべてが現在のうちで訪れるとしたら、時間はなにものも驚かすことはないし、主体の自己支配に影響を及ぼすことも、また、すべての〈いま〉の継起的時間化を通して無から現れる主体の起源の支配に影響を及ぼすことも決してない。おそらく、純粋な自己触発の運動として時間を考えるような思考からのこの逸脱、複数の時間のこの同盟関係が、ユダヤ・メシアニズムの永続的な歴史的存続とその再生を可能にしたのだろう。とはいえこの再生によってユダヤ・メシアニズムは、揺るぎないように見える空間化された時間と進歩主義的世俗化の明証性に直面して、絶え間ない動揺に委ねられることにもなったのである。

ユダヤ・メシアニズム

時間をめぐって、ヘブライ的な表現や解釈が古代ギリシアのそれと衝突しているのを見たあとでは、ふたたびユダヤ・メシアニズムに立ち戻らねばならない。もちろんわれわれは、導きの糸となっている時間の問いをよりよい仕方で方向づけてくれる側面を部分的に取り上げることしかできないだろう。それ以上の網羅性を求める向きには、一連の権威ある研究、とくにショーレムの研究を参照していただきたい。

ヘブライ語聖書のなかで、メシアという語マシアッハの出現頻度は少ない。合計で三十八回現れるうち、「サムエル書」だけで一八回あり、「詩篇」で一〇回である。メシアの形象はきわめて不明確であり、しばしば影の薄いものである。この語は儀礼的身分を名指すこともでき、アラム語訳はこれを単に「王」と訳している。実際、あれやこれやの弱小王も、その無能さや、さらには罪がどれほどのものであれ、聖油を塗られるやいなやメシアと呼ばれる。ただし、ときにはこれに局地的ないし世界的な解放の待望が伴うこともある。しかし「マラキ書」がそうだが、メシアという呼称は預言者エリヤにも適用されている。したがってわれわれは、生き生きとした具体的なメシア的期待をめぐる深い含蓄と、メシアの人格に関する興味深い流動性とを同時に手にしていることになる。われわれはまたユダヤ・メシアニズムについて語る際に、メシアなきメシアニズムとか、「匿名の」メシアニズムのように語ることができるのである。[14] メシアの人格に焦点を合わせることや、メシアを神格化することへの誘惑が、ほぼつねに地上の危機(キリスト教やサバタイ主義)の徴候として現れるほどである。伝統は、メシアニズムにとって有利に働くこうしたメシアの相対化を、さらに遠くまで推し進めることができた。タルムード博士ヒレルは「もはやイスラエルのためのメシアはいない」[15] という一見すると途方もない説を主張しているが、この説が引き起こした注釈の多さによって、長老大ヒレルと同名のこの人物は後世に名を残している。ほぼ満場一致で与えられているこの説の解釈は、神による救済はメシアによる救済に優越しており、神は王よりも良い、と結論づけるものである。メシアは神ではないのである。それに対して、メシアが人間的に現れることについて言うと、捉えどころがないこともあれば、あまりに人間的すぎてメシア的には疑わしいこともある。メシアが表しているのは、諸国民の時間のなかにイスラエルの特殊性を書き込み、歴史という実現された時間のうちに到来の待望を書き込むのに役立つような、多形的なシニフィアンである。メシアとは人間ではなく、時間であり、さらには時間の時間性なのだ。メシアはここにいないとか、まだここにはいないとか、さらにはヒレルのように、もうここにはいないとか、誰もメシアに注意を向けなかったのだ、とかいう風に、定義づける仕方でメシアについて語ることは、一方で、この

「ここにいない」に変化をつけることで、時間がもつ複数の時間の差異を伴う階層化を帰納的に導き出すとともに、時間に含まれる一致しない多数の時間性に従って時間を膨張させることである。このことはまた、メシアニズムがほぼ必然的に自分自身の彼方に狙いを定めていることをメシアニズムから演繹することでもある。(16)というのも、メシアニズムが待ち望んでいる当のものは、到来することでみずからの原理を壊してしまうからであり、したがって言わば〈あらかじめ来る〉〔予告する pré-venir〕のでなければならないからである。メシアニズムには、まさにその匿名性ゆえに「目的」がなく、ただ「彼方」だけがあるのだと言ってよいかもしれない。この「彼方」は、ヘーゲルがきわめて正確にその極性を規定した意味においてであるが、あるいはむしろこの規定に抗った仕方での「彼方」である。

『精神現象学』に読めるように、目的は、もはや自分自身よりも遠くに行く必要のないところ、「自分自身があり、概念が対象と一致し対象が概念と一致するところ」にある。この一致が得られないあいだは、「この目的へと導く前進は抑えられない」(17)ものであり、この前進は、自己知の運動のなかで継起的に措定するすべての彼方を乗り越えていく。自然的で無媒介的な実存にとって、「彼方」は死、ないし、意識のうちなる自己の止揚以外のなにものも意味しないのである。反対にメシアニズムが意味するのは、概念と対象のあらゆる合致を超過することであり、あらゆる「目的」の措定、あらゆる累積的進歩性に対する違反である。しかしながらメシアニズムは、ヘーゲルが危惧しているように、意識の「休息」も、思考の「怠惰」も、喪失の「恐怖」や保存の努力への退却ももたらさない。来たるべき世界の彼方は現世のなかにあり、その内在性を貫いている。労働の各瞬間に並置され、たえず次の瞬間に乗り越えられる単なる付属物というのがヘーゲル的な彼方の形象だが、こうした形象とは異質なこのメシア的彼方は、内在性に場を与え、この場を開くものである。メシア的彼方がこの場を開くのは、たしかにもろもろの他者を起点としてであるが、それでも自分自身の内部からそうするのだ。メシア的彼方は必ずしも「目的」を覆い隠すわけではないが、目的が自分自身との合致的実現のうちに見いだされるような「対応関係」を踏み越える。彼方〔au-delà〕の「そこ〔là〕」とこの「そこ」の具体的な諸形象こそが、この彼方のメシア性を引き入れる、あるいは歴史のなかからメシア性を引き出す。目的とは、知および現実的なものの自己どうしの出会い、すなわち再会という来たるべき現前を名指しているのか[18]、それとも目的とは、ローゼンツヴァイクが言うように「探し求められている」がゆえにそこにはない「そこ」、「そこにない」、「そこの向こう」〔彼方〕――とはいえそれこそが、ある〈そこ〉を発って当の〈そこ〉の彼方に向かう歩みと同じように、「そこにあること」〔現存在〕、すなわち〈実存のうちにあること〉を規定するのだが――の名前にほかならないのか。メシア的な目的外目的〔*outrebut*〕という言葉を使ってもよいかもしれない。これは純粋かつ盲目的な無目的とは混同されない目的の彼方であり、「目的」の内実を形容する存在論的な対応関係を転換させるような目的の彼方である。目的外目的においては、目的は目的であるのをやめ、まさに時間化しつつある時間から発して、「現世」での自己の彼方として自分自身を意味する。これらの側面が時間と正義との関係のなかでどのように結び合わされているのかはのちに見ていく。実際、待ち望まれているものとは、来たるべき義人である。しかし、待ち望まれているものはつねに待ち望まれることとしかできず、来たるべきもの、つねに再来し再生成すべきものでしかありえない。とはいえこのことは、正義のメシア的時間性においては人間的正義は幻想であり空しいものだ、という口実のもとで、ニヒリスト的諦念に行き着くわけではまったくなく、反対に正義の無条件的な要請に行き着く。正義は時間のうちにある、そして時間とは、新しいものを生み出すこと、すなわち現在の正義よりも正しい来たるべき正義を生み出すことである。遅延は現前を無際限に継続《ルコンデュイ》するよりもむしろ――ここではそのほうが危険となるだろう――現前を追放《エコンデュイ》する。メシア的時間は、倫理ないし正義の時間であるがゆえに、未来化の時間である。ヘブライ法は、厳密にコード化された自分固有の資料のなかにみずからを超過するものを統合することで――法的形式化はこれを統合することなく言表する――こうした力学を説明する。実際、ヘブライ法は、裁判の拒否を防ぎ人間関係を平和にする目的をもったさまざまな強制的規則と、形式的規則の実行を構造的に保証する彼方とを、すなわち、複数の自由が行使される際の調整を生み出すべき分配的正義と、無媒介的に肯定的な贈与の無償性とを区別している。[19]正義のもつメシア的時間性は、正義の否定的諸条件に規定される法や、あるいは――法〔*Recht*〕と正義〔*Gerechtigkeit*〕を区別する際にカントも述べているように――正義の超越論的原理の定式に従って表明された法を排除もしないし、嘲笑や慢心でもってそれを攻撃することもない。反対に、実現されている正義が抑制しようとする主観的・個人的暴力の問題は、未来の思考ないし義人の到来の問いを刺激する。この義人は、より正しいものであり、過去や現在の形式的正義の行使がもたらしたもろもろの不正を修復する（というのも現在とは半現在〔*imprésent* フランス語文法で未完了過去を示す半過去 imparfait にならった表現〕、すなわち来たるべきメシア的現在の過去だからだ）。したがって形式的正義は、自分自身であることもやめてしまうのでないかぎり、無条件的で絶対的な要請、つまり正義はいますぐ訪れるべきだという要請にたえず住まわれ、貫かれている。社会的紐帯は、いまあるままの姿にただ委ねられるならば、自己崩壊してしまうだろう。メシア的要請は時間そのものに要求されているかぎりで、時間の救済でもある。メシア的要請は〈ただちに〉〔tout-de-suite〕を求め、一つの世界を出頭させる、そして、苦痛と暴力からなる起源なき夜のうちに失われてしまった過去を見つめることから出発して、世界がみずからの実践的・道徳的中断に立ち会うように誘う。瞬間だけが半現在を、すなわち現在の不正を贖うのである。

したがって、ユダヤ・メシアニズムが時間性の秩序において意味しているのは、いかなるものも避けることを許してくれない待望の構造である。なぜ避けることが許されないかと言えば、この待望の構造は時間の試練そのものだからであり、時間の予見不可能性を耐え忍ぶことだからである。時間という出来事のこうしたなまの外部性は、時間に捕らわれている意識を、歴史的かつ世界内的な判別の修練と、タルムードの表現に従えば時代の知解へと——これは救済のまなざしのもとで時代を問いただすものだ——直面させる。時間は、もろもろの創造的転回と予期せぬ刷新のうちで与えられ、また与え直される。時間はクロノス〔時間〕ではないが、時間の宙吊りはカイロス〔瞬間・好機〕でもない。というのも時間とは、捉えるべき機会ではなく、神的介入の機会が歴史的時間を衝撃とともに捉えることだからである。時間に拍子を与えるもろもろの区切りは、時間の運動を構成する諸局面を観察して時間を切り取ることとは非常に異なる。「コヘレトの言葉」のエットのうちには、こうしたズマン〔エットもズマンもヘブライ語で「時・時間・期間・時代」等を表す語〕の時間的拍動が鼓動しているのだが、この二つの語はヨーロッパ諸語では区別なく「時間」と翻訳されている。そこにコヘレトの沈鬱な叡智を超えた一つの構造的図式を見分けようとした場合、緊張関係を伴った諸領域〈愛/憎悪、平和/戦争、子をなすこと/死ぬこと、等々〉と、それらが配置する諸項のあいだの実存的歪みとがいかに指し示されているのかに気づく。

しばしば加速ないし成熟を伴う三項のリズムに通じるこうした歪み（大地／生／大地、裸／着衣／裸、安息日／週日／安息日、等々）は、ときにテシュヴァー──すなわち回帰、改修、改宗、回心《メタノイア》──と名づけられている。この韻律はこうして、その各鼓動、それが震わせる各瞬間に、ある完全さが完成の保証なしに成就するという可能性を含んでいる。この韻律は、時間がみずからの狂詩曲《ラプソディ》のうちに自己からの脱出をはらんでいることの証拠である。救済の小さな扉、ないし微小の瞬時が開くために、時間は即時に中断されることがありうるのである。

救済それ自体、救済が贖う（ことになる）神的なものの追放との現在的で実効的な緊張関係に捉えられている。追放と救済、ゴラとゲウラのあいだには、発音されないアレフ〔ヘブライ語アルファベットの第一文字〕の違いしかない。アレフは前起源的な文字の微小性であって、われわれの世界の居住のベート〔ベートはヘブライ語アルファベットの第二文字。ヘブライ語で「家」を意味するバイットは、「〜の家」を意味する連語形ではベートと変化する〕は、この文字を見ることも知ることもなしにアレフを背にしている〔右から左に文字を書くヘブライ語において、アレフ、ベートと続くと、ベートがアレフに背を向けているように見えることを指す〕。これはある亀裂の深淵、瞬間的な抹消線であって、なんらかのプロセスの進行ではない。救済とは、追放の補償であり、緊張を備えた領域が調和のうちに置き直されることであるが、こうした救済は、ラテン語およびキリスト教的な語源学が示唆するような、罪の償いという観念を必ずしも含意していない。救済がめざしているのは、恢復、ティクーンである。ここでもまた、この語がギリシア語に翻訳された歴史にはさまざまな困難と誤解が満ちている。その各段階をごく簡潔に思い出しておいてもいいだろう。というのも、これらの段階は、この翻訳史に散りばめられたもろもろの意味の横滑りを示しているからである。ギリシア語訳のために選ばれた語アポカタスタシスは後期ストア派の宇宙発生論に遡る。この宇宙発生論が描写しているのは、いかにして宇宙はみずからを生み出した火によって周期的に焼き尽くされるのか——クリュシッポスと、彼より先にヘラクレイトスが語っている宇宙焼尽《エクピュローシス》——そしていかにして宇宙は同じく周期的にその灰から再生するのか、である。少しあとの四世紀に、ネメシウスは、そうして宇宙はたえず忠実に自分を再構成するのだと説明している。万物の絶え間のない大規模な回復を重ねて、歴史は無際限に再開されるのである。オリゲネスはこの語を福音書のなかに見つけ[20]、それをヘブライ語のティクーンの訳語としている。彼はこの語をストア派的語義からずらし、もはや永遠回帰の教説ではなく、もちろん終末論的な終わりの教説の基礎としている。次に万物の回復〔*apokatastasis apanton*〕はライプニッツの精緻な考察を生み出したのち、ニーチェが同じものの永遠回帰を練り上げる際にその痕跡をとどめることになる[21]。

　ところでティクーンは円環的な歴史循環の観念とは無縁である。一六世紀にイサク・ルーリアが作り上げた壮大な創造の解釈では、ティクーンもまたコスモロジーの一般組成のうちに書き込まれている。《終わりなきお方》である神は、世界に場を与えるために、まずみずからを自分自身から追放する。自分自身の深みに向かって自己収縮しながら、神はもろもろの極小の痕跡を残す。それから神は、愛に満ちて湧出しながらみずからを開き、十の流出からなる強い光を空間のうちに投射する。しかし、光を受け入れる器が神的輝きの混じり気のない力のせいで壊れ、神的輝きの火花が宇宙に、悪の核心にいたるまで散乱する。こうして男性／女性、高所／低所、善／悪、純／不純、聖／俗といったこのうえなく甚だしい分離の時代が始まり、トーラーは六〇万個の文字に引き裂かれる。ティクーンは、もろもろの痕跡の再発見と火花の回収、たえず再開される修復、つねに再開すべき作業を指す。ルーリアの神話は、それがたどり直す宇宙論的ドラマと、創造がともにもたらす存在論的障害とを関連づけている。人間の歴史に送り返された神的計画は、自分自身の合目的性に従って展開するわけにはいかなくなるのであり、一部のカバリストは、創造とは厳密な意味での災厄である、なぜなら創造は火花の檻だからだ、と主張するまでにいたっている。いずれにせよティクーン的な回収は、円環にも、ある起源の反復にも、自分自身の矛盾を統合する目的論的プロセスにも従わない。ティクーン的な回収が関わっているのはただ、神的なものが世界中に混沌として散種されていることである。修復は、歴史のなかに割り当てられるべき場をもっておらず、複数の主体や過程が待ち合わせをする地点ではない。修復がついに――R・コゼレックのカテゴリーを援用するなら――経験の空間と待望の地平とが出会うようなありそうもない地点を見いだすように見えるとしても、それはそこで過酷な敗北を被るためである。黄金の子牛や神殿破壊のような場面において修復に課された厳しい歴史的否認はそのとき、すべてをはじめからやり直すことを強いる。修復は世界が自分の起源と出会うことを意味しえない、というのもこの起源は一つの出会い損ないだからである。たとえメシア的カバリスムとともに――ヴァルター・ベンヤミンがよく引用するカール・クラウスの語に従って――「起源とは目的である」と言いうるとしても、それは単にそれぞれの今が、もろもろの存在、労働、日々のなかに分散された神的小片の解放という、微小で速度の遅い「起源」であるという意味にすぎない。歴史には、このような阻害されつつも再生するミクロのティクーン的回収が織り込まれている。時間と反時間が待望に拍子を与える。すなわち到来は決して、ひとがまなざしでもって見定める目的や、遠くに見える地平のようには与えられない。到来はつねに世界を超えた世界のうちで約束されるのだ。約束は、それが約束する正義と同様、また正義とともに、それ自体が時間と結びついている。約束とは、もろもろの断裂、産出、予測できない他者性をまとった時間である。

いましがた見たルーリアのカバラも含め、全体としてユダヤ・メシアニズムは、時間内部での複数の時間の同盟関係として固定されるメシア的約束という、堅牢かつ深遠な観念に特徴づけられる。ベンヤミン的な過去の期待とティクーン的な救済の思い出の同盟関係であれ、現在と未来に及ぼす効果の予言不可能な同盟関係であれ、メシア的約束は一つの到来を告知し、その形象をあらかじめ解体する。メシア的約束は一つの確信事を述べるのだが、みずからの予見不可能性にもとづいて自分自身を跳躍させるのである。これがメシア的約束が時間と取り結ぶ契約である。これがこの約束の真にメシア的な意味であり、約束と法的契約ないし道徳的誓約との種差はそこにある。法的契約や道徳的誓約は、時間がもつ有害な効果を払いのけねばならず、こうした効果に対抗してなされる。これらの目的は、以前に約束された事柄の不可侵性を、それを言表する文言の不可触性のうちに定着させること、もしくは、約束する者に未来の行為の厳密な予見可能性を強制することで、日々の容赦ない進行を停止することである。誓約や契約に書き込まれた約束の諸条件への忠誠が保たれうるには、時間は動かなくなったもの——あるいはそれに準じたもの——でなければならないのである。メシア的約束はむしろ、時間の絶えざる変化や予見不可能な急変、そして、時間を脱臼させたり反対に時間を平均的な骨組みのなかにふたたび飲み込むように見えるさまざまな幻滅までをも含めた、時間それ自身への忠誠のうちにあると言える。メシア的約束が契約することを、この約束は時間と契約するのであり、ときに時間の意に反することはあるが、決して時間に対抗することはない。時間へのメシア的約束の忠誠は必然的に忍耐のないもの、さらには不実なものである。というのも時間は、みずからの豊穣さが約束するものを、あらゆる瞬間に成し遂げるように命じられているからである。ローゼンツヴァイクはそこにユダヤ・メシアニズムの最も根強い特徴を見ている。「ユダヤ人の「メシアニズム」を作り上げているのは、彼らがメシアの到来を希望していることではなく、メシアを待つことに彼らが固執していること（言いかえれば彼らが期待の生を送っていること）である[22]」。このようなメシアニズムにおいては、期待／幻滅という対立物の対は、各々の瞬間が永遠に開かれるのを待っているような〈忍耐強い忍耐のなさ〉〔une impatience patiente〕のために無効となるだろう。時間へのメシア的忠誠はこの〈忍耐強い忍耐のなさ〉のうちにあるのだろう。〈忍耐強い忍耐のなさ〉は、時間を耐え忍ぶと同時に時間をやつれさせ、時間を我慢するとともに危惧を抱くものであり、そこにはペギーが言うように無論「麻酔的」なところはまったくない。というのも、反対に「忍耐強く待つことは我慢することであるが、それでもやはり忍耐強く待つことであり、忍耐強く待つとは耐え忍ぶことである[23]」からだ。

起源とは目的《ビュット》であり、言いかえればメシア的な目的外目的である。これは予期では決して獲得されないものであり――予期を介すると未来はふたたび自己と適合した現在として提示されてしまう――むしろ回収不可能な過去、言わば起源外起源〔outre-origine〕の受動性に背中をもたれている。こうした意味で、起源は未来を有すると言わねばならないし、『希望の原理』の最後の数頁に読まれるように、実際の創世は始まりではなく逆に終わりにあるのだと言わねばならない。起源を約束する約束は、記憶不可能な起源――それゆえ非起源的な起源――に根ざしているのであり、この約束だけが、ひとが約束することを、そしてこれから到来する瞬間のために約束することを可能にするのである。メシアニズムの問いを明確化するためにショーレム[24]が方法論的に区別しているラビ・ユダヤ教の三つの潮流は、起源と目的と約束からなるこの段階的な階梯のうえを変動的に動いているものだ。

第一の潮流は保守的潮流である。この潮流は《律法》を厳密に守り、《律法》にはそこから取り除くものもそこに付け加えるものもないことを思い出させる。

恢復的潮流は、過去のティクーン的期待に最も近いものである。ショーレムははっきりと、終わりにおいて恢復されたものは始まりにおいて恢復可能なものよりもつねに豊かであると述べているが、恢復的という形容は誤解を生みかねない。すでに述べたように、恢復は起源と同じものへの回帰ではなく、起源の意味を創出し、さらには起源の痕跡までをも再創出することである。起源がもつ創世的な透明さは、未来においてはじめて自分自身に返されうるのであり、言わば未来だけが、歴史的・政治的・解釈学的なもろもろの不透明性からなる時間を超えて、起源を含むことができるのである。タルムードのある美しいイメージがこのことを浮かび上がらせてくれる。義人たちがメシア的時代に贈られるのは、「葡萄の房に創造の六日間から保存されている葡萄酒[25]」なのである。かつて一度も与えられたことのない不変性が約束されているのであり、そしてこの不変性が約束されうるのは、それがまだ一度も与えられたことがなく、原‐起源のうちに保存され保護されていた、という条件においてのみである。言いかえれば、あらかじめ与えられ、つまりは「起源の」場所に配置されていながら、宙吊りにされており、つまりは来たるべき自分自身の贈与を待ち望んでいるという条件においてのみである。実際、いったい誰が世界の最初の数日間の葡萄酒や創造の秘密を味わうことができたというのか（ヘブライ語で葡萄酒と秘密は同じ数価をもつ)。恢復的なものは、過去を反復するために、すでに与えられすでに演じられた過去を保存するのではなく、《歴史の天使》が絶望的な仕方で試みているように、過去を救済そのもののなかに投影しようとする。この第二の潮流の時間構造を見事に語っているレヴィナスの定式に従うなら、(26)この潮流にとって、未来は過去よりもつねに古いのである。

この時間構造は、歴史的時間が二つに折りたたまれることに従っている。これについては多くのメシア的テクストが、伝統の解釈から引き出された例証を提示している。多少とも『ゾーハル』の一部をなしている『ラヤ・メヘムナ』、《忠実なる羊飼い》の説明によると、(27)エデンの園のエピソードが終わって以来、われわれは善悪を司る知恵の樹の支配下で、言いかえれば、人間が保持する死の力に制限を加える《律法》——この《律法》は死の力を禁止的に規制する——に従って生きている。救済によって人類は、知恵の樹の支配から生命の樹の支配に移行するのであり、この後者の支配は、聖性が純粋に展開される状態となる。この二本の樹の理論から、(28)あるカバリストたちは二種類のトーラーさえもが存在するという考えを引き出した。すなわち知恵の樹のトーラー——神的なものの追放と、器の破壊に由来する分裂にもとづいた現世の《律法》——と生命の樹のトーラー——あらゆる区別、とりわけ許されたものと禁じられたものの区別が撤廃される来たるべき世界の《律法》——である。二種類のトーラーの教説について、サバタイ主義者たちは、来たるべきトーラーをいますぐ適用することによってのみ、このトーラーの実際の到来が早まるだろうと結論づけることになる。二本の樹、二種類のトーラーの二分法は、全体的にメシア的心性と呼びうるものを構造化している。『ゾーハル』はさらにほかの二分法を提出している。すなわち、シナイ山で与えられた二組の《石板》、六日ないし六千年の週日と安息日《シャバット》からなる宇宙論的な二つの時間性——世界の時間は七千年目に歴史的安息日《シャバット》を要求する——である。違反なるものも、それが考えうるもの、実行しうるものとなるのは、メシアニズムをしるしづける複数の時間性の錯綜による。しかしメシアニズムの襞は区切りをなすものではない。存在するのはただ一つの時間であって、このことがまさにメシア的約束をかくも困難なものとし、それが約束する他者性をおそらくは耐えがたいものとするのである。実際、忠実さは、厳密かつ截然たる仕方では、時代間で共有されえない。メシア的な襞が、ある時代《アイオーン》と別の時代《アイオーン》の時間性を折りたたみながら組み合わせるとしても、間違いなくこの襞は存在論的二元論ではない。現世と来たるべき世界は、プラトンの教説にいう感性界〔*topos oratos*〕と叡智界〔*topos noetos*〕のような固有の特殊な場ではなく、言わば時間に属する複数の時間である——依然としてあまりにも入れ子状になっている表現である。というのもここで問題なのは、訪れるものがその「なかで」訪れるようなものとして時間を捉えることではまったくなく、「訪れるもの」として時間を捉えることを可能にするような時間の時間化だからである[29]。もしかすると「世界」という語は、そうすることでしかるべき自分の場所と正当な時間的用法を、すなわち〈出来事‐世界〉〔événe-ment-monde〕という意味を見いだすだろう。実際、伝統ではこの語は時間性に、さらには永遠性から人間の生の短さにまでいたる、考えうるかぎりの時間化の諸領域の総体に対応している。すなわちこの語オラムは時間の持続であり、あらゆる時代のあらゆる持続である。このあらゆる時代のあらゆる持続は、ギリシア語のアイオーンやドイツ語のヴェルトと同一の平面上にあるが、より広く拡大されている。またアド・オラム（聖書フランス語はこれをラテン語と一緒に「諸世紀の諸世紀に」〔dans les siècles des siècles〕と訳しているが！）は、文字どおりには〈来たるべき持続にいたるまで〉である。伝統における二つの時代《アイオーン》は、地と天のように手前と彼方に配置された二つの「世界」でも、二つの場や時間の二つの切片でもないのだが、この二つの時代《アイオーン》をもっとうまく表現するには、「この時間」と「この時間のうちに到来する時間」と言うべきかもしれない。というのもシェリングが述べるように、「世界は〔…〕世界を超過する時間の要素にすぎない(30)」からである。時間とはこの超過そのものであり、それ自体で、レヴィナスがこの表現を理解していた意味での脱形式化、すなわち時間化、時熟〔*Zeitigung*〕、持続、隔時性〔diachronie〕としての脱形式化であろう(31)。

第三の潮流はユートピア的潮流である。この潮流は来たるべき世界、すなわち生命の樹の《律法》の支配を見ることになる時間に、その注意のすべてを向けている。ショーレムは、ユダヤ教の歴史ではこの潮流が第二の潮流とたえず絡み合っていることを強調している。恢復とユートピアはミドラシュにおいても神秘家たちにおいても非常に緊密にたがいを規定し合っているために、それらはともにメシアニズムの根本的な回顧投企的な次元を出現させている。すなわち、まだ一度も到来したことのないものが回帰することへの期待、古きものの特徴をもつような新しきものの待望、未来の追憶と過去の救済である。時間の三次元がなんらかの仕方で重なり合うような恣意性を自分に禁じる時系列《クロノロジー》、言いかえれば過去の歴史的エクリチュールになぜ伝統がほとんど関心を寄せていないのかは、以上の背景にもとづいて理解しなければならない。こうした歴史的エクリチュールは伝統にとって、過去《パセ》を決定的に過ぎ去った《トレパセ》〔死んだ〕過去にしてしまうと映るのである。アダム、アブラハム、あるいはモーセは、過去と未来、ここにある時間と来たる時間の啓示を得た。聖職者的メシア、「日々の終わりの祭司」言いかえれば来たるべき持続の「祭司」は、預言者たちの幻視を解釈し、再解釈する。ラビ解釈学はしばしば前進する解読である、すなわち、一切の歴史化と逆向きの投影のかたちをとって聖書の言葉を生き生きと現働化するものであることを指摘しておこう。これは想定された起源から、解明されたそのテクスト的地位へと投影するものではなく、今日聴取された声からその記憶不可能な意義、永遠の響きへと投影するものである。あるテクストの古さを能動的解釈によって発見術的に現在に復元することで、ラビ解釈学はわれわれをこのうえなく古い過去の生きた同時代人に変える能力をもつとされる。声や語られた言葉に割り当てられた意味のこうした解読様式――投影的であって回顧的ではない解読様式――はまた、出来事そのものにも適用されうるだろう。出来事は、まだ書かれていないテクスト、あるいは書かれようとしているテクストとして、すなわち、本質としてではなく痕跡、肖像《エフィジア》として読まれるのである。

ユートピアの内実はと言うと、それらは本質的に、大災厄の負荷によってしるしづけられ、もっと言えば曇らされている。歴史的時間から後続の時間――ポスト歴史的な、ないし注釈によれば真にメシア的な「日々」（イェモット）――への移行は痛々しく黙示録的である。そもそもタルムードの教説がヨセフの子のメシアとダヴィデの子のメシアを区別するとき、後者のメシアが来たるべきもののユートピア主義を凝縮するのに対し、前者のメシアはメシア的災厄のなかに連れ去られるとこの教説は主張している。つまり待望それ自体が、恐れとおののきからも成り立っているのである。というのもユートピアの到来は、ある歴史的過程の――そのもろもろの段階と帰結が、待ち望まれている瞬間そのものに決定されうるような――安心させる側面を有してはいない。この到来は――このことは最も強い意味で理解しなければならないが――待ち望まれていないものであり、待望によって作られるいかなる表象にも含まれえない。「メシアの歩むあとには」このうえなく恐ろしい災禍が進んでいくのである。(32) 約束の絶対的な唐突さ、時宜に反した出現は、驚きに見舞われることに似ている。メシアはひとに気づかれずに訪れる[33]。タルムードの言うには、失くした物が出てきたり、不意にサソリを見つけるような仕方で訪れる。言いかえるなら、忘れられたものの再来、記憶が自分自身の消失を保持しているような特別の種類の承認として[34]、あるいは不意のもの、不可知のものに捉えられることとして訪れるのである。世界のメシア的若返り、ドイツ語で言う「もっとも若い」裁きないし日〔最後の審判 das Jüngste Gericht のこと〕は、〈ある〉と〈かつてあった〉との、そして約束とそれが含むもの全体との無媒介的な一致において、ただ一度、一挙に到来しうる。メシア的若返りが、歴史についての知によって構築される偶然なき因果性を免れるのは、この若返りが、前進的で真に怪物的な「脱老化[35]」ではないからである。こうした「脱老化」は、時間の機械的展開を反対方向に、裏返された対称性に従って反復するだけであろう。メシア的到来には、不可逆的なものの奇形学的逆転のようなものは微塵もない。メシア的到来の予見不可能性は徹底したものだが、かすかな因果性の戯れを排除しない。というのも、この予見不可能性が予見できないものは、すでにここにあるからである。博士たちが立てる問いがこのことを証言している。産みの苦しみと、そこから抜け出る世界とはどのように区別されるのか。大災厄の瞬間と、ユートピアのイメージの凝縮とは、唯一の出来事をなすのか。エルサレムの神殿の破壊の日に生まれたメシアが、ローマの門前に隠れたまま生き[36]、そこで待ち望んでいるとしたら、どうやってこのメシアの現前を啓示したらよいのか。現前しない現前とはいったいなにを意味しうるのか。

メシア的ユートピアの極みはおそらくこの見かけ上の逆説のなかにあるのであって、そこでは時間性そのものの最も無媒介的な様態が素描されている。すなわち、メシアがわれわれを待っているのである。

メシアは到来した〔*venu*〕、しかしメシアは到来するもの〔*venant*〕ではない、なぜならなにもだれもそのことを証言していないからである。メシアはずっと以前からわれわれを探しており、そうすることでわれわれをメシアの探索と待望に――そしてまたメシアをつねに捉え損ねることに――運命づけている。待望それ自体はまだ本当の意味では待ち望まれていない、そしてわれわれがなんらかの現前化や臨在《パルーシア》しか待っておらず、待ち望むことによって「猶予期間の生[37]」だけを生きているのだとすれば、おそらくわれわれは待ち望むことがどういうことかさえ知らないのである。〈到来したこと〉〔venue〕と〈到来すること〉〔venance〕のこの差異は、待望(および〈到来したこと〉)の終わりのない引き延ばしと、(〈到来すること〉による)時間化ないし脱形式化との差異に裏打ちされているのだが、この差異を、カフカ以上に見事に、完全にミドラシュ的な形態で言い表してみせたひとはいない。「メシアは、もはや必要でないときに来るだろう、メシアは彼が訪れた次の日にしか来ないだろう、メシアは最後の日にではなく、本当に最後の日に来るだろう[38]」。

「到来を早める」ことができるかどうかという古典的な問いは、こうした豊かな両義性を下地にして立てられている。これに対する伝統的な答えは否定的なものだ。実際、ラビ・ヘルボが「雅歌」の注釈で述べているように、「愛が望むよりも先に愛を焚きつける」ことにはなにかしら不敬虔なところがあるし、愛の証明は偽証に陥るおそれがある。たしかに、歴史とそれを中断する時間が共約不可能だとすれば、どんな性急さも、歴史的時間を乗り越えると信じながら、歴史を中断する時間を歴史的時間のなかに引き止めてしまうおそれがある。同時に、すでにわれわれを待っているもののことはもう待たずに、未開拓のものや保管所(パカッド)にあるものを現働化の力に合わせようとする誘惑――というのもその形態は厳密に言って予見不可能だから——はいつも根強いものである。保管された（ペキダ）前兆を知解することは、早速それを証言することにもなる、というのも、到来したものそれ自体が到来するものたらんとするからである。おそらく「到来すること」を早めるというこの誘惑はユダヤ・メシアニズムと不可分であり、ユダヤ・メシアニズムの経過にはさまざまな偽メシア、言いかえれば到来したメシアが満ち溢れている。実際、黙示録的なものは災厄とその修復をひとまとめにして告知する。黙示録的なものは、歴史の時間は追放という破局的期間であるとし、メシア的トーラーの到来ないし創出によってその線的連続性を破らねばならないとする。メシア的トーラーが、現世で価値をもつハラハー的トーラーに対する進歩や「より良いもの」を表すということはありえない。こうしたことは敬虔なユダヤ教徒にはいかなる意味ももたないだろう。メシア的トーラーが意味するのは「歴史を超えたある超越の出現」[39]にほかならない。もしユダヤ的伝統が本当にこうしたメシア的な歴史嫌悪を背景にしているとすれば、どのように歴史に対する自分自身の関係を思考することができるのだろうか。そしていかなる歴史が問題となっているのだろうか。

預言的記憶と預言的忘却

記憶という概念はいまでは一般的に、かつ誇張した仕方でユダヤ教に結びつけられているが、この概念を通じて、メシア的思弁の熱狂のなかで動いている歴史と、地政学的空間のなかで人間的時間を事物の時間として取り扱うような歴史とを区別することができる。モーゼス・ヘスが記しているように、そしてまた彼に続いてヘッシェルやファンケンシュタインが考えているように、ユダヤ教がみずからを聖職的なもの、さらには「歴史の宗教」と感じていると述べるのは誤りでないとはいえ、この根本的経験の意味がいかなるものなのかを解明しなければならない。この経験に関しては、一つの驚くべき逆説が大いに強調されてきた。[40]ユダヤ教は一方で、歴史的過去を自分自身の信仰の参照とし、この過去を銘記すること〔rememoration〕を肯定的な戒律としている。「過去の日々を記憶しておきなさい〔…〕」(「申命記」三二章七節)。他方で、注目すべきことに、自律的に境界画定されていて場合によっては生きた記憶を所有している知識の領野の構成という意味での、内生的なユダヤ史は、長い数世紀のあいだほとんど存在しなかった。歴史の意味と、歴史記述への気遣いは、想起と知と同じくらい分離している。実際、ユダヤ的な銘記は知解可能な対象の比喩ではなく、哲学者や歴史家におけるその同等物——想起と再構成、再所有と文書化——とはその側面で非常に異なっている。要するにここでは、記憶は表象の能力でも過去把持の能力でもない。その意味は厳密に字義的である。すなわち記念的な経験の復活、再現働化、直接的なよみがえりである。ミシュレは、記念〔commémoration〕とは死者たちを彼らの「完全なる生」において復活させる契機であると述べ、中世について、それを「ふたたび立ち上がらせる」学問的な必要性があると訴えていた。すでに見たようにベンヤミンは、死者たちのために期待の火を燃え上がらせないかぎり、死者たち自身が安全な状況にないのだと危惧していた。ペギーは、記憶と歴史、分子レベルの出来事とそれを知的人工物として固定することとを、きわめて厳密に区別するよう提案していた。「歴史は本質的に縦断的であり、記憶は本質的に垂直的である。歴史とは本質的に出来事に沿って進むことである。記憶とは本質的に、出来事のうちにありつつも、なによりもまず出来事から抜け出ずそこにとどまり、出来事を内側へと遡ることである。記憶と歴史は直角をなす。歴史は出来事に対して並行的であり、記憶は出来事に対して中枢的で軸的である」[41]。銘記は、起源・自然的現在・現在化された過去・再想起に照射される現今の瞬間といったものの再結合を生み出すが、こうした再結合を説明するためのいくつかの理論的要素を探すには、以上のような思考へと向かわねばならない。〈出来事のうちにあること〉のしるしをかきたてつつ、こうした再結合の最も印象的な表現を提供し、そうやって一切の歴史的年代記述との異質さを見せてくれるのは、伝統の内部ではおそらく預言主義だろう。三つの主要語を取り上げることができるが、預言的介入は非常にしばしば、この三つが関節として組み合わさることで構造づけられている。すなわち「記憶せよ」（ザホール）、「とはいえ」ないし「それでもなお」（ラケン）、「いつまで?」（アド・アナ）である。これらは解きほぐせないほど相互に帰属し合い決定し合っており、記憶と歴史が両者の交差点で形作る「直角」をわれわれに示し、考えさせてくれる。

記憶していなければならない、忘れてはならない、という執拗な厳命は、出エジプトという創設的出来事を銘記することを基本構造としてめざしている。この出来事を「記憶する」ことは「永続的な命令」（「出エジプト記」一二章一四節）とみなされている。エジプト脱出という出来事は創始的で母型的である。この出来事が相次ぐ集団的解放の歴史を開始したのであり、そのモデルかつ銘記可能な起源である。エジプトへの隷属の終わりであったあの最初の過越の祭以来、この出来事の記念と継承の連続性によって、この出来事は真の記念碑へと変わる。その他の過越の祭はすべて、この出来事の記憶を再活性化する。過越の祭の晩餐であるセデルは、この継承の儀礼的実践である。解放の経験をふたたび現働化するのに役立つように、セデルの筋書きはミシュナーによって綿密に法典化されている。全体的な段取りと、声高らかに述べられる物語を通して、隷従、解放、救済という三段階の歴史過程の象徴的反復が演じられる。各参加者は、儀式化された動作を行うことで、語りのもろもろのしるしを体内化する。精神的で内面化された追想を超えて、銘記は現働的な表象なのである。したがって銘記は、〈隷従‐解放‐救済〉と象徴的に分節されるすべての経験――それらを創始した経験以来耐え忍ばれてきたすべての経験――をみずからの意味のうちに凝結させることができる。出エジプトという出来事は、それと同等のすべての出来事を換喩化する。過越の祭の語りはまったく時系列的ではない。この語りはおそらく一つの出来事に狙いを定めてはいるが、この出来事は、ある根源的な背景にもとづくことでしか意味をなさず、この背景からは切り離されている。さらにこの出来事は継起と継承の持続のなかに書き込まれ、いつかの日付ではなく継承者の固有名がその指標として示される。つまり銘記された歴史は再構成された歴史とは大きく異なる。この歴史を思い起こす主体は、それをふたたび生きなければならないのである。この歴史はデータを時系列的に並べて見せることはできず、いくつもの光を放つ点――記憶のしるしや、その不連続的な、さらには不確かな煌めき――を多様な図面に従ってちりばめ、同時化する。それらを再結合することによって、創造やイサクの繋縛のようなエジプト脱出にさえ先行する他の解放の契機や、エジプト脱出の後に起こった破局や解放、さらには歴史のメシア的停止や歴史の災厄的進行の中断を待ち望むことへと通じる関係が描き出される。想起と期待は、記憶と待望によって両者の連合を確固たるものとする。これは、それらを隠喩的ないし象徴的に名指すことを可能にする「記録の書」(「マラキ書」三章一六節あるいは「ダニエル書」七章一〇節および一二章一節)や、メシア的名の最たるものである「若枝」(「ゼカリヤ書」六章一二〜一四節)といった概念が指示するとおりである。このことは出エジプトのタルグム〔聖書のアラム語訳〕が『四夜の詩』のなかで見事に示していることである。アラム語の翻訳者は、彼が世界の終末論的歴史において決定的とみなすさまざまな出来事を一緒に結び合わせ、それらを過越の夜に——過越の夜がそれらの中心となるように——関係づけている。あたかも彼にとって、歴史的過去とメシア的未来は銘記の唯一の対象をなすかのようであり、この銘記のみが、現在の言葉のすべてに実効化の力を与え返すことができる。実効化の力はそれゆえ現在の言葉の代替不可能な機能を意味することになる。出エジプトを区切るあれやこれやの契機は、したがって、メシア的な今の凝縮モデルとして認識しなければならないのである。過去は現在のうちに投影されることも反映されることもない、なぜなら、もしそうだとすれば過去は、消え去った形象という地位のうちに最終的に埋葬され、現在は永遠に〈半現在〉にとどまるだろうからである。過去によって麻痺させられ、過去と、それゆえ過去の「かすかな力」にのしかかる未来の負荷から指名されたものとして現在が自分自身を捉える瞬間において、現在と過去はたがいに嵌入し合い、衝突し合う。ベンヤミンはこうした星座を、人類全体の歴史の、言いかえれば時間の三つの次元の「イメージ」ないし「縮図」と呼んでいる[42]。

　預言主義とは本質的に、銘記がはらむこうした現働化の力を徹底したものであり、さらには極限的にしたものである。預言主義は、出エジプトや過越の経験を自分のものとして引き受けるが、過越の経験においては、最初の出エジプトが激しい強度でよみがえり、もう一つのエジプト脱出を呼び出す。最初の出エジプトはこのもう一つのエジプト脱出の原型、ペギーが言うようにその「ゼロ周年記念日」となるだろう。ペギーはこの言葉によって対比的に、出来事と記憶、歴史的事実とその記念との不吉な逆転、すなわち歴史がそれを祝うことに荘厳な仕方で飲み込まれることを表現している。というのも、預言者にとって、たえず記憶するという誓約は、未来についての、未来のための約束だからである。エジプト脱出こそが、最初の祝祭、すべての過越の祭に先立つ過越の祭であった。そうでないとしたら、つまり、翻ってどの過越の祭もゼロ回目の出来事の可能性、時間の再開の可能性でないとしたら、脱出の錯覚や、偽りの脱出や、再演された記憶といったものによって、奴隷状態に劣らない隷属がもたらされる危険が大きくなるだろう。抑圧と決着をつけたと信じることは、永続的に抑圧を受け続けること以上に恐ろしいことになるだろう。このとき「過去の日々」を記憶するという義務は、恢復的なものであれ保守的なものであれ、今ここで解放の叙事詩を再創出し、来たるべき日々に応答せよというユートピア的厳命となる。したがって預言者たちは、銘記する身振りを強化しなければならない。彼らはセデルによって演出される象徴的表象に、それが表象するものを生き生きと真似る一種の芝居を過剰に付け加える。単にしるし《シーニュ》を意のままに扱うのではなく、彼ら自身がしるし《シニフィアン》を表すものとなるのだ。エレミヤは自分用の縄と首枷を作り、襟首に装着する。これは、過去の奴隷状態を忘れずに覚えておくことと、未来の奴隷状態に警戒することとを、同じ一つの身振りで意味している。さらにまた、しるしを表す要素を取り込む代わりに、預言者たちは意味の最たるもの、すなわち書かれた神の発話を体内化する。エゼキエルは目の前に広げられた巻物を食べる。ホセアは淫行の女を娶ることでイスラエルの淫行を舞台化し、この常軌を逸した振る舞いによって、現在の愛ならざるものが約束された愛に価値転換することが可能であることを示す。預言者がスキャンダルを起こすのは、彼が銘記のコードを転覆させるからである。預言者はそうすることで、銘記が実際の儀式として制度化されるときに生み出しかねない教条的満足と手を切り、銘記がもつ現前効果と、銘記が含む差し迫った要請とを増幅させることをめざす。思い出させることは、直接的な呼び声がもつ緊急性をもっていなければならない。したがって再結合は、記憶がまとう形態をも含むあらゆる形態との結合を解くことを経由することになる。イザヤとともに銘記は自分自身を飛び越えて、目覚めや、目覚めの記憶への厳命へと入っていく。「目覚めよ、かつての日々のように、遠い昔の時代のように」（「イザヤ書」五一章九～一〇節）。警戒の記憶とは、それが今日のための警戒でなければ一体なにでありうるだろうか。

　記憶が、それを生み出した出来事の一番の核心に忠実であるためには、過去把持および継承の機能を一時停止し、「新しいこと」がもつ〈反復不可能なもの〉へと身を投じなければならないだろう。預言者の注目すべき勧告は、忘却よりも危険な、偽りの記憶から抜け出ることをたえず命じる。「古い出来事をもう思い出すな、過去の物事をもう考えるな。見よ、私は新しいことを行う、もうそれは芽生えている。あなたたちはそれを悟らないのか」（四三章一八～一九節）。明らかにこの「もう……するな」が誘っているのは、平静な記憶喪失のなかに閉じこもることではなく、敬虔で空虚な記念が沈潜していく盲目的なまどろみを揺さぶることである。こうした記念は、それらが祝っている当の出来事の墓場である。こうして預言者は、忘却がもつ真の実存的価値を思い出させる。この価値は、記憶せよという厳命が、よみがえらせる代わりに報告するだけで満足するやいなや、ときに危険なかたちで失効させてしまう価値である。預言的忘却と呼ぼうと思う忘却のこうした抑揚がもつ注目すべき効力は、目覚めさせる力に、言いかえれば、空しい記憶がもたらしかねない無気力状態を打破する能力に由来する。ブーバーはバルーフ・デ・メジュビジという、実存主義者のようなところのある敬虔なラビの言葉を引用しているが、この人物ははっきりと、忘却が人間に与えられたのは人間が生きることができるためである、と注意を促していた。[*10] この言葉をどのように理解したらよいのか。忘却が贈り物になりうるということを、どうやって受け入れたらよいのか。

第一に、覚えているという私の意識と能力から、私に忘れられたものすべてからなる巨大で混沌とした塊がたえず溢れ出ているとしても、この共約不可能性が私を押しつぶすわけでも、私を飲み込むわけでもないことは分かる。反対に、この共約不可能性は私のうちで、意識的記憶を伴う私自身のさまざまな能力を規定し、さらには、それらを構築し活発にするのを助けるように働く。この共約不可能性が、忘れられたものの銘記そのもののうちに刻印する関係こそが、この当の銘記を実践的可能性へと向かわせるのだ。ボルヘスの中編に出てくる「記憶の人」フュネスの悲痛な逆説を思い出していただきたい。(43) 直近の過去を手つかずのまま再構成できるフュネスの才能は、再構成する時間と同じだけの時間を必要とするのである。前日を銘記するために過ぎ去った日は、失われた一日である。思い出すことによる反復が、この日を丸ごと削り取り消滅させてしまい、「過去の物事」と「古い出来事」を消し去っても自由な空間がまったく残されなかったのだ。彼だけに可能なこととなった行為遂行的な不可能性のせいで、フュネスはもはや生きることができず、考えることもできない。世界のありとあらゆる細部や、こうした細部のあいだのあらゆる差異に侵入されて、彼の記憶は「ごみの山」となり、彼の意識は「終わりのない」「無用の」ものとなる。というのも、記憶を休止することによる刷新ができないからだ。考えることはしたがって忘却を前提としている、そしてもしかすると知の忘却さえをも前提としている。この前提がひとたび忘れられるなら――そしてこの前提は忘れられねばならないのだが――考えるとは、思い出すことができることでもある、と言えるだろう。ただしこの場合の思い出すとは、思い出すことを希望すること、それ自体としては忘れられていない忘却に抗って努力する、という意味であり、現実的なものをそっくりそのまま呼び起こすことではない。『メノン』で若い召使に対して提示された記憶喪失も、根底ではこの作業に、すなわち、記憶への期待や、絶望をもたらすわけではない忘却に支えられた探求に属している。バルーフ・デ・メジュビジが忘却を礼賛しうるのが、いかなる主要な条件にもとづいてであるのかは見てとれる。この忘却が、起源に関する喪失として、あるいは容赦ない破壊として解釈されてはならないし、記憶のほうも、忘れられたものを全体として再構成したり再生産したりする反復として解釈されてはならないのである。忘却を願うことで、預言者はこのラビよりもさらに遠くに行っている。預言者は、銘記可能なあらゆる出来事の手前に身を置くような、記憶不可能な源泉に訴えているのである。預言者は深遠かつ原初的な忘却のほうに合図を送っているが、この忘却が、それと対照をなす一切の記憶の条件ないし基底であると言わねばならない。忘却が人間に与えられたのは、人間が思い出すことができるためなのだ。

反復、回帰、記憶といったものが、それぞれ反復であり回帰であり記憶であるのは、変質しない意味や厳密に同一の要素によるのではなく、それ自体として再来しえないものによってである、ということがどのように生じるのかを有益な仕方で示してくれるのが、デリダの現前性なき理念性や[44]――別の取り組み方であるが――ローゼンツヴァイクの事実証明である[45]。ここでは今度は記憶と忘却とが「直角」を描く。銘記が銘記するのはつねに、再構成によってその単独性が減少したり停止したりすることのないような出来事である。このことは記憶による復元の限界や、有限性がもつ侵食性の能力減退のせいというわけではない。記憶の構造そのものに結果として伴うのは、記憶は決して同じものを同じものとして思い出させないということである。反対に記憶の構造は、同じものが自己との差異をまとって現れることを可能にする。預言者の〈忘れなければならない〉が無気力や放棄の真逆であることの理由は、こうして理解できる。この厳命は、記憶することと忘れることという単なる二者択一から身を解き放つことを強いる。問題なのはむしろ、再来すること、「二回目」として演じられること、実効性を伴ってみずからを実‐証すること〔se véri-fier〕を要求するものへの忠誠であって、忘却はその可能性を肯定的な仕方で引き渡すのである。「ミューズは《記憶》ではなく、《忘れがちの記憶》である。忘却は太陽であり、記憶は忘却を反射しながら、その反射光によって光り輝く」と記すブランショは、こう付け加える。「忘却は記憶に対する警戒そのものである。この守る力のおかげで、事物の隠された部分が保護され、死を免れない人間たちは〔…〕自分自身の隠された部分のうちで休らうのだ[46]」。つまり忘却とは、信頼や放棄や歓待のなかに記憶を預けることであり、くつろぎであって、それにより忘却は想起の真の救済となると言える。実際、忘却による警戒は、「過去の日々」と同じくらい生き生きとした未来を現在の緊急事に与え直すために、硬直化して活力を失った継承を中断する。そのとき預言的忘却は、記憶が即時的行動に開かれるための必要条件となるだろうし、記憶が不動化して存在への自閉となったり、圧迫してくる過去の巨大な塊に取り憑かれた主体への閉じこもりになったりしないための保証となるだろう。記憶が警戒を怠らないものとなるのはただ——そしてこうした監視はまさに、伝統が記憶に割り当てる務めなのだが——記憶が、過去の想起の反芻とは別物であるときにかぎられる。こうした反芻にあっては、現在そのものが、時間のただの移行としての現在となって疲れ果ててしまうだろうし、歴史の単なる集積所となって衰弱してしまうだろう。イェルシャルミが取り上げた逆説——歴史記述に関心を向けない歴史の意味、学科的な扱いには無関心な歴史的負荷——は、記憶と忘却との預言的結び目を起点とすることで、十分に知解可能なものとなる。ただの記憶表象の内容に還元されてしまうと、銘記はたえず、歴史の呼び覚ましや博物館に、さらには、『反時代的考察』第二篇の言葉によれば強迫的な「歴史熱」の霊廟に変わってしまう危険を冒すことになる。記憶的なものが最終的に歴史的なものに変わる際にたどる連鎖を、忘却は解体する。歴史の歴史性を中断することで、あるいは少なくとも、想起から時間系列に伴う積荷を降ろすことで、預言的忘却は世界の眠りを立ち去らせる。預言的忘却は、現在から果てしなく続いていくもののままで「もう十分だ」と宣告し、自分自身が行動のために取って置いたものに含まれる再生という非歴史的な力を、記憶に与えてやろうとする。実際、銘記が行動的となるのはただ、預言者という反時代的な「見張り番」と同じく、遠くから到来するものを見極めるすべを知り、いかなる想起にも、いかなる記憶過裂的なデジャヴュにも閉じこめられたままにならない場合にかぎられる。まさに緊急性こそが、銘記に指令を与え、新しい道を割り当てる。

このように「もう思い出すな」によって重層決定されている「思い出せ」は、「もう思い出すな」の光を反射することで、みずからがもつ政治的豊穣さを明らかにする。「思い出せ」は、忘却の中断によって生き生きとされた過去の物事をふたたび呼び出し、到来や時間の約束の余地を残すことでそれらを現働化する。変わらず「不法で」「抑圧的で」「暴力的な」(「ハバクク書」一章三節)ものとして現前し続けていくことに甘んじる現在に向けられた「いつまで」が意味するのは、預言的記憶がもつ、中断される能力、投企のうちで強化される能力である。過去の復活《レズュレクシオン》と瞬間の抵抗《アンスュレクシオン》とは、到来のためにともに働く条件である。「これらの驚くべきことの時間はいつまで続くのでしょうか?」(「ダニエル書」

一二章六節）

預言的介入は、脱時間化された直接性と呼びうるもののなかで行われる。言いかえるなら、時間の内部に宿りながらも、時間を遠ざけることで時間を移動させるような出来事、単に二つの継起的時間のあいだにファイル化されることはないような出来事のなかで行われる。預言的介入はそうして、具体的な政治的管域から同盟関係の刷新という切迫性の告知へと、そして後者から前者へと移行しうる。というのもこの二つはたえず重なり合っており、それゆえあらゆる瞬間に相互に干渉し合うからである。きわめて鋭敏な預言者の歴史感覚は、歴史をショートさせ、歴史の時系列的区別を狂わせる。預言者の発話は解消できないほどに回顧的であると同時に投企的である。預言者の発話は、それが呼び出す複数の破裂した時間を超時間化する、しかもこう言ってよければ、矛盾の危険なしにそうするのである。〈脱ー〉であれ〈超ー〉であれ、いずれにせよ歴史的時間性は脱臼させられ、さまざまな歴史の規定は――ジャンケレヴィッチが「ユダヤ的過度時間《イペールクロニー》」と呼んでいたものの力で――あるときは激しくなり、あるときは緩められる。過去と未来の激突的融合がもたらす閃光を介して、預言者は中断を生み出すことを、言いかえれば、歴史的時間の持続のなかに、救済の痛みと転覆を挿入することを望む。預言者の介入は「悲愴」である、[47]なぜなら預言者は、政治的なものがもつアンチノミーを提示し、最終的にそれを瀕死状態にするからである。砂漠に帰ることが、預言者のつねなるノスタルジーであると同時に、純粋に再生をめざすことでもあったのはもっともである。実際、ノマドの時代は〈合間〉に相当している。そこでは脱結合と再結合、解放と自由とが直接に一致し、王も司祭もおらず、厳密な法も骨格となる崇拝もなく、歴史は宙吊りにされているかのようである。だが、ノマド期以後の現在は、隷属というエジプトのパラダイムにつねに捕らわれている。この現在は存在し続けることのできないものである、と銘記は教える。しかし、現在はいまある姿であり続けるのであって、これこそが預言者が頑として否定する存在論的固執である。預言者の発話の三つ目の用語「とはいえ」（ラケン）が意味するのは、こうした挑戦《デフィ》としての拒否《デニ》である（「エレミヤ書」三二章二八節・三六節・「イザヤ書」六四章七節・「ホセア書」一四章五〜八節）。見込みの論理によると、待望は、確立された原因がもたらす予見可能な諸効果を単に見分けることになってしまうが、「とはいえ」という用語は、こうした見込みの論理に逆らうかたちで、メシア的未来を予示する。預言主義とはなによりもまず「発話を時間との諸関係のなかに巻き込むような発話の次元(48)」である。たえず現在に働きかけることをやめず、現在がもつ威厳とまやかしを解体する、こうした発話の使用には、いかなる「空しい幻」も「偽りの予言」も「いかなる未来についての預言」もない（「エゼキエル書」一二章二七節・一三章八節）。

　記憶は「思い出せ」によって、こうした現在に対する不信に必要不可欠な回顧的投影のほうに向かうが、「とはいえ」は現在の裏面を意味する。実際、「とはいえ」は、直接の過去においては不可能だったものの即時的可能性を、たえず現在的に指し示すものである。「いつまで」は、この二重の流れに、たえざる刷新という力学を授けるのである。

第三章
時代のなかの歴史と政治

いましがた記述したいくつかの側面では、預言主義は、政治と歴史のあいだにある種の関係を結ぶ仕方として、そしてこの関係の継承をあらたに方向づける仕方とみなすことができる。実際、一方で預言主義は、前者、すなわち政治的なもののアンチノミーを出現させる。預言主義の見地からすると、政治的なものとは、避難所を提供してくれる制度のなかに待望が硬直化する場であり、正義が法権利に転換する場とされる。しかし、預言的介入は自分自身であり続けるために、表象からなるこの現在の場、十全で完成された、残余も開域もない現前からなるこの現在の場を貫通し、この場を預言的転覆の場としなければならないのである。他方で、このように預言主義が政治を貫通することで、歴史は認可され、さらには高尚なものとなるのだが、それは単に歴史が自分自身のメシア的外部性の出現を可能にし、それを生み出すかぎりのことであって、非歴史的な無条件性を備えた要請の一切がこれに対応する。こう言ってよければ、預言者は政治を行うのだが、それは、政治の支配の自律と内在的働きを越え出るためであり、政治の経験的な全体性と現在とを超過するためである。預言者は歴史の次元のなかに登録されるが、それは歴史の誇示を――偶像崇拝的な神格化にまでいたりうる誇示を――取り去るためであり、ある観点からすれば、歴史をそれ自身の歴史性に返してやるためである。なぜなら、厳密な意味で自分自身の起源性に還元されうるような歴史性の諸構造をもとにしては、いかなる歴史も構成されえないからである。こうした構造にあっては、継承も、さらには記憶の可能性さえも、出来事がもつ単独性に結びついていないことになるだろう。預言主義が告知であるのは、ある種の外部性による。つまり、預言主義は政治的なものに政治的なものを思い出させ、歴史に対して歴史を通告するのだが、このように思い出させられた政治的なもの、通告された歴史の外部性なのだ。来たるべき差異が決して〈そこ〉にある〈ここ〉に畳みこまれることのないように監視することで、預言主義はメシア的な襞のもつ力動的実践を体現している、とも言えるかもしれない。この実践は、発話と時間に関わる実践であり、発話の意味作用に過剰な負荷をかけて発話の慣習的使用をはぐらかすとともに、時間の連続的秩序を転覆させるような実践である。預言者が頻繁に述べるのは、来たるべきものがもつ他者性はすでにここにあり、同時代人たちは未来を忘れてしまったのだ、ということである。そして、思い出さなければならないという厳命に同時代人たちが忠実であるときでさえ、預言者は、想起《スヴニール》のなかには〈来ること《ヴニール》〉があることを飽くことなく彼らに思い起こさせる。〈新しいもの〉のメシア的出現が過去のうちに根をもっているとしても、この過去はただの記憶による掌握からは逃れるのであり、それゆえ過去は、生成《ドゥヴニール》の断層と変質にふたたび身を投じることができるのである。

こうした政治的／歴史的関係をめぐる預言的決定が関節となり、メシアニズムのもろもろの時間的カテゴリーが「悲愴な仕方で」組み立てられる。この預言的決定により、これらのカテゴリーは実存の有限な諸様態、時間の生きられた脱自となる。ユートピアは「過去の日々」へのノスタルジーをもちうる。銘記は忘却でもありうる。忍耐のなさはじっとしているすべを知らねばならない。「とはいえ《ラケン》」が示すように、期待はなにかに反した期待である。すなわち、期待の最も正確な構造のとおり、それは少しく絶望した期待なのだ。これらのカテゴリー、これらの時間化の様式は、メシア的パラダイムの世俗化に由来した——それらを媒介するものの首尾一貫性の度合いはまちまちだが——もろもろの歴史哲学と衝突する、あるいは競合することになる。

したがって立ち帰らねばならないのは、歴史の哲学的地位という問いであり、この問いに突き動かされるすべてである。メシア的時間性——およびそれがもたらすさまざまな中断、合間、宙吊り状態——と、歴史的プロセスをその合理性を解読することで解明せんとする野心を抱いてからこのかた、もろもろの歴史哲学が作動させてきた弁証法的形象との対立について、ここまですでに個々ばらばらな筆致で示してきたものをよりよく理解するために、そうすることが必要なのである。もろもろの歴史哲学からなる哲学史での〈メシア的なもの〉のこの道程を——さらにその喪失と回帰を——たどり直そうとするなら、まさにヘーゲルから始めなければならない。さしあたり、歴史的時間をめぐるヘーゲルの思想とシェリングの思想がかたどるコントラストをとくに強調してみたい。というのも、時間の不穏さをめぐるヘーゲルの形而上学を、のちに考察しなければならないからだ。歴史的時間とメシアニズムが問題となるとき、ヘーゲル／シェリングという組み合わせは哲学的には原型となる。実際、この組み合わせは二つのカーソルをもった思考の規則を形作っており、そこではさまざまに異なる位置と移動が示されることになる。

ヘーゲル、シェリング——国家と政治

ヘーゲル哲学の企図は、《真なるもの》を絶対的な《主体》とみなす。絶対的な《主体》が自分の外側になにも残すことがないのは、まさにこの《主体》がなんら実体的でないからである。《絶対者》は《過程》《プロセ》なのだ。《歴史》が《精神》の受肉化であるのは、《精神》それ自身が、自分の《歴史》だからである。《精神》は、複数の認識力からなる安定した総体ではなく、これらの認識力の運動であり、《理念》の運動である。この運動に際して、《理念》は、自分の自己同一性のうちにとどまったのち、諸差異のなかにみずからを外在化し、そのあとで自己へと戻ってくるのである。したがって《精神》が自分の《世界》であるがゆえに、《歴史》は、《精神》が自分を作り上げていく際の行為《アクト》〔現実態〕として理解されうるのである。《精神》の「地理学的および人類学的実存」は、「個々の民族」に順々に帰属する「直接的な自然原理」の形態をみずからに与える。(1) つまりこの実存は、さまざまに変わりうる優性と微分的前進性に従って「原理」が成就していくなかで固定される。それゆえ一つの民族は、みずからの「時代」を実現するという——ある個別の時代のうちでの自分自身の実現と「一致する」ものとしての——「使命」をもっていることになる。しかし、《絶対者》は最後にしかそれが真にそうである姿となりえないゆえに、つまり《絶対者》は結果であるがゆえに、《理念》の運動は、自己を意識する《精神》として《理念》を実現する《歴史》の運動を運び去ってしまう。したがって、「諸民族の精神」や、時

間および経験性のうちで世界《精神》が展開していく際の個々独特の瞬間は、「完全なる業《ウーヴル》の成就」であるこの普遍的な終わりに従属している。つまりさまざまに異なる諸民族は、各々が自分の時において勝利を約束されているのだが、自分の時がもつ儚い性質を経験するように運命づけられている。なぜなら、諸民族は、普遍的なものが実現する際に経由する個別性にすぎないからであり、歴史の「生き生きとした衣服が織られる」際に経由する「かすかな音をたてる時間の仕事」につながれた職人にすぎないからである[2]。実際、各民族はそれぞれの質的決定性に従って、「一度しか時代を画すことができない」のであり、この民族の「絶対的な法権利」――というのもこの民族は「世界《精神》の展開の現在の度合いを代表する」から――を前にすると、「他の諸民族からは法権利が奪われており、他の諸民族は過去の時代の諸民族と同様、普遍的歴史のなかではもはや重要性をもたない」[3]。「時代を画す《エポック》」とはつまり、〔「停止《エポケー》」という époque という語の〕語源が示すように、再始動の瞬間のうちに運動全体を取りまとめることで、運動を宙吊りにすることである。一つの民族にとって、普遍的歴史のなかで重要性をもつとはどういうことだろうか。それは外的世界のなかに自由な意志としてみずからを客観化する、ということであり、固有の法権利や自律した政治領域を、要するに本質的には国家を手にしている、ということである。国家は、個別的なものと普遍的なものを和解させることで、客観的な《精神》を受肉するのである。ある民族が民族と呼ばれうるのは、一つの政府がこの民族を統合し、与えられた空間内でこの民族を自己自身と関係づける場合、それゆえこの民族がまさに国家とみなされうる場合にかぎられる。そのとき、民族は「みずからの実体的現実および直接的現実のうちに《精神》を」抱えることになり、「地上の絶対的な力」を代表することになるだろう[4]。

世界《精神》の展開の各「段階」では、一つの民族だけが支配し、一つの国家だけが《精神》を受肉する。他の諸民族は、内戦あるいは外部との戦争に委ねられて弱体化し消滅する、あるいはさらに、「国家として」他の諸民族に対して支配権を有する民族に吸収されてしまう。他の諸民族はいまや国家を欠いたものとして、持ち主のいない事物のようなものとなる。しかし、《精神》が一つの国家のうちにだけ受肉するという排他性と、複数の国家があるという経験的な多様性とを同時に思考するにはどうしたらよいのか。この思考の運動そのもののうちで、この思考の運動そのものを介して、とヘーゲルは説明する。それはこの思考が自分自身のために、この思考の経験と反省的考察《レフレクシオン》とを統一体のもとに獲得することによってである。それぞれの国家は、各自のもつ個別の力の増大を表象することによって、個人の共存様式を、活発な相互的敵対関係という一般的かつ集合的な次元に移し替えることを余儀なくされる。実際、戦争とは、「個別的なものの理念性がみずからの法権利を獲得し、現実と化す契機」であり、外的で偶然的な理念性が、「一つの全体の有機的契機」としての国家がもつ内的理念性と出会う契機である。(5) そもそもこうした理由にもとづいて、一民族は、国家理性が組織する政治的実存を手に入れるために、自分の幸福と生命とを犠牲にするのを受け入れることができるのである。

《精神》の生成が場をもつ《絶対者》の目的論的過程性のなかで、普遍的政治の実効的歴史をたどり直すことであるこの運動の必然性にもとづいて、国家は《帝国》へと変形する。周知のように、ヘーゲルは《歴史》の《法廷》を前にして相次いで起こった三つの帝国を区別しており、これらは四番目の、普遍的《精神》をありうるかぎり最も高度に受肉化したもの、すなわちゲルマン国家――ある程度は議論の余地のある解釈だが、完全に症候的な解釈である――にまさに場を譲ろうとしている。これは絶対的であれ相対的であれ、歴史の終わりであり、「主人と奴隷の総合が、すなわち完全な人間、均質的な普遍国家の市民というこの総合が実現する契機(6)」である。

こうした摂理説的目的論に対するマルクスやニーチェの批判は、論争的な激しさを超えたところで、ヘーゲルの歴史哲学を、あらゆる歴史哲学の――それらはさまざまな弁神論や救済論を相次いで世俗化したものである――完成された形象として出現させた。ヘーゲルは、ゲーテよりもさらに運命的な仕方で、ヨハネの不可視の教会を具体化しているが、それはこの教会に、それが実現している概念、すなわち国家を提供することによってである。国家の機能とは、客観的《精神》の秩序のうちで、ロゴスの宗教を枯渇させることである。こうして国家は、《絶対者》の形而上学に巻き込まれるのであり、それによって途方もない課題を運命づけられる。国家は、一方で抽象的な法権利と主観的な道徳性とを、言いかえれば自分自身の独占的な〈手前〉と道徳的な〈彼方〉とを実現するために乗り越えなければならず、他方で、またそれと平行して、カトリックとそのローマ法、プロテスタンティズムとその内面性がそうである到達されざる成就のさまざまな試みを、実現するために乗り越えなければならない。

メシアニズムの神学化――これは最高度の概念性の次元で支えられている――がもつ巨大な併合的カテゴリーの働きは、こうして容易に認められる。否定性の作業は歴史を備給し、歴史を実現の場とする。実現は、受肉化が継起的に生じるとともに継起的に否定され、死んだ皮膚のように時代遅れのものとなることで行われる。国家はかかる実現の動因であり、この実現は「倫理的《理念》」を実現する。国家による実現は、内部的なものから外部的なものに移行せしめること、もろもろの実定宗教ないし実現を欠いた道徳どうしの和解を客観的《精神》のうちで現働化し、そこに転写することである。ヘーゲル的な実現は、《理性》による外部性の征服である。《理性》は外部性の資源を休みなく使い尽くすのであり、いかなる〈自己の彼方〉ももちえない。というのも《理性》はそれ自身がこの征服であり、この征服は「満たされない」と同時に「抑えがたい」ものだからである。[7] 外部性が認識されるのは、専有するために領土を認識するような意味においてである。概念に専有されていないあいだは、外部性は実効的な実存をもたない。実現は各々の規定をそれ自身に適合したものとしなければならない。それはまず各々の規定を媒介によってその他者と結合することによってであり、次にこの規定を、それ自身のために終わりへともたらすことによってである。すべてはそれ自身に〔*sich selbst*〕ならなければならない。シェリングの実効性〔*Wirklichkeit*〕が強調するものとは反対に、ヘーゲルに従えば、自分の個別的実存を通して、みずからのうちで自己実現するとされる概念の普遍性と一致するものだけが実効的である。ただ実存するだけでは、実効性の関係に到達するには十分ではない。国家をもたない諸民族の実存についても同様である。「遊牧民族や、一般的に、いまだ劣った文明の段階にある民族に関しては、どの程度までそれが国家とみなされうるのかと問うことができる。宗教的観点（かつてユダヤ民族やマホメット教の民族の場合がそうだったように）はさらに顕著な対立を提示しうる。というのも宗教的観点はこうした一般的な自己同一性を許容しないからである」。[8] さらには、個人の自由にもとづいて自己正当化するようなあらゆる考察の形態についても同様である。というのも、《精神》は国家のうちでみずからを構想し、みずからを客観化するのであって、必然的に国家は《精神》の客観的形態として現れるからである。国家は自由を、いやむしろ複数の自由を保存するが、それはこれらの自由を乗り越えることによってである。実際、国家は、自由がもつ偽りの個人性と直接性を、自己のうちで自己によって構想された普遍性のもとにそれらを包摂することで撤廃する。したがって真の自由は、社会的には国家的媒介によって生じる。国家的媒介は自由を実現し、共通利害の普遍性によって割り振られる機能に自由を適合させる。真の自由は、自己実現することで自己を撤廃する、あるいは自己を撤廃することで自己実現する。というのも、自分自身の勢力、自分の「利害」を放棄することによって、真の自由は普遍的なものの運動のもとでこうした勢力や「利害」を実効的なものにするからである。

とくに『法の哲学』が定式化している分析的命題で現れるヘーゲルの政治思想は、乗り越えがたいストッパーとなっている。ヘーゲルの政治思想は、言わばそれが実現するあらゆる政治哲学の終焉《ファン》をしるしづけている。だが同時に、このfinという語の終焉＝目的という二重の意味に従って、あるいは、あらゆる成就がもたらす策略に従って、ヘーゲルの国家哲学において政治は消え去る。これは、真なるもの——論理的規定の体系の全体的構成という内在的なプロセスとしての真なるもの——をめぐるヘーゲル思想が、歴史を脱時間化するにいたったのと同様である。実際、政治なるものは複数の意志を、すなわち、未来の目的を自分に定めたり、さまざまな規範に賛同したり賛同しなかったり、そして色々な理想を思い浮かべたりする複数の意志を相手にするのだと主張するならば、政治はヘーゲル的国家においてはもはや対象をもたない。もしそうでなかったとしたら、ヘーゲル的国家はもはや「倫理的《理念》の実現」ではなくなるだろうからだ。国家の《理念》を諸個人の意志から分離されたものとして措定することは、政治的形式主義の正しさを認めることに帰着する。もしかすると政治的形式主義は近代のあらゆる政治哲学の真相であり、それはヘーゲルにあっては国家の形式主義である。各種の中間団体、「社会」やそれがもつさまざまな批判的審級は、制度化された道徳性が有する普遍的秩序の従属的要素という地位に収まっており、この秩序に吸収されることしかできない。[9]

思考の強度の思想家[10]であるヘーゲルは、メシアニズムの世俗化をその最終段階にいたるまで組み込んでいる。ヘーゲルはメシアニズムの世俗化を歴史哲学の形態で成就し、国家でもってその概念を構築している。少なくとも部分的には、政治的なものをめぐるシェリングの思想のうちに、この成就の対位点、もしくはその動揺、要するにある種のメシア的なものの維持を見いだすことができる。政治的なものをめぐるシェリングの思想は、断片的な仕方で、メシア的なものに哲学的基盤を提供しているのである。シェリングは幾度となく、本質《エッサンス》と実存《エグジスタンス》をめぐる伝統的存在論にふたたび陥っている。しかし、あらゆる弁証法的内在主義から解放されることで、政治的なものをめぐるシェリングの思想は、ヘーゲルの政治的存在論に対して、ほぼ逆転された戦線で働いている。シェリングの思想は、ヘーゲルの政治的存在論を無効にすることはもちろんできないが――というのも、結局、ヘーゲルの政治的存在論は無効化不可能なものだから――それを脇道にそらさせ、そして揺れ動かすにいたるのだ。

シェリングはその長い哲学的キャリアのなかで、ほぼ継続して、《地上》に《天の国》を実現させることへのあらゆる信仰は無益であると暴いている。かかる信仰は、宗教的領域の内実を客観的《精神》のなかに移し替えることで、こうした内実を枯渇させてしまう傾向がある、というのだ。国家はシェリングにおいて、実際上の形態がいかなるものであれ、途方もない仕方で手段を目的《ファン》に変形する場として考えられている。こうした強権発動は、呪詛のしるしであり、言わば堕罪の証拠となるものだが、これが政治的‐国家的なものの「内的矛盾」を解く鍵を与える。[11]さらに、なぜ国家は個人の自由を削り取る隷属化の道具なのか――この点はむしろ青年期のテクストが強調する――あるいは、なぜ国家は歴史的過程の客観性なのか——これは晩年の哲学がいっそう浮かび上がらせる——も、かかる強権発動によって理解することができる。シェリングによると、たとえ国家が、即自的かつ対自的でありたいと願う意志の客観的形象として——国家はみずからの自己目的化作用をこの形象に変装させる——与えられるとしても、実際には国家は純粋に形式的外部性のなかに身を置いている。国家は公正なものでありうるが、それは外的かつ事実的な正義による。国家は歴史の長期持続のなかに書き込まれうるが、みずからの実存の不確かさや、自分の本性は儚いものだという悲痛な意識にたえず苛まれている。このことは国家が「他者のなかに自分の目的＝終焉」をもっていることに由来する。政治的‐法的なものの不完全性は偶然的なものではなく、むしろそれを構成するものであり(12)、国家の幻想とは、国家が自分に対して自分自身の目的＝終焉《ファン》でありうると信じることであり、このことによって逆説的にも、国家からはさまざまな固有の合目的性《フィナリテ》が奪われてしまう。したがって、《理性》の国家なるものは存在しえず、あるのはただ悟性の諸国家であり必然性の諸国家である。国家は、さまざまな実践的意図に支えられた理性の表象という意味での《理念》ではなく、多かれ少なかれ理性的で強制力を備えた外的秩序である。理性をめぐるもろもろの政治哲学や、政治的理性——とりわけ自然法——をめぐるもろもろの哲学はすべて、たとえばフィヒテにおける閉じた商業国家のような独裁に行き着く。自由は、自分固有の転覆力学を国家に対抗して活用する代わりに、物理的‐機械的な外的形態に服従する。シェリングは、きわめて明確に示している政治的共感に反して、「「もろもろの革命の」教義が見いだした普遍的性格や賛同」は、「国家の圧力を克服するための人間の努力(13)」によって正当化される、と認めるまでにいたっている。したがってシェリングは結果として、たとえそれが最も完全なものだとしても、なんらかの国家的形態を「人類史の目的」とすることを拒否する。「純粋に外的な、純粋に事実的な共同体であるかぎり［…］、国家《エタ》は目的ではありえない［…］。これは最も完全な国家であっても《歴史》の終焉＝目的でないのとまったく同様である［…］かつてはある理想を歴史の終焉＝目的と考え、かかる理想を最も完全な国家、成就された法治国家のなかに求めることが自然であり許されるものだった時代が存在した［…］。理想的である以上、必然的に永続的かつ永遠のものでもなければならない政体《エタ》をこの世界のなかに認めることは、誤った前提である。単なる状態《エタ》としてはこの世界は存続しえないのが分かっているにもかかわらず、である。現今の秩序は目的ではないのであって、それはただ乗り越えられるためにそこにあるのだ」[14]。理解されるように、これは非弁証法的な乗り越えである。というのも、これが意味するのは、世界の深みにおいてなんらかの克服が作動しているということであり、世界は、まさに客観化しつつある理想ないし理念性の成就をそこに見ていると信じる者たちに提示される、なめらかな進歩性の外観には還元されないからだ。老シェリングにとって、以前は「許されるもの」だった弁証法的論理は、もはや役に立たないように映っている。ヘーゲルの国家哲学に対するシェリングの徹底的な拒絶を支えているのは、弁証法およびその諸様態と方法がもつひとかたならぬ息の長さへの批判であり、のちの反ヘーゲル主義者たちは、この点から彼らのモチーフの多くを汲み出していく。

「概念《コンセプト》以上に内に抱かれうる《コンスヴァーブル》ものはなにもない」、それゆえ「思考について思考したいと思う者は、まさにそのことによって、思考するのをやめてしまう」[15]。思考と呼ばれるにふさわしいのはなにかという問いへのこうした否定的な規定から、弁証法的「未熟」に対するシェリングの拒否が生じてくる。弁証法的「未熟」は「力の現実」を深刻なまでに無視している、と強調するシェリングは、ギリシア人は弁証法の父であるにもかかわらず、論理的なだけの矛盾の鍛錬の彼方まで赴き、矛盾の存在論的な根深さを見いだすことができていたと注意を促している。ヘブライ語のトハハー〔訓戒・非難〕が指し示す「前提となる抵抗に対して抵抗する妨害的矛盾」の本性と関係づけるならば[16]、このことは古代人一般にも当てはまるかもしれない。弁証法に対する抵抗不可能性は、弁証法に信がおけないことの最も明白な指標である。ハイデガーが見てとったように、間違いなくシェリングは「力を思考する[17]」思想家であり、みずからの思想を、克服しえないものに衝突するものとして、その試練そのものとして行使する思想家である。シェリングによる概念規定は決して固定的なものではなく、事物が思考の時間のなかで自分自身から自分自身へと到来するのを目の当たりにする瞬間を待ち伏せながら、むしろ概念へと向かっていく。シェリングの実定哲学は、「実効的」ないし「客観的」思考からなる。言いかえれば、思考する主体が対象をみずからにただ与えることのない思考――もしそうだとすれば、思考する主体は統御と合致のかたちで対象を思念することになるだろう――であり、反対にみずからに抵抗するものをその抵抗のなかで維持し、それを自分自身の〈他者になること〉〔devenir-autre〕に変形させることのないような思考である。矛盾とは論理的カテゴリーではなく、純粋に時間的な差異である。矛盾は、自分に抵抗するものに対して矛盾を述べることで、思考が事実性をまとった塊――思考の外部にあって思考に先立つ塊――に対抗して展開されることを教える。自由には、必然性を伴う障害物を押しやるものという意味しかないのと同様に、思考するとはつねに、時間と不確実性に直面した自由の試練と経験を行うことである。

シェリングにとって、時間性は、概念に合致しないものとしての存在の規定である[18]。実際、みずからの存在の完全なる可能性を、自分自身のうちにではなく他者のうちに有しているものはすべて、時間的である。時間的差異は、論理的区別には還元されえない。反対に弁証法は、分割できない自己同一性を起点としてしか意味を受け取ることがない。この分割できない自己同一性においては、時間的流れの各点は同じように他のすべての点に共同して関係づけられており、時間の各次元は、特定の仕方で全体性を否定することに参加するだけである。また弁証法は、幾分かの思考を、言いかえれば自分自身を内実としてもっているにすぎない。弁証法が衝突するのは、あらかじめ自分自身の論理的貨幣に兌換可能なものだけである。要するに弁証法は、幾何学的証明がもつ自在さと美しき威厳とを有している。弁証法は、みずからの思考の操作だけによって、自分の対象の諸特性を演繹できる。対象とその諸特性の規定のあいだにある空間をすべて占有する弁証法の思考は、単なる媒介によって、そして仲介機能をみずからの真理と――ひいては真理そのものと――する意識の活動だけによって、容易に対象を相互に均質なものとすることができる。三角形の特性を探求するにはふさわしいものも、国家が問題となる場合にはまったく役に立たないことが明らかになる。思考の最も本源的な使命は、自分にとって最も外的なものに向かうことだとすれば、思考はもはや「単に思考そのものをあらたに」結果として手にするだけでは満足できない[19]。思考することをふたたび時間化することはすべて、必然的に論理を脱絶対化することを避けては通れないだろう。『人間的自由の本質についての探究』で、政治的‐国家的なものが、「この生のうちで外的なものが内的なものに行使する暴力[20]」と定義されるとき、問題となっているのは、反対向きに逆転できるような論理的タイプの逆転ではありえない。否定の否定は、絶対に思考のうちでしか否定を行わない。マルクス主義は、このことを容赦ない仕方で体験することを強いられたのだった。否定の否定は、純粋理性の限界を越え出るすべを知らないし、実際に越え出ることもできないのに対し、思考は、かかる限界から漠然と抜け出ようとするなにかに近づく努力をする。国家的逆転の暴力は実効的現実を、すなわち国家の、〈自己であること〉として仕立て上げられた有限性の、非存在者が存在者に行使する潜勢力の実効的現実を物語るものだ。

政治的なものをそれがもつ現実的な不透明さと重さのうちで思考し、国家をそれがもつ抑圧的で無媒介的な厚みのうちで思考しながら、シェリングは、生き生きとした統一というヘーゲル的観念の対蹠点にある、いくつかの効果的なカテゴリーを発明している。実存とその諸条件との逆転された諸関係が実効的な統一となりうること、国家という「単に外的なだけの統一」が統一であると同時に欺瞞、要するに「偽りの統一」でもありうること、そして、政治的なものの外部性が送るこの「偽りの生」がそれでもなお実質的に実存する「固有の生」であること――こうした思考を絶する事実を理論的に解明することが、実際シェリングにとっての問題となる。『探究』やシェリングの中期哲学と呼ばれるもののなかで展開されたこれらの要素、たとえば「剥離した全体」やさらには「克服されてはいるが無化されてはいないもの」が、非弁証法的思考の枠組みを構成している。のちに見るように、メシア的な襞が指し示す概念的布置と、メシア的な襞が描写するさまざまな隔たりや時間不全が、こうした枠組みを引き受けることとなる。これらの枠組みやカテゴリーは、逆転という実効的現実と、裏返しの世界の実定性、すなわち現世［この世界］とを深く考えさせてくれるものだ。カフカが『罪、苦痛、希望、および真実の道についての考察』で描写しているトンネル[*11]、すなわち、われわれが皆そうである鉄道旅客たちが閉じ込められているトンネルは、厳密な意味で、逆転状態で捕えられたこの裏返しの世界、不在の光による万華鏡的な闇に沈んだ世界の象徴を提供している。旅客たちの解放は、保証されてもいないし、不可能というわけでもない。シェリング自身が言う「有限性のメランコリー」の視点は、カフカのこの数頁で展開されている活動的かつ否定的なメシアニズムに対応するとともに、存在の中心にある人間たちの状況が思考に対して通達される際に通る象徴体系に対応している。

弁証法と政治的なものの堅固さをめぐる問いを時間性の周囲で結び合わせ、国家における絶対者と有限者の対立を——唯一持続を知るものである単独的な諸事物と諸存在の継起に参照させながら——思考し、自由な決定を現実的実存のうちに置き直すことで、シェリングの努力は歴史性の問いそのものと出会う。実際、最晩年のシェリングが汎論理主義と国家哲学に対置しようと努める構造においては、神学と哲学が結合して、歴史を実定的存在とみなし、歴史の運動を囲い込み不可能なものとみなすことになる。

時間が、理性と均質的でない強力な論理外の要素だとすれば、歴史はさまざまな非理念的移行や、否定と収縮、停止と再開、「救済と危険」からできていることになる。人間は思考の他者である歴史のうちに、単に自分が行ったこともありえたなにかを認めることはできない。彼らの歴史の経験を構成するのはまさに、騒音と憤激を伴うこの異他性であって、ヘーゲルの歴史現象学におけるように、自分の姿をそこに再発見できる客観性を——あたかも自分が生産したもののなかに自分の姿を再発見するかのように——観照することではない。意識は、みずからを条件づける無条件的なものとの差異のうちに身を置いており、無条件的な条件に向かわせるのであって、自分自身の歴史を支配することはできない。意識は、歴史的時間のさまざまな波乱を自分のものとして認識することはできないし、これらの波乱を同定する力学を自分で観照することで自分をふたたび摑み直すこともできない。このことは、集団的行動という高密度の厚みが存在することを意味しており、その内実を客観的合法性の用語で理解できると信じているのは、ただ論理的迷信だけである。「行動が裁断を下すところで」、観念論者たちは、「普遍的で平和的な概念を用いてすべてを調停したいと望み、戦争と平和、歓喜と苦痛、救済と危険の場面が代わる代わるみられる歴史を、純然たる思考の継起として表象したいと望んでいる〔…〕」[21]。過程性にもとづく思考に欠けているのは、平板な歴史的時間によって粉砕されるこうした時間的な区切りであり、『コヘレトの言葉』に言う時間に属する複数の時間である。「無限に繰り返される原因と結果の連結」として、真の途方もない思考されざるもの〔*Ungedanke*〕[22]として時間を表象しながら、過程性にもとづく思考は、到来するあらゆる予期せざるものがもつ絶対的な新しさという性格を見ることがない。行動と開始、主体による可能性の現働化――新しいものから訪れる可能性、「連結」に断絶をもたらすものから訪れる可能性の現働化――これらがたがいに条件づけ合っていることを、過程性にもとづく思考は捉えることができない。合理主義的幻想から解放された実効的歴史を認識する可能性の条件が、ここで言い表されている。そのとき人間の歴史の「汝自身を知れ」は、「汝自身を基礎づけよ」とは異なる仕方で受け取られうる。記憶不可能な、あらかじめ思考不可能な、つまりある意味で超-歴史的な、あるいは外-歴史性に関係づけられた歴史は、意識を戦慄させる。遠く離れた統御不可能な力が歴史的理性を打つが、とはいえきわめて古い出所の痕跡や、あらゆる起源よりも古い本源的関係の記憶されざる記憶や、想起に先立つ忘却を世界のなかに再発見することがまったく妨げられているわけではない。カフカによるエデンの園の範型の使用がこのことを思い起こさせる。アダムとイヴが《楽園》から追い出されたあとも、《楽園》は破壊されたわけではなかったのである。リンゴを食べたあとで変わってしまったのは、われわれ人間の運命であって、《楽園》の運命ではない。『考察』に読むことができるように、《楽園》は「遠く」として残り続けている。そしてまさにこのことが、進歩と歴史と時間とを規定するだろう。進歩を本当の意味で信じることは、まだ一度も進歩は起こっていないと信じることである。歴史のなかには、いまだなにも到来しなかった。というのもわれわれはつねに、あらゆる歴史の他者を希求しているからだ。流れ去る瞬間のそれぞれには、時間外のなにか、時間を再起動するなにかが対応している。

カフカ的なメシアニズムとの近接性に開かれた、政治と歴史の関係をめぐるシェリングの規定は、実践的な再我有化に通じるはずだと思われる。この実践的な再我有化は、弁証法的な乗り越えとはまったく異なるものだろう。ところで、政治はこうした再我有化を実効的にする状態にはない。というのも、シェリングにとって、政治は活動——たとえばアーレント的な意味での活動——に属するのではなく、儚い製造物である。この儚い製造物は単なる合理的な人工物にすぎないのであって、それゆえ人間が徹頭徹尾、政治的なものの切迫性と必然性に定義されていると考えることはできない。われわれがここで手にしているのは明白なアポリアであるが、このアポリアは道を引き返すように誘う以上に、発奮させるものであり、それがこのアポリアがもつ、時間をめぐるあらゆるメシア的考察にとっての利点である。政治をめぐる数多くの「かすかな」思考が、いやむしろ、「かすかな」政治をめぐる数多くの思考が、これを引き継ぐように思われる。

理性の神話学と否定的ユートピア

歴史的実存は概念から演繹されないがゆえに、この実存の認識は実効性の意識の認識とは混ざり合わない。実効性〔*Wirklichkeit*〕とは、思考や自由から独立した現実的なものが、歴史的に実効化する現場で把握されたもののことである。実効性のうちには、シェリングとともに「思考のなかのまさしく思考されざるものである物質的土台」[23]、歴史的経験が送り返されるべき「物質的土台」を見て取らなければならない。酔いが覚めて理性の跳躍から引き離された歴史的経験はそのとき、「あらゆる有限の生に固有の悲しみ」に引き渡される。だが、こうした遺棄によって、有限の生は――危険がないわけではないが――さまざまな瞬間的出来事を迎え入れる覚悟を決めることにもなる。メシア的状況は――カフカの『八つ折り判ノート』が提示する三つの描写のカテゴリーを援用するなら――現世の耐えがたさ、〈来たる世界〉への接近不可能性、現世から〈来たる世界〉へ向かう努力の破棄不可能性とのあいだに張りめぐらされた世界内存在のなかに人間を置く。実効的かつ人格的になるために実存の一切が要求する条件を、人間は不完全な仕方でしか統御できないことをシェリングは示している。人間は、彼らの意志に左右されずに永続的なものであり続けるものと自分たちのあいだの隔たり、絶対者の非外部性と歴史性のあいだの緊張、永遠性と時間的断片化のあいだの緊張のうちにある。まさに弁証法が不可能な実効性とのこの関係によって、あらゆる政治は、必要であると同時に魅力を失った実践となる。世界が沈み込む悪の現実と、そこから唯一突き出る部分を提供する救済の緊急性――多くの点で国家がその産物とみなされる二重の規定――のうちで、悲しみと有限性が示されている。

シェリングによって提起される歴史の表象の内部で、ある神話学が働いていること（堕罪の、国家呪詛の、運命づけられた記憶不可能なものの神話学）――カフカによって提起される表象においても同様だが（われわれが世界のなかを彷徨しているという神話学）――は、すでにお気づきのことだろう。神話学が物語る現実は、歴史的‐実効的な仕方でしか理解されえない、言いかえれば、それを一つの歴史として語ることでしか理解されえない。神話学は働きの鈍い哲学の隠喩なのではなく、むしろ、建設的な普遍性に従って、隔たりの撤廃と差異の停止に関わるあらゆる形象――対応、実現、廃止、受肉――と決別する。正確を期さねばならないが、われわれが「ロマン主義的」と呼ぶこの神話学は、われわれがメシア的伝統やそのもろもろのテクスト、その諸問題のうちに現働的に働いているのを認める神話学と同一の性質のものであり、神話的単位が関節となって組み立てられた体系や、複数の神話からなる秩序だった総体としては、いかなる仕方であれ提示されない。神話は――哲学素もしばしば神話からそう遠くないことがある――個々に分離できるものではないし、知解可能な実体から切り離されたかたちで標定できるものではない。ここでは、構造をもった構築物という言葉ではなく、神話なき神話学とか、思考とその哲学的行使の一様態という言葉を使うべきかもしれない。言ってみれば母型や格子ではなく、糸である。要するに問題なのは、アルカイックな形態に回帰することでも、それを思考の対象とすることでもなく、時間性の根底的経験を超越論的な仕方で考察することである。青年期のテクストからすでに、体系性と語りが交差するような哲学することの様式を探求しているシェリングは、この経験に対して計画的な、そして政治的な命名を行っている。政治的、というのも、この経験は、「理性の神話学」(24)

である〈国家機械〉に反対するとみなされているからだ。この合理的神話学は、さまざまな「神話的」神話学や宗教の力が破られたあとで、非機械的な――「形成的」であって単に「駆動的」ではない――社会‐政治的形態を再創出する目的をみずからに定める。まさにこの意味で、合理的神話学はあらゆる神話の彼方に赴き、あらゆる神話学が使い尽くされたあとでやってくる。すでに述べたように、呪縛と、その終わりないし持続の問い、呪縛の破壊あるいは同一性なき反復の問いが、メシア的なものの争点と中心とをなしている。メシア的なものは、ポスト神話学的な神話学と同様、世俗化の一般的図式をかき乱すことで、この神話学の進む道をあらためて方向づけるのである。

哲学の実践的基礎と理性の神話学の探求のあいだの結びつきがどのように生じるのかを理解させてくれるのはカントである。実践哲学の諸概念を用いて構築された根本悪の学説は、表象されるためには、ほぼ演劇的な表象様態をまとった堕罪の神話学的物語に接ぎ木される必要があったことを思い起こさねばならない。これは、利己主義的欲望に身を任せて道徳法則に従わないという人類固有の性向を理解させてくれる表象様態〔*Vorstellunsart*〕である。意志の自由の事実性は、原因によっては認識不可能な悪――なぜならこの悪は自由な選択の結果であるから――というものを可能にするが、この事実性はあたかも、言うなればいっそう事実的な事実性、すなわち悪の事実性に裏打ちされている。この悪の事実性は、実効的な諸宗教において――とはいえキリスト教において顕著な仕方で――語られる歴史のみが、歴史的・時間的性格を保ったまま本当の意味で報告しえたものである。この叙述的ないし舞台製作的な原理によって、理性の能力を超過するものが指し示されているが、こうした原理はいささかも特定の論理的演繹を放棄したり、理性には構想不可能であり続けるものの合理的起源に遡行するのを自制するように強いることはない。だがこの原理はあらゆるメカニズムを、すなわち「さまざまな目的にもとづいて行動する能力(25)」に対置される因果的相互作用からなる、分析的で合理主義的な考え方でもって行動するメカニズム――まさに『最古のプログラム』の著者にとっての国家的機械のメカニズムと比較しうるメカニズム――を予防する。カントにおいては宗教が、あるいは解釈された《聖典》が理性を教育することができる。理性はまだほとんど確信を有していないが、まもなく啓示の内実を独力で「自由に」再発見できるようになる。この場合の啓示は、啓示なくしては決して啓示されえなかったようなもの(26)――理性が予見しえず、啓示なくしては決して意識に影響を及ぼしえなかったような出来事――を啓示する代わりに、最終的には理性を理性自身に啓示するだけのものとなるだろう。意識は、理性のあやふやな約束に対してそうするように、そこに信仰を「付け加える」。シェリングにとって、この啓示の運動とそれに伴う信頼のこもった同意は、有限性の感覚を人間に課しながら、この啓示が人間の意識のなかで物語られることで媒介されていく。「[啓示が基礎を置く」神話学を生み出す運動は、人間の意識のなかで展開されるかぎりで主観的な運動であるが、意識そのものはこの運動に対してなにごともなしえない(27)」。

肯定されていると同時に操縦不能にされたこの主観性は、理性に先立つものの場所を占める無-理性へと向かわせる。理性の原理から切り離されて自由になり、この原理を超過する理性は、主導性《イニシアチヴ》として、そして予見不可能な湧出としてみずからを実効化しうる。ひとたび有限性が歴史意識の唯一可能な形態として認められると、もろもろのプロセスは理論的に記述されると同時に、時間的な骨組みに捕えられながらもそれを引き裂く出来事として、いずれにせよ多様性をまとったまま織りなされる出来事として解読されうるものとなる。原初的で論理外の要素、断固として合理的なものの潜勢力の外部にある要素が、歴史性の意識を貫くさまざまな運動の到達しえない源泉にある。「理性の神話学」は、事物の記憶不可能な起源を、歴史の舞台上で表現することを可能にする。実際、この神話学の作業は一定数の哲学素と理論的構造を生み出し、それらが実存と実存の真理との非合致や、決して自己自身を見いだすにいたらないものの反転の輪郭を——いずれもが悪の実定性をかたどったものとして——定めるように努める。かかる哲学素や理論的構造が、メシア的なものやその多層的な時間性を説明する際の豊穣さを有していることを強調しなければならない。そのうちのいくつか——剥離した全体、無化されてはいない克服されたもの、そして偽りの固有の生——はすでに取り上げたが、これらは未来の想起、救済への期待、あるいは再燃する忍耐のなさといったものと呼応する。「反歴史的進歩」もその一つであり[28]、とりわけ興味深いものだ。現実的‐実効的で、純粋な出来事性のもとで再把持された歴史は反進歩的でありうるのだろうか、この歴史は、さまざまな〈なぜ〉からなる線状の系列を逃れることができるのだろうか（あれやこれやの歴史的効果は、いかなる原因によって生み出されるのか）、そして、合理的に再構成されたみずからの歴史性を逃れることができるのだろうか。こうした歴史の舞台では、即興的なものがあらゆる瞬間に表象の不可知性の裏をかくことができるのであり、そこでは反歴史的な仕方で、歴史の天使が後ずさりして進んでいくのである。

政治的なものを経験的に啓示された歴史に関連づけ、非存在者の空虚な場として表示することで、シェリングの哲学は同時に、一八四一年の『ベルリン大学就任講演』が言及する、政治的克服によって征服される「無の王国」の思想としてみずからを提示する。十全たる実定性のもとで直視された反転の効能、もろもろの単独性が悪の普遍に——もしかすると端的な普遍に——強制的に併合させられることは、まさにティクーン〔修復〕なりレスティテュシオ〔復元〕なりアポカタスタシス〔修復〕のようななにかを呼び求めると思われる。哲学的肉体に神話学的な棘を植えつけながらシェリングがこれに授ける形態は、絶対者の歴史のうちで政治が自己崩壊する過程である。政治はただ克服されるためだけに存在するが、この〈克服されねばならないこと〉のうちで、政治はいかなる性急な統一にも陥らないよう引きとどめる剝離した存在を備えている。それ以後、あらゆる政治的存在論は、偽りだが固有の生の存在論として現れる。政治的存在の非本来的な本来性は、超越論的幻想を運び去る。かかる幻想はあまりにも抑制できない仕方で繰り広げられるために、幻想からの目覚めによる光でそれを壊せると信じたところでまったく無駄だろう。同時に、この非本来的な本来性は、カントの言うように「原因の力によって」ではなく「さまざまな目的にもとづいて」規定されうる個別の力学を生み出す、言いかえれば、計画を行為に転換させたり、意図を無限定に実現させたりする終わりなき努力を生み出す。実際、政治が前提する超過は、政治によっても、政治のうちでも埋められない。このことは、現世の反転の意識が指令を与える、再我有化の作業をたえず再開させることを含意する。こうした両義性は、絶対者の歴史がシェリングにおいては複雑で、さらには逆説的な仕方で規定されていることに由来する。絶対者と有限者の媒介不可能性ゆえに、絶対者の歴史は政治的な仕方では生み出されえない。しかし、有限者の歴史性や、人間の自由および実効的実存がもつ存在論的現実ゆえに、絶対者の歴史は現在からの解放を呼び求める。この解放はたとえば、ヴァイセへの書簡で提起される、実存者と否定的なものとの同等性において示されている(29)。この解放は、否定的ユートピアの形態で、すなわち政治の脆弱な形態のもとで思考されうる、あるいは少なくとも記述されうるものだ。
シェリングの思想においてこの否定的ユートピアは、これまで述べてきたことから取り出せる政治的なものの二つの相補的規定から生まれてくる。

すでに理解されたことと思うが、アリストテレスや自然法の理論家たちの政治哲学、さらにはヘーゲルの『法の哲学』といった意味で、シェリングの政治哲学が存在するわけではない。言いかえれば、考えうる最良の国家の問いとして検討される政体《ポリテイア》の問いがその理論的正当性を保証するという意味で、そして国家《ポリス》が、それ自身の余白である非国家《アポリス》を欠如的に配置することで自分が必然的に中心になるという意味で、シェリングの政治哲学が存在するわけではない。政治は社会的経験の事実性も歴史性も——たとえそこで生起するものを対象とするときでさえ——含まないゆえに、ブロッホの言う〈偽りはそれ自身と真理との指標である〉〔*falsum index sui et veri*〕*12 という意味での、政治がなにでないかをめぐる否定的思考だけが、政治の問いかけが権力や無の潜勢力の実定性に統合されないということを、みずから提起する概念生成のうちで説明することができるのだ。

政治的なものとそれ固有の企投性との本質的な非合致によって、救済と世界、絶対者と歴史、永遠と現在とのあいだの時間的な——「歴運的な」——緊張がもつ効果と指標とが、同時に性格づけられる。シェリング思想の全体を貫いている、必然的実存とその主体のあいだの隔たりの要請から、前進する他性の経験が浮かび上がってくる。これは社会的-政治的プロセスの総体を媒介する他性、そして現在の腐敗のもとで、ときには、最も直接的な歴史が明らかにする黙示録的な切迫性および接近の感情のうちで到来する他性である。「世界全体がもはやなすすべも分からなくなっているようであり、すべての民族が、世界最後の日々のように［…］期限切れの状態にある」とシェリングは述べている。そしてこのことは、さまざまな状況、情勢、力関係のあらゆる戦略的解読の原理に向かわせる。というのも「この世界は過ぎゆく一形態にすぎず、真の世界はわれわれの前にある世界である」(30)からだ。

ここにふたたび見いだされるのは、現世と〈来たる世界〉が織りなす襞によって生じる創造の二つの運動感覚《ベクシオン》からなるメシア的な航跡であり、この二極性にもとづいた、政治的・歴史的・倫理的な諸力の場の磁力である。シェリングは、こうしたユダヤ的伝統由来の諸要素を転写するいくつかの様式を確立し、これらの要素を哲学的に伝達し練り上げ直すことを開始する。シェリング自身、ユダヤ的伝統由来の諸要素にまったく無縁だったわけではない。シェリングはルーリアのカバラや『ゾーハル』のいくつかの側面を知っていた。『世界年代』は、神の自己収縮、エーン・ソフ〔無限〕、アダム・カドモン〔原初の人間〕といった、神話的主題のいくつかを援用していることを証拠立てている。啓示の哲学や神話の哲学は、神の名についてのヘブライ的およびユダヤ的な思弁の主要部分を、実体および意識の概念性のなかに導入している。未開拓のまま残された遺産を狭義の哲学的思考が作動させることには、正真正銘の特異性が存在している。正統派のラビたちのもとで獲得したカバラの知識を伝達するモリトール〔ヨーゼフ・フランツ〕とシェリングの関係が、このことをきわめて明確に証言している。おそらくこうした傾向は、決定的な意味の割り当ての一切を失望させるもの、作品となることをみずからに禁じ、思考の無限の刷新を垣間見せることであらゆる意味の閉域を解体するものとしての、シェリングの哲学の用法と営みとに関係づけることができる。「思考するとは、知を断念することである」と、『エアランゲン講義』に読むことができる。(31) 非統一は、論理的に固められた複数の単位の誤りを示す指標であり、非合致は、和解〔*Versöhnung*〕のモデルが提起するのとは別の合理性の探求へと向かわせる。思考は、それが通過してきた知の——というのも思考はつねに知に依存するから——魔法を解き、さまざまな歴史哲学を失望させ、統一の情熱に焼けつくような傷を課すことで、実効性〔*Wirklichkeit*〕の経験がもつさまざまな非一致、破綻、多様性を無数のツリー構造に解きほぐし、迎え入れる。知るとはつねに、知っていると信じることであり、しかも、単に自分が知っている事柄を知っていると信じることではなく、より重大なことだが、知るとはどういうことなのかを知っていると信じるところまでいく。対象がたえず揺れ動いてそれらの合理性と合致しないままであり続けるのを受け入れることで、シェリングの思想が行っているのは、対象が完全に時間的に沈入していることを思い出させることにほかならない。すなわち、いかなる哲学も乗り越えることができない、有限性のメランコリーと悲しみである。同時にシェリングの思想は知を、非知の磁力と知それ自体の未来の引力のもとに置き直す。そうすることでシェリングの思想は知を再開するのである。

内的歴史と外的歴史

シェリングは『一般的概観』に再録されたある書評のなかで、「われわれは法権利と力、自由と実定法、純粋理性と国家憲法といった矛盾するものを統合したいと願うのをやめるべきかもしれない」と述べている。[32] この一時停止は、単なる判断保留や、仮執行の方法とは別物だろう。これは、歴史のプロセスと合目的性の規範性、弁証法と諸価値、革命と論理、倫理と唯物論、転覆と因果性、経験と客観的過程、予見不可能性と目的論といったものの断固とした相互汚染である――こうした相互汚染を、無政府主義的な仕方で実行させるのがモーゼス・ヘスのメシア思想である。はじめからヘスのメシア思想には、あらゆるマルクスの亡霊《スペクトル》やマルクスのイディオムと文法が、そして、作品の全体を貫いて感じられるそれらの「還元不可能な異質性」および「内的な翻訳不可能性[33]」が取り憑いている。

この軌道が包含する広大な範囲《スペクトル》においては、世界を我が物とする主体的プロセスの解明にたえず注意が向けられることによって、解放をめぐる先取り的な思考が開始される。ヘスにとってメシアニズムは、あまりにも普遍的な人間的経験の構造であるために、どんな革命的行動や革命的政治も、メシアニズムの諸範疇のなかで感得され、語られるとされる。一つの絶対的直観がそこから帰結し、広がりをそのままに提示されるのだが、とはいえこの絶対的直観は、系統学や諸関係の総体――そうした総体はまさにこの絶対的直観を相対的なものにしてしまう――のうちに基礎を置いたり、そこに統合されたりすることはまったくない。すなわち、なにか（世界、自然、歴史、社会的諸関係）に対するあらゆる活動において、倫理的次元は、客観的かつ根本的に乗り越え不可能である、というのがその直観である。まさにこの直観によって、ヘスはマルクス的な分析法から一線を画しており、この直観はしばしばこの分析法の盲点を――あたかも来たるべき歴史を予感しているかのように――指し示しているように見える。他方でこの直観は、メシア的思考がもつ最も固有の効果の一つ、すなわち、倫理と政治という古典的区別を複雑にして、この区別から穏やかで秩序づけられた境界という側面を奪い去る効果を例証している。

一つの中心観念を押さえておこう。これは『人類の聖史』（一八三七年[34]）ではっきりと定式化されたもので、さまざまな変化を被りながら、のちの非常に多くのテクストを貫いている。この中心観念とは内的歴史と外的歴史のあいだの構造的区別である。内的歴史とは潜在的な歴史だとされる。内的歴史は、生きられた社会的世界がもつさまざまな主観的規定からなる不可視の直線を描く。外的歴史が内的歴史を実現するのだが、それは、実現されざるものの夜を遠くに押しのけるようなヘーゲル的な意味においてではなく、反対に、あたかも欠損によって、つまり内的歴史に対して取る距離を無にすることで実現する。この歴史は、現実世界の明白な歴史である。メシア的な襞の形象が明らかに認められるこの構造にもとづいて、歴史的時間性は、人間的には二つの歴史のあいだの非合致、緊張、裂け目として感得される。剝離した全体、より正確には、あらゆる全体性からの剝離である歴史的時間性は、別の歴史を、すなわち、初期のヘスの言葉を援用するなら、ヘーゲル的な必然性の代わりにスピノザ的な知的愛を対置する《新しいエルサレム》を、投企的に待ち望むことのうちでたえず開かれる。現在の時間的凝縮は、それ自身のうちに、未来の秘密の萌芽をはらんでいる。二つの歴史のあいだの隔たりは、政治的なものの二重の根を構成する。すなわち、内的歴史の意識に呼び求められたユートピア的欲望の対象であるとともに、外的歴史の内的未完成によってもたらされる根本的な批判の対象というのが、政治的なものの二重の根である。二つの歴史をめぐるメシア的理論は、当時支配的であった歴史実証主義を粉砕する原理として働く。別の布置にもとづいてではあるが、こうしたメシア的理論は、のちにペギーが、出来事や永久に未完成なものに歴史の「厳しい影」が取って代わるのを告発する際にふたたび作り上げるものであり、さらには、見かけのうえでの歴史的連続体のもとに隠れた、密度が不等なさまざまな時間的連続《シークエンス》の非同時性および交替を標定する際に、ブロッホが再発見するものである。同じく注目すべきことだが、『啓示の哲学』には、ヘスのものときわめて近い操作的区別を――たとえそれがキリスト教の歴史的内実の調査と、「神的なものそれ自体が混ざり合った」歴史のなかに書き込まれているとはいえ――発見することができる。哲学と合理性と歴史とを組み合わせようと努めながらシェリングが示しているのは、(35)「通常の歴史性」、すなわち「起こった事柄」についての外的な知と、「高度な歴史」ないし「高位の歴史」、さらには「本来の意味での歴史」とを混同しないことが決定的に重要である、ということだ。この後者の歴史が導いていく先の認識〔connaisssance〕は、〈与り知ること〉〔*Mitwissenschaft*〕の秩序、〈共同の誕生〉〔co-naissance〕の秩序に属しており、そこを介して、連続性のただなかで出来事をなすもの、この割れ目によってのみ連続性に意味をもたらすものが啓示され、開示される。(36)

ヘスにおいて、二つの歴史の襞は、回折させられた歴史がもつ二つの時間的管域を分離し開く身振りにもとづいて、数多くの政治的分析にエネルギーを供給している。こうした身振りは、ユダヤ思想では、ある状況ないし状態を知解すること〔intelligence〕そのものを指す。〔intelligence の〕ラテン語の語源はむしろ、読まれた数行のあいだの結びつきを示し、ギリシア語の語源は寄せ集めることを示しているのに対し、ヘブライ語のビナー〔理解・分別〕は、時間のなかに中間を生み出す隔たりから生じている。(37)意味を有する隔たりという同じこの原理は、その週に読む聖書の章句〔*paracha*〕によって作動されている。これは時間の区切りであると同時に《法》の区切りであり、儀礼的年間を読解と注釈の単位からなる週間に切り分けるものであって、それによって、儀礼的年間のテクスト的持続の拍子が区切られ、その成就が可能となり、敬虔なひとにとっては儀礼的年間の意味が豊かになる。ヘスの内部のものと外部のものは同様に、それらが素描する隔たりと距離を介して、歴史がもつなにかに接近することを――この接近は潜在的には知解しうる――可能にする。また、内的なものと外的なものというこの同じ語が、火花の集約というティクーン的活動の二つの次元を特徴づけるのにも役立っていることが分かる。イサク・ルーリアの偉大な弟子であるハイーム・ヴィタルの『セフェル・ペリ・エッツ・ハイーム』〔生命の樹の実の書〕には、次の一節が読める。「各世界には二つのまなざしがあることを知りなさい。一方は外側を、すなわち、外的形態に従った世界の普遍的法則を見るまなざしである。もう片方は世界の内的本質を、すなわち、人間の魂の内実を見るまなざしである。このことから二つの次元の活動、すなわち、行いと祈りの掟も存在することが分かる。行いは世界をその外的側面のもとで完成させるためにあるが、祈りは、一つしかない世界を他者たちのなかでもちこたえさせ、他者たちを高みに連れていくためにある[38]」。

このテクストに魅了されたエルンスト・ブロッホは、『ユートピアの精神』でこれを引用し、注釈を加えている。実際、「二つの異なる精神性による交互の干渉」に応じて歴史が機能的に構造化されるという仮説から、「精神」による「負担軽減」の相補化〔*complémentarisation*〕の必要性が導き出される。すなわち、「宗教的」要素による「マルクス主義的」要素の相補化であり[39]、歴史の概念についての第一テーゼで提起されるチェスに興じる自動人形のアレゴリーでベンヤミンが言うように、神学による史的唯物論の相補化である。容易に分かるとおり、作品を貫く複数のジャンルの相互汚染の力によって、ヘスはメシア的マルクス主義の系譜学の端緒となる場所を占めている。「一つしかない世界をもちこたえさせる」相補的世界の観念と、内部的および外部的な二重の分節化がもたらすような歴史の不可能な均質性の観念は、ヘスにおいて、さらにいくつかの注目すべき帰結を生み出している。

第一に、「歴史の安息日[40]」という地平ないし視野である。これはヘスの受容においては、ユダヤ的遺産――その直接的反響にもかかわらず――より以上に、ヤーコプ・ベーメを介したドイツ観念論の哲学的伝統に負うところが大きい。この歴史的安息日は、決定的な仕方によってではなく、特定の傾向をもった仕方で実現される。ヘスはしばしば歴史的安息日の内実を、歴史的過程の起源であると同時に終わり〔目的〕としての、構成可能な人類の統一に関係づけているが、そうすることでヘスは、ある約束された事柄の代わりに循環的所与を置き、終末論の代わりに弁証法的存在論を置いており、複数の歴史的時間をふたたび全体化する危険をたえず冒している――非常にしばしばそれに陥っている、と言わねばならない。創造の円環を締めくくる安息日と類比的なこの歴史的安息日は、一つの成就として、すなわち、内的歴史のもろもろの襞や深奥のなかに保管されているものの到来として提示される。ユダヤ教において安息日の中断は、六日間の実際的な活動を、反省的思考の秩序のなかに機能的に転移させることと対応していることに注意しよう。安息日の中断によって、週間の作業への回帰が可能になる。これは、作業された事柄が作業者を飲み込まないようにし、そして、行う主体と行われる対象の場所が逆にならないように――仮にそうなると偶像崇拝が実効的なものとなりかねない――することによってである。同じ語根をもつシャバット〔安息日〕とテシュヴァー〔悔悛・回帰〕は、「創造が不可逆的でないことを強調する。《法》に従って成し遂げられた行いは、一定の期日に、《法》に従って中断されねばならない。法が犯されたからといって、そこから有責性が帰結してはならない〔…〕有責性は、宇宙のなかで、作られるのではなく壊されるものの合計を増やしてしまう〔…〕世界は閉じているのでもないし、一つの方向に動かされているわけでもない」(41)。ヘスの歴史的安息日は、現在がいまもどれほどまで過去に捕らわれているのかを示すことで、未来の他者性を指し示す。メシア的転倒の瞬間によって分けられる、安息日以前と以後の時代の共約不可能性が、人間の解放に意味を与える。ヘスによれば人間の解放は、「哲学」が終わるところ、すなわち歴史をめぐるヘーゲル的な存在論が終わるところでしか始まりえない。絶対《精神》によって展開される歴史的プロセスを、弁証法的客観性が調整するのだとすれば、人間の自由な活動は、外的歴史からはみ出るメタ歴史を開始する。たとえこの外的歴史が、それを一つの均質的な幾何学的場とするようなさまざまな因果性に部分的に従属している可能性があるとしても、このことには変わりがない。

歴史哲学の観念と似通っているにもかかわらず、この見方は、諸帝国および諸文明の継起や、それらが待望の終末論的組成のうちで有する役割と場所をめぐる多くのラビ的な思弁と近いものだ。問いかけはこのとき、きわめて明確に、もろもろの歴史的時間と諸時代の終わりとの関係や、現世と〈日々の以後〉との関係に向けられる。たとえば「サンヘドリン篇」は二人の賢人による解釈論争を舞台化している。ヨハナンは「メシア的時代」と「未来の世界」を区別している。前者は、政治的・社会的な預言が成就する二つの歴史のあいだの過渡的段階をカヴァーし、そのあとにくる後者は、歴史におけるさまざまな成就の外部にあって、足かせを取り除かれた主体性の可能性を創設する。シュムエルにとって、メシア的時代は過渡的段階ではなく、まさに外歴史的な時間性を開く暴力の終わりであり、そこでは政治的なものはもはや、倫理的なものを妨害する力をもたないとされる。抑圧の時代と、政治的なものの終わりとしての抑圧の終わりの時代とのこの対立、そして、客観的な歴史的制約と、外的歴史のうちで内的歴史がはらむ解放の活動とのヘス的区別のうちで、中心として賭けられているのは、政治的なものとその概念の非合致、歴史とその合理性の非合致という主題である。狭義の政治的問いは、固有のリズムや時間性に従って強調された時間の問いのほうへ移される。弁証法的目的論への批判を支えるのは、自閉して横に積み上げられた複数の一なる歴史的全体性への批判である。反対に歴史は、部屋よりも多くの階段がある家として現れ（ベルヌ）、その狭い戸口は、つねに予見不可能なものへと半開きになっている。「メシアはあらゆる瞬間に来ることができる、なぜならメシアは世界のなかに特別な時間をもっていないからだ」と述べるプラハのマハラルは、こう付け加える。「メシアに固有の性質は、自然にも物質にも結びついておらず、それゆえメシアは時間に服していない[42]」。しかしながら、預言的介入において働いているのを確認した世界の時間のこうした脱時間化‐超時間化には、歴史的時間そのものの特異な層状構造が含まれている。ヘスは、内的歴史／外的歴史の理論でもって、考えられるかぎりでのこの層状構造の図示を提示しているのである。

　内的歴史／外的歴史の理論のもう一つの注目に値する帰結は、ヘスによる「実践的倫理」という共産主義の性格づけにある[43]。一般的にムサール〔倫理・道徳〕やデレク・エレツ〔世の道・礼儀作法〕の概念がまさにこの表現で訳されていると言ってよい。文集『ピルケ・アヴォート』〔父祖の倫理的教訓集〕は、こうした倫理が《法》それ自体と相互に条件づけ合っていることを強調する。トーラーがなければ実践的倫理もなく、実践的倫理がなければトーラーもないのだ。つまりユダヤ的伝統ではいかほどまで実践的倫理は状況に即したものではないのか、ということだ。実際、実践的倫理はつねに、《契約》の構造の現働化に、すなわち世界の維持に向かうのであり、世界の基礎〔*Grund*〕、ヘブライ語で言うイェソッド〔土台・基礎〕は、存在論的でも宇宙論的でもなく、義的なもの〔*justiciel*〕である。ヘスによる共産主義の定義も、物質的なものと義的なものの二重のつながりに従っている。共産主義とは、階級対立によって引き裂かれた社会がはらむ現実の運動である。共産主義は実践的なのだ。しかし、生産諸関係の物質的構造に結びついているとはいえ、共産主義は階級の存在に一次元的に割り当てられているのではない。共産主義は、社会領域を超過する現働的な倫理であり、外部性を保持しているのであって、この外部性によって、共産主義が社会的なものを転覆させる力を有していることが説明される。周知のように、まさにこうした人類学的かつ戦闘的な装置こそ、マルクス主義的伝統がイデオロギーの罠として告発したものであって、マルクス主義的伝統は、歴史に内在するあらゆる倫理的意味を拒絶することで、「道徳的問い」を科学的に取り扱い、解決できると主張していた――かといって、さまざまな革命的な政治実践が、かかる実践の主体たちによる倫理的呼びかけと合致することが妨げられたことは一度もなかった。マルクスとの衝突のなかで、あらかじめヘスが注意を促しているのは、政治的なものの倫理的分節化が、人間の解放に関わるさまざまな実践の理論のすべてを重層決定している、ということである。内的歴史が秘密裏に、しかし、いまやすでに外的歴史の安息日を告げているのとまったく同様に、実践的倫理としての共産主義は、現在のうちに未来の幾分かを、あるいはより正確には、即時的なもののうちに切迫したものを刻印している。タルムードの教訓話に出てくる、夜明けが訪れる予感を夜のうちに感じるニワトリはまさに、歴史のメシア的知解の紋章なのかもしれない。

しかしミネルヴァの梟は、来るための時間を時間に残すことで、より多くの哲学的保証を与えてくれるのではないだろうか。夜明けの待望の思考は、あまりにも早く飛びすぎる危険にたえず晒されているのではないだろうか。別の言い方をするなら、もし知なるものが、みずから規定する対象のあとにやってくるとしたら、いかにして待望や期待の本性ないし本質を厳密に思考できるのだろうか。むしろ、結果の表象は原因に先立っており、実は前者が後者を規定する原理だと考えるべきではないだろうか。

哲学史のなかにも、こうした努力の断続的な筋道を再発見することができるかもしれない。この筋道はカントから最晩年のサルトルまで続いているかもしれない。最晩年のサルトルは、カントの第三の問い[*13]をポスト・ヘーゲル的な応答に変形させながら、この問いをいささか簡潔に繰り返そうと努めている。カントについては、ここでは「距離」〔distance〕の主題、より正確には「隔たり」〔*écart*〕の、断層の、裂け目〔*Kluft*〕の主題をふたたび取り上げておこう。この主題は、「超越論的弁証論」のよく知られた一節にある「極限」の主題と明白に結びついている。「この状況〔プラトンが思い描いている、刑罰が不要となった状況〕は決して実現されえないにもかかわらず、極限を、それを参照することで人間の法的構成を、考えうるかぎり最大の完成へと近づけるために必要な範型として打ち立てる《理念》は、まったく正しい。というのも、人類がそこで立ち止まるべき最高度の段階とはなにでなければならないのか、そしてこれと相関して、《理念》とその遂行とのあいだに必然的に残る距離〔*Kluft*〕が有する広がりはどれほどでなければならないのかということは、誰一人として規定できないし、規定すべきでもないからである。これはまさに、問題となっているのが自由であり、自由は割り当てられたあらゆる限界を乗り越えることができるからである(44)」。つまり、隔たりはカントによって構造的に「極限」の概念と相関関係に置かれており、非適合を背景とするこの相関関係によって、自由を保証するものとしての《理念》を理解することが可能となる。《理念》は極限を駆動力をもった参照項として打ち立てるのであり、それによって私は「考えうるかぎり最大の完成」をたえず近似できる、言いかえれば、隔たりに沿って進み、終わり〔目的〕へと向かいながら極限と隣接することができる。《理念》によって私が踏破するカント的な隔たりは、自由を守ることである。というのも、「誰一人として」自由の広がりや本性を規定できないし、規定すべきでもない――かかる規定が確かなしるしとなるような絶対的な自由裁量であれば別だが――からである。カント的な隔たりは、感覚的世界の乗り越え――飛び越えるという位相的意味での――を指示する点で、自由の支えでもある。したがって《理念》は、こうした乗り越えによってもたらされる、《理念》の「遂行」およびその行使との特異な関係に入らねばならない。存在するものと、存在しうるもの、ないし存在するかもしれないものとのあいだの差異を隔たりが提示するのに対し、《理念》のほうは極限を提示する、言いかえれば、完成ではなく、われわれを完成に近づかせてくれるものを提示する。隔たりと差異、極限と完成の区別から、われわれはなにを引き出すことができるだろうか。第一に、存在するものは、決して極限ではない、ということだ。極限と完成とのあいだに《理念》が提示するのは〈可能なもの〉である。だがこれは完成によって目的化された〈可能なもの〉である。完成は認識不可能ではあるが、《理念》を介して、なんらかの仕方で純粋悟性に現出しうる。第二に、この現出と、その外延的様態、およびこの現出が含む普遍性が、あらゆる実践的領域を巻き込むがゆえに、カントにとっては、自由それ自体が隔たりのうちに、より正確には、カント自身が《理念》とその経験的現実とのあいだの非合致と規定しているもののうちに身を置いている。[45] ところで《理念》とそれが支える非合致が、理性の実践的使用の必要条件である。こうして《理念》の「遂行」は、意志の強制的活動によって、そして「純粋理性の理想」が非常に意義深い仕方で「実践的な力」[46]と名づけるものによって指令を受けることになる。これは、創造こそしないものの、行動が「完成」に方向づけられる可能性の基礎となる力である。実践的な機能に捉えられているというこの側面から考察された純粋理性の《理念》は明らかに、さまざまに多様な分節化——たとえば義務——の記述と分析を要求するだろうが、それはここでは脇に置いておこう。

いずれにせよ、この「実践的な力」を起点とすることで、実践理性の諸公準の周りに布置されたいくつかの概念、たとえば聖性や、さらには、よりいっそう決定的な仕方では期待の問いが、われわれの考察を巻き込み、引き継いでいくかもしれない。こうした布置のメシア的深みを、晩年のサルトルは、つかの間であるにせよ気づいていたようだ。「希望が叙情的な幻想であるとは思いません」とサルトルは説明する。「希望は行動の本性そのもののうちにあります。言いかえれば、同時に希望でもあるかぎり、行動がその原理からして、絶対的かつ確実な挫折を運命づけられているということはありえません。だからといって、行動が必然的に目的を実現すべきである、ということではなく、未来のものとして措定された目的の実現のうちに、行動はみずからを提示しなければなりません。そして希望そのもののうちに、一種の必然性があるのです(47)」。しかし、来たるべき目的の実現のうちにみずからを提示するということは、この目的へのいかなる接近も可能ではないこと、そして、未来それ自体が絶対的な認識不可能性のうちにとどまり続ける、ということを含意するだろう。サルトルの言葉は、それが示している開放性のうちでさえ、依然として歴史の存在論の諸範疇を借用している。ところで希望が、別の仕方で哲学的に検討されうるとしたら、それは存在の外の状態としてしかありえない。この存在の外の状態は、「王国」についてのローゼンツヴァイクの分析に従えば、そこにないものの出現様態を構成するとされる。すなわち、この「そこ」それ自体においては、存在しないものが存在し、現在ではありえないものの非常に特異な「現前」が存在する。この希望の観念は、カント的進歩とも——この進歩の素材である人間という木材がたわめている進歩——とも隔たっているし、サルトルがこっそりと再導入しているなんらかの必然性とも——この進歩の観念がそこにみずからの推進力を見いだせるときでさえ——隔たっている。希望する主体は自由であると同時に有限であり、割り当てられた限界をつねに飛び越えることができるが、存在と〈存在せねばならない〉を分離する決定不可能な隔たりと距離を消滅させることはできない。要するに、希望する主体とは一人の主体であって、その期待がこの主体の主体性を、あるいはサルトルが言うように、可能なもろもろの未来へと広がっていく主体の行動を、形容してもいるのである。

第四章
忍耐と希望

自己が自己と一致しないこと、さらに政治の時間が歴史の合理性と合致しないこと、これらが、人間的な時間性や、長きにわたる支配や帝国のもとでの生活を定義的に特徴づけるとすれば、こうした不一致を、メシアニズムの概念的枠組みとみなすこともできる。ユダヤ預言主義の伝統は、そのもろもろのゆがみ、隔たり、もつれを示している。期待〔espérance〕（われわれはこの語を、しかるべきときに指摘するいくつかの特定の側面を除いて、基本的に希望〔espoir〕とは区別しない）は、未来をかたどることの不可能性と、未来を備給しようとする現在の打ち消しがたい執拗さとを同時に語るがゆえに、メシア的な時間のずれ〔dyschronie〕の本質的の名の一つをなしている。この点に関して、世俗化によって区切りを入れられた歴史的継起というあまりに厳密に社会学的な見方が提示する時代区分がどれほど妥当か疑ってみてもよい。この時代区分によれば、まず垂直的な超越性の支配下において、世界の外部にある原理によって正統な時間が過去に根ざすとされている。これに続いて、時間は歴史というかたちで運動するようになり、水平的な超越によって世俗化された未来の次元へと揺れ動いていく。そして現在においては、イデオロギーの終焉というイデオロギーが、将来を語るイデオロギーのあとを引き継ぎ、時間の位置を新たにずらすことになった。とはいえ、位置をずらした先にあるのは、超越的な起源も予言可能な未来もない、純粋な現在である。こうして、長きにわたって人類の歴史の宗教的な過去に対してのしかかっていたのは過去の優位であり、いまや満了した世俗的時間をしるしづけていたのは未来の優位であり、そして個人主義と大衆化の時代には絶対的な現在が優位を占めることになる、とされるわけだ。このような説明は、世俗化についての分析を始めるための若干の拠りどころとなることはあるが、そのモチーフを問いただすことがここでの問題ではない。むしろ、この説明は、もろもろの時間の力動的な有機的連関を含むとはいえ、これを系列的にしか取り扱うことができないため、それらの有機的連関を理解できないという理論的限界をもっているのである。祖先たちの事前性と各世代の事後性というヘブライ的表象を喚起すること、ユダヤ・メシアニズムおよびもろもろの時間の預言者的な定在〔habitation〕のさまざまな内容を記述すること、時間的であるがゆえに分割され、非‐同質的なさまざまなカテゴリーを、襞から出発して明るみに出すこと――その目的は、生きられた時間性の三つの次元の現象学的規定と歴史的時間との絡み合いを示すことにある。このように歩みを進めていくと、メシアニズムへと向けられたまなざしが、関係し合う諸主体からなる合理的、類的、普遍的共同体から間人間的紐帯へと向け直される段階として、期待の問いが生じてくるのである。

待望と忍耐

私は他人に対して単に世界の一部分に対するように関わり合っているのではないという、社会性および出会いについてのメシアニズムの考察をどのように始めたらよいだろうか。それは、そもそも人間的時間のもつメシア性そのものの特徴とされてきたものを参照することを通じてである。これはもしかすると、歴史的メシアニズムの時間的条件を形成しているかもしれないのだ。時間性の本質的な規定が、みずからの存在可能性を他なるものにしかもちえないもの、となるとすれば、人間的時間の全体は、根本的な他性の現出とみなさなければならないだろう。それが主体性に対して差し向けるもろもろの問いを真剣に検討しようとするならばなおのことそうである。人間的時間とは、矛盾における統合というかたちであれ、止揚による弁証法に従ってであれ、共現前の共時性によってであれ、言わば構造的に、同と他を結び合わせることができないものである。レヴィナスは、時間を考える際に、時間の他性としての徹底的な他性を起点に据えた。現在との絶対的な非‐隣接関係を示す未来こそ、このことを際立ったかたちで証言してくれる。「未来の外部性は、まさに未来とは絶対的に不意に襲来するという点によって、空間的な外部性とはまったく異なっている。未来の予期、すなわち、ベルクソンからサルトルまでのあらゆる理論において時間の本質として信を置かれていた未来の投影は、未来の現在でしかなく、本来的な未来ではない。未来とは、把握できないもの、われわれに襲いかかり、われわれを捉えるものである。未来とは、他者である(1)」。それはもちろん現在の他者である。だが、だとすると、それゆえにこそ、他者との関係である。時間そのものは、この関係の出来事にほかならない。ローゼンツヴァイクが『新しい思考』においてこの関係を「語る思考」として呈示するときに強調していたのも同じことである。「時間を必要とするとは、なにも予期できないこと、すべてを待たざるをえないこと、他者に依存することを意味する〔…〕。新しい思想は他者を必要とする。あるいは、結局同じことだが、時間を真剣に捉える」(2)。実際、他人との関係の外部で時間について真剣に語ることはどのように可能だろうか。一人の主体だけにとっての持続でしかないかのような持続をどのように考えられるだろうか。一列に並んで数字をつけられた同時性とはなんら関わりをもたない生きられた尺度について語ることができるとすれば、時間の尺度は、把握不可能性、遅れ、不在、回収不可能性となる。これによって時間は刻まれ、その量りえない他性の重みを押しつけてくるのである。こうした観点からすると、時間のメシア性とは、みずからの「侵食〔morsure〕」についての唯一の「尺度〔mesure〕」である。待ち望んでいた他者との出会いに間に合わず、出会いの機を逸し、待望がさらに更新される――このことが、ヘブライ語文法の完了と未完了が示すように、「生起するもの〔*was geschieht*〕」をなす。すなわち、生起している事象の流れないしそれを包摂するものでも、さまざまな物がそのなかを動く「物」(3)でも、まったく存在者ではない純粋な自己からの脱出でもなく、生起し過ぎ去るもののことである。メシアとは、時間の過ぎ越し、区切れにおける、あるいはお望みであれば脱自における時間の他性なのである。

レヴィナスにおける語られたもののなき語るものの構造や、主題なき主題化という構造は、〔ユダヤの〕伝統におけるメシアなきメシアニズムに相応している。ここで、こうした構造が特徴づけているのは、無限への関係、包摂しえないものへの関係、異なるものへの関係である。言いかえれば、存在の限定としてではなく、主題化しえないものへの開放としての時間である。時間とは、「待望されるものへの志向なき待望」である。[4] このレヴィナスの表現は、時間の自分自身に対する不一致というシェリングの考えを独自かつ独特に変調させたものである。この表現から浮かび上がるのは、時間がどれほど他者や無限へと――しかもそれを決して我有化したり、把捉したり、了解したりすることなしに――関係づけられる仕方であるか、ただし、同において、有限において、他者や無限へと関係づけられる仕方であるかである。有限性の〈決してない〉は、純粋な不在ではない不在、〈において〉の〈つねに〉、時間の、その持続の〈つねに〉でもあるような〈そこにはない〉である。そしてこの時間の〈つねに〉は、時間がみずからと一致していないこと、時間の内的隔たり、それが〈決してない〉と〈において〉のあいだにあるがゆえに「欲望と欲望されたもの[5]」のあいだに生じる時間の「不均衡」である。レヴィナスにとって、時間性そのもののこの不均衡においてこそ、〈我思う〉、意識の志向的な思念、あるいはノエシス－ノエマの同等性に断絶をもたらすものが見つかるのである。そして、この点においてこそ、なぜ彼の倫理的責任という思想がまずもって、時間についての、そして回収しえない時間の幅についての思想なのかが理解される。時間とはつねに意識や同一化を超え出るということ、あるいは時間とは保持しえないものとの関係を示すということ――それは、時間には正しい「時制〔chronie〕」がないということである。すなわち、時間が時間的であるのは、みずからの超過ないし欠如において、みずからの隔たりないし捉え損ねにおいてでしかないのである。このことは、まさに時間の親しみ深い日常性にほかならないと同時に、不安を覚えさせる反復でもあるのだが。

私は待望されたものをそれ自身の内容について思念《ヴィゼ》することが決してできず、しかもこの〈決してない〉こそが時間の持続そのものをなすのだから、この持続する〈決してない〉が含みもつ把持しえないものによって、忍耐〔patience〕がもたらされる。時間そのものの時間性とは、この把持しえないものを耐え忍ぶことなのである。ここでの忍耐は、レヴィナス的な意味で、すなわち私が引き受けられないものも引き受ける受動性として理解することもできるし、ローゼンツヴァイクが描いた、メシア的な性急な忍耐という意味でも理解できる。事実、これらはまったく一つのことである。レヴィナスが記述するもろもろの術語によって織りなされる、あらゆる現象を解体させる現象学は、まさに、あらゆる待ち望まれたものやあらゆる到来するものより古く、またより生き生きとした待望としての時間のメシア性に関わっている。この待望の耐久〔endurance〕こそが、時間の忍耐であり、瞬間の性急さ＝忍耐のなさ〔impatience〕である。「時間の衝撃を受容しつつ、いまだ待望すること」[6]、これは「期待的生を送ること」である。ただしこれは、ローゼンツヴァイクが指摘するように、なんらかのものの到来を期待することと同じではない。ローゼンツヴァイクによれば、ユダヤ・メシアニズムは、みずからの外部で到来しないものとして残り続けるものを時間的に耐えるという頑固さ（*baharren*）と規定される。したがって、みずからが待望している対象は、十全に所有しうるような思考ないし意味の尺度には入りえないと知っている待望、あらゆる待望に抗って希望する待望があるわけだ。このような、みずからに抗って希望する、尺度を超えた耐久、これこそが、時間の性急な忍耐であり、そのメシア性である[7]。とはいえ、メシア的なものとは別の性急さや忍耐もある。ひとまずその輪郭を素描しておくべきだろう。

たとえば、ユダヤの伝統において偶像崇拝と結びつけられる性急さがある。これは、歴史のもろもろの地平や、歴史がめざすもろもろの待望の対象を混同し、それらをあまりにも早く和解させようとする性急さ、こうした和解の画一的な形象を時期尚早に思い描く性急さだ。ここでは、無限が、固定的な像、偽装した同一性の有限性へと落ち込んでいく。哲学的には、あらゆる合致〔adéquation〕の形象はこの種の性急さに属すると言えるかもしれない。そうした形象は、還元しえない不在、隔たりを、表出的な体系性によって媒介された現前化の構造のなかで充満させるからである。このとき概念と対象との同一性が示すのは、それ自身の知解可能性であり、また、社会と国家との、歴史とその裂け目との、時間とそこに含まれるもろもろの時との理性的かつ現実的な同一性の知解可能性だろう。これに対し、メシア的思考は、同一化のプロセスや等価性のシステムには偽りがあるのではないかと疑いをかける。こうしたシステムは、論理的関係として現れてこようと、社会的関係として現れてこようと、正当化というかたちで既存の事態を十全に合理化するものと映る。歴史における苦しみや暴力の経験こそが、非‐和解、非‐同一的なものの、そして歴史の閉域に立ち向かおうとするその忍耐強い頑固さの最も明白なしるしである。こうして拠りどころもなく見棄てられたものたちは、それでもみずからの混沌とした他性において受け入れられることを求める。すなわち、それらを同一化の力という権能のもとにすぐさま釘づけにして粉砕してしまう同一的なものや性急さの暴力から解放されることを求めるのである。ベンヤミンが「成就させない」ことが必要だと述べた苦しみの成就、そしてカフカが「付き添う」べきであると述べた世界に対する戦いとはこのことである。けれども、性急さの悪徳は、あらゆる忍耐を美徳とするわけではない。

というのも、均衡を失った時間のもつ性急な忍耐とは別の忍耐もあるからだ。それは、ここでもまたヘーゲル的な忍耐である。概念を尺度にした時間の長さ、その骨の折れる「長途の道」における忍耐について思考したこの哲学者は、(8)精神が知へと浸透する粘り強い働きを称えている。これは、重々しく絶え間ない歩みの各々の停泊地で概念が必ず停止しなければならないという忍耐である。この行程の各々の休止点において、概念は極限まで滞在しなければならない、とさえ言える。実際、各々の契機は個別的な全体であって、これまで踏破してきた道の総体からみずからの意味を引き出すことで、これを十全な意味とするからだ。各々の段階は、これまでたどった道の全体における長き忍耐がその特殊的な形象の各々のうちに内在しているのであるから、それ自身一個の全体とみなされればならないのだ。ヘーゲル的な忍耐は、こうした全体性の耐久である。精神の長い歩みは、各々の時間を超えて跳躍することはできない。これらの時間のそれぞれが、明らかに、全体の全体化のために必要だからである。このように、引き裂かれたり弱まったりすることはあるにしても断絶する可能性を一切もたない一本の横糸がますます緊密に織りなされて、これによって矛盾が乗り越えられ、調停され、さらに和解から調和が再興される。世界史についてのヘーゲルの考察は、世界精神のこの忍耐にもとづいている。「世界精神は、時間の長い延長においてこうした形式を踏破することを耐え忍び、［その各々の形式においてできるかぎりの全実質を形成するという］世界史の巨大な労苦を耐え忍んだのであって、これほどの労苦をもったがゆえにこそ、（世界精神は）自己自身についての意識へと到達することができたのである」(9)。それゆえ、この長く緩慢とした道、この忍耐こそが、自己自身の全体的な内容を産み出すにいたる最もまっすぐで最も短い道のりなのだ。即自的には、すべては完了し、把持され包含されている。待望があるとすれば、対自存在へと具現化することくらいである。したがって、概念の自己運動においてでなければ、あるいはそれによってでなければ、なにも起こりえない。その途上のさまざまな媒介を通じて即自的にあったものが自己意識へと上昇することのほかに、なにも起こりえないのだ。待望はみずからが待ち望んでいるものを予示している。精神の忍耐が待望であるのは、このような、乗り越えようとする情念、労苦、緩慢な獲得といった、否定的なものの連続的な試練という意味においてにほかならない。もちろん、周知のとおり、これとは異なる忍耐、「概念の拒否」としての忍耐を要求することも可能だった。[10] これは、到来するもの、予期しないもの、予期しえないもの――目的と手段の合致や現働化した効果と潜在的な原因との一致をつねにかき乱すもの――が、待望をつねに超過するような、そういう時間性のうちにとどまることを求めるものだ。だがヘーゲルは、根本的な性急さについての真の思考にはまったく余地を残してはいない。彼はそこに、悪無限のような悪忍耐しか見ていない。各々の瞬間の性急さは、それ自身として各々の瞬間の刷新の忍耐へと転換することはありえず、性急さは、まったくただ、「手段なく目標に到達しようとする知という不可能なもの[11]」、つまり存在論的有限性の純粋な裏面としての止揚されざる否定性を求めるものとされるのである。

すでに歴史および政治における理性の哲学に関して見たように、時間についてのヘーゲルの思想は、まさしく現前の存在論である。これはおそらく――ハイデガーが見ているように――アリストテレス以降の伝統の全体にあてはまるだろう。この伝統は次のような前提をもっている。すなわち、人間がなさなければならないのは、時間を現在の優位のうちで露わにし、運動の数によってその前と後とを見てとり、これを天の転回という絶対的に恒常的な運動と関連づけ、最後に、こうした数え上げられた数に従って時間を規定することだ、という前提である。だが、ヘーゲル的な時間の思想は、これに加えて、今の現象学を含みもっている。これは、この伝統を複雑化し豊かにするものであるが、おそらく、そこから、歴史についての全般的な見方と時間についての特定の教養とを結びつけることに頑なに勤しむ第一哲学を作り上げてもいるだろう。抽象的な自然的時間と具体的な歴史的時間、今の否定性と歴史におけるこの否定性の乗り越え、時間と意識によるその克服——ヘーゲルの思想は、こうした一連の移行を確たるものとしつつ、歴史についての分析で練り上げた連関でもって、各々の結合点に働きかけるのである。ちなみに、この結合点とは、歴史性および生きられた時間性についてのメシア的思想が——ヘーゲルの反対側から——向かっていく地点でもある。この点については後に戻らねばなるまい。

ヘーゲルにおいて繰り返し現れる非常に意義深い表現によれば、精神は時間である〔*der Geist ist Zeit*〕。現実的な時間とは、したがって精神の時間なのであって、過去がその存在論的な意味を供し、現在がそれを一つの統一体にまとめるわけだ。時間の定義を行っている『精神現象学』序文のある有名な一節から出発しよう。これはまた同書の中軸となる主張の要約にもなっている。ヘーゲルによれば、時間とは、それ自体として存在する概念(12)、現存在する概念、すなわち直接的で経験的な存在を有した概念である。つまり、概念は時間を指示するのである。時間とは、時間の連続的な展開において、全体性の内的な本質が、概念の展開の一連の契機へと反映されたものにほかならない。すなわち、《理念》の反映にほかならない。換言すれば、時間とは、そして歴史的時間とは、全体の本質を反映し、その存在、その現存在となるものと言えるだろう。このように特筆すべきかたちで哲学的に凝縮された時間の定義は、時間のメシア性についての思想が指摘するさまざまな側面と関わっているように思われる。実際、概念の存在とはなにか。それは時間である。だが、時間が概念の存在であるとはどういう意味か。これらの命題が意味をもちうるためには、時間について、一方ではその連続性および同質性において、他方では自己との恒常的な同時性において——後者は前者の可能性の条件であるため——、たえず検討しなければなるまい。

ヘーゲルが時間とは本質が存在に反映したものだと言うとき、誤解してはならないのは、彼にとってこの本質はなんら不動のものではないということだ。それはなにか安定したものではないし、時間の流動性のなかに投げ入れられねばならない基体でもない。そうだとすればプラトン的なモデルにすぐさま行きつくことになるだろう。精神が時間であるというのは、『存在と時間』第八二節が主張するように、時間に「落ちる」ことではもちろんない。というのも、ヘーゲルがカント主義を形容するときに言うように、時間をもろもろの現象の受容体のように理解することはできないからだ。ただし、概念の自己現示が、時間を概念の存在とみなすという外的必然性に従わなければならないことに変わりはない。つまり、ハイデガーがむしろよく見てとっていたことだが、精神の〈時間において〉という、〈において〉の問題がヘーゲルにはあるのである。実際、時間が表しているのは、生成の無限の流動性である。時間は、世界において歴史として生起する無限の否定性を外在化する。時間が現存在において反映している本質は、《理念》の弁証法的な展開、つまり時間の同質な連続性のうちでそれ自身を反映させている一連の契機である。ヘーゲルの時間の哲学はこうした諸契機の哲学なのだが、とはいえそこから——時宜的な契機であるカイロスであれ、リズム的な契機であるエットであれ、あるいは永遠なるものが開かれる瞬間であれ——契機そのものについての哲学の可能性は排除されているのである。全体の諸契機はそれぞれ乗り越えられ、それぞれ止揚される。ヘーゲルは、論理的な意味《サンス》と時系列的な方向《サンス》の二つを接合させ、両者を時間の連続性と同質性の単位として合致させ、時間の尺度とする。契機〔moment〕とは、展開ないし連続性の契機であると同時に、みずからと等しい現在という時間の契機＝瞬間、すなわち分割できず、無媒介的に実定的な「今」のことなのである[13]。現存在する概念は、あらゆる契機の実質的で内在的な単位として時間を特徴づける。これによって、《理念》の展開と、この《理念》が存在の単位のうちでまとめられるような時系列の展開との一致に名が与えられる。諸契機の連続性とは反省的な連続性なのだから、時間は、《理念》の展開プロセスの弁証法的な連続性がそこにおいて露わになるような同質的な要素として現れる。それは、ハイデガーの言うところの、「極限まで形式化され、抗いがたく平板化された［…］複数の今の系列」である[14]。存在から非存在への移行および存在における非存在の乗り越えに画一的に従うこの「平板化された時間」は[15]、すでにシェリングやローゼンツヴァイクの詳細な批判の対象となっていた。シェリングは、時間のなかに事物があるのではなく、事物のなかに時間があると述べていた。ローゼンツヴァイクのほうは、時間の生起〔*Geschehen*〕に時間そのものを、その歴史およびその出来事を見ていたのだった。ヘーゲルにおいてこれらに近しいように見える表現があったとしても——ただし部分的には実際近しいのだが——、ヘーゲルにおいて問題となっているのは、生-起〔se-passer〕とはまったく別のことだ。それは生成〔*Werden*〕である。時間が示すのは、生成を否定的単位として思考することなのである。

たとえば『エンチクロペディ』において次のように書かれている。「時間のなかで、あらゆるものが生まれ、あらゆるものが行き過ぎるとよく言われる［…］。だが、あらゆるものが生まれ、行き過ぎるのは、時間においてではない。時間そのものがこの生成である[16]」。この生成としての時間は、時間の意味を流動性として直観することである。ウラノスの子クロノスが子を飲み込むように、時間の連続性こそが、時間性を破壊しながら時間性を特徴づける。ヘーゲル的な生成は、思惟の諸契機の運動の自己展開として、無時間的なものなのだ。《理念》の永遠性と論理的プロセスの無時間性から出発すると、歴史を考えるために、時間を消去することを、少なくとも思惟においてそこから身を引くべきことを認めなければならなくなるのである。もちろん、ヘーゲルの思想の強みは、実際の歴史と歴史性の諸構造との混同や、もろもろの出来事の経験的な継起とその現働化の超越論的な構造との混同を避けるよう促すところにある。だがこれは、その限界でもある。というのも、歴史性の諸構造が無時間的だとすれば、もちろんここでわれわれが関わっている歴史の哲学が同時に生成の哲学であることはすぐに見てとれるのだが、それにはこの生成それ自体も無時間的でなければならないという条件が必要になる。だが、それはもちろん時間の哲学ではないし、さらにはあらかじめ思惟することのできないものとしての出来事の哲学でも、現実性が可能性に先立つような、到来するものについての哲学でもないのだ。時間の実定性と否定性の働きや、その自己－超克〔se-dépasser〕をめぐる弁証法は、言わば、時間のメシア性、その生－起〔se-passer〕に総合的に対立するものを産み出す。生成、反省、媒介が、時間の生起〔*Geschehen*〕、すなわち時間の時間性そのものを際限なく止揚するからである。時間が「自己を外化する存在の否定的な統一」、「あるにもかかわらずない、ないにもかかわらずある存在[17]」、あるいは「即座に存在しないものになる存在、同時に即座に存在するものになる非存在[18]」であるのは、つまり時間が継起的な連続性の弁証法的な理念のうちで捉えられるのは、それが永続的な超克、永続的に自己自身を超克することだからなのだ。

ヘーゲル的な時間化は、体系が作動するために要請される際限なき否定性の作業、連続的な弁証法的差異化の行為、たえず無媒介性へと転換する純粋な媒介性にほかならない。時間とは、言いかえれば概念とは、「消失する諸契機」を総体的に捉えるという「矛盾」にほかならないかもしれない[19]。この消失という幽霊的な次元こそ、時間における差異の消滅や、——もし時間の息子が時間そのものなのであれば——クロノスの自食によるあらゆる規定の消尽がもたらす絶対的な不安について美しい説明を行う際に、ヘーゲルに着想を与えているものだろう。さらにわれわれは、ヘーゲルの合理的目的論がどの点で通俗的な意味で客観的なものではないかを推し量ることができるだろう。おそらくこの目的論は主体性の歴史を作動させており、このような彼のこだわりこそ、そこにメシア性があるのではないかと推定させてもいるのだ。とはいえ、イエーナ期の講義でヘーゲルが提起していた問いそれ自体は手つかずのまま残されているし、この問いを反転させて彼に厳しく向け直すことも可能である。すなわち、過去、現在、未来の分離を平坦化し、それを美しい構造的な統一の表現に仕立て上げたり、あるいは、否定性を——そこに不安があることはしっかり確認されているにもかかわらず——客観性における無限として規定したりすることは、時間を、危機、裂け目、不和、存在との非合致のもとで思考するというより、むしろ、時間的時間を言わば中傷することになりはしないだろうか。

要するに、ヘーゲル的な時間とは、永遠的な循環、言いかえれば絶対的に現在的で実体的であるような循環なのであって、それを通じて、完了した時間——これは非存在が現在において乗り越えられるという意味で過去であり未来である——のうちで現在が乗り越えられる。こうした乗り越えの単位をなすのは今である。これは純粋な媒介であり、結局のところこれこそが時間そのものである。言いかえれば、作動している概念である。こうして、今の現象学は、統一的な現在の存在論を強固にし、現在の概念的－時間的な優位を確かなものにする。これは、ハイデガーの言う現前の形而上学、表象の形而上学に通じるかもしれない。いずれにせよ、「ヘーゲル的な規定」は、もちろんのこと「通俗的な時間了解に足を踏み入れ」、「伝統的な時間概念に従う」ものとして、時間についての共通了解の「最も根本的な概念的展開」をなしている[20]。それは、歴史記述が示す「通俗的な時間了解」にそれ自体として最もうまく対応しているのである。実際、それによって、年代区分をつけることのできる時間や、弁証法的なもろもろの全体性ないし下位の全体性の総体的な継起によって区切りを入れることのできる連続性を最も実効的なかたちで思い描くことができる。ここでは、《理念》の諸契機は、歴史の諸年代に相当するかたちで存在する。これらの年代のほうも、概念の現存在や、《理念》の存在の諸様態に相当するものとして存在する。こうしてわれわれは、ヘーゲルの歴史哲学に対して提起されてきたもろもろの問いにふたたび出会うことになる。歴史の舞台においてもろもろの民族が、そしてもろもろの民族の精神が次々に継起すること、このことは、《理念》の無時間的な運動が概念によって時間的に把握されるという事態を表している。これが、根底的には、歴史が意味を有する構造と言えるだろう。歴史を単にもろもろの逸話の堆積物とみなして済ませたくなければ、歴史はなんらかの意味＝方向《サンス》に従って配列されていなければならない。もちろん、この意味＝方向は、抽象的で非実効的な普遍性に合わせて一度確立されればそれでよいわけではない。だがよく分からないのは、この意味＝方向が、過去を現在においてふたたび全体化（もはや存在しないものの現前）させないこともあるのかどうか、また未来を、もろもろの目的が統一するかたちでの現在の実現ないし自己実現（現に存在するものによって規定されるだろうものの現前）として捉えないことがありうるのかどうかだ。したがって、歴史の終わり＝目的という問いは、

──たとえこういう言い回しがすぐさま空虚なものになりうるとしても──しばしばそう言われるほど突飛なものではない。それはもちろん歴史の休止ではないし、最終目的の意識的な思念でもない。そうではなく、歴史の終わり＝目的は、まさしく絶対知の成就に、また精神にとっての自由の探求に──というのも体系とは自由の体系なのだから──、さらに時間についての教説の全体に含まれているのだ。そこから歴史における理性という主題や、あるいはその対蹠点にある、理性を超えたものの闖入、新奇なもの、予見しえないもの、予期しえないものといった主題がふたたび現れてくるだろう。とりわけ『歴史哲学講義』における摂理ないし神義論の有機的展開のモデルには、ある種の知の閉じられた循環性がきわめてはっきりと現れている。

時間の同質性が全体における存在としての時間の連続性と対になっているのに対し、その構造をなしているのは、ヘーゲルの考えの第二の特徴である時間の自己への同時性である。実のところ、時間の具体的な規定の各々において、つまり各々の契機において、これらの規定のすべてを貫いている概念は自己に現前している。この共現在性が時間の忍耐をなすのであって、この待望なき忍耐こそが概念を時間にするのである。このヘーゲル的な時間の同時性はどのように分節化されているのだろうか。

(1)時間は、歴史や歴史的時間と同様に、全体性の存在である。(2)全体性がこの存在に対して有する関係は無媒介なものである。(3)したがって関係そのものが本質の無媒介的な表現である。すなわち、全体性の諸要素は同じ一つの現在のうちに共存しており、これらの要素はそれぞれたがいに同時的である。

ヘーゲル的な全体性においては、つまり世界史においては、政治制度、芸術形式、宗教などの各々の規定は、各々の契機における概念の自己自身への現前にほかならない。もろもろの要素がこうして全体においてたがいに共現前していることによって、ヘーゲル的な歴史的時間は、概念がみずからの存在のすべての規定において全体的な現前したものとなる。このような構造によって、なぜ歴史を思考するためには時間から身を引くべきなのかが理解されるだろう。ヘーゲル的な忍耐《パシアンス》とはこのように身の引くことの帰結なのだが、逆に、性急さ《アンパシアンス》のほうは、忍耐をせずに、みずからの時間を超えて、すなわちみずからの歴史的規定を超えて飛翔し、時間そのものへと向かおうとする。このようなことは厳密に言って不可能であるが、まさしくこの不可能性が性急さを特徴づけているのだ。ヘーゲルの忍耐は現在の忍耐だが、しかしそれはみずからへと反省し、理性と政治との絶対的な地平をなす概念の現在の忍耐である。シェリングの表現では、理性も政治も、「現在の器官」である。すなわち、その両者が、現実的なものと合理的なものとがもともと共‐根源的であること、これらの次元がすべて今のうちに統合されることを示しているということである。イエーナ講義で言われているように、未来とは、現在における否定的なものの契機である。すなわち、表象された非‐現在——その真の存在は今存在することにある——の契機、みずからが対立している存在が到来したり消え去ったりするときに存在へとみずからを超克する非存在の契機である。だから、われわれが未来を考えるとき、われわれはそこに現在の存在を転移させていると一八〇五—一八〇六年のヘーゲルは述べるのである。未来の本質が今であるのはこの意味においてである。(21) ローゼンツヴァイクは、『救済の星』において、——『エンチクロペディ』における点、線、空間の弁証法的規定について行っているのと同じようなかたちで——これらの命題を注目すべき仕方で変質させている。実際、ローゼンツヴァイクは、こうしたテクストないし概念に対して、ヘーゲルから借り受けたさまざまなものについて、その意味を連続的に変調させているのである。未来に関しては、あとで見るように、ローゼンツヴァイクのメシア的思考は、ヘーゲルにおける差異とその乗り越えの無媒介的な統一を分離させつつ、予期された未来を――いまだ存在しないものとして存在する未来を――現在のうちに置き直している。そこから浮かび上がるのは、現在、瞬間、今についてのまったく別の経験である。たえず刷新される未来の起源としての瞬間、未来そのものとしての瞬間における今の本質などがそれである。このような経験によって、直接的に〈対抗する〔aller-à-l'encontre〕〉という未来の性格――これは現在〔*Gegenwart*〕の意味そのものである――によって構造化された時間性への関係がもたらされるだろう。これによって、『精神現象学』において構築された経験概念そのもの――無媒介的なものがそれ自体として他者になり、この他なる存在を消去することにより自己へと回帰するという流れをもった運動ないし意識の領分――の地位が罷免されることになるのだ。

今の現象学を伴う現在の存在論、「現存在する概念」を伴う「概念の忍耐」、これらは待望を妨げるだけでなく、予期の不確かさすらも妨げ、無効にする絶対的な現前としての現在という了解を打ち立てる。ミネルヴァの梟は飛び立って久しいが、タルムードの雄鶏が朝の雄叫びを上げるときにはもう自分の巣に帰ってきているのだ。将来に関わる一切の知は、「非存在的な超克として規定された存在を、存在的に超克すること」にほかならない(22)。ルイ・アルチュセールがかつて注目したように、ヘーゲルが「偉人」の問題に直面するときにある種の理論的な当惑をつねに感じるのはなぜかが見てとれるだろう。実際、「偉人」はなにが到来するかを知覚できないし、いわんや認識すらできない。ところが彼らは――そしてこの点こそ彼らを偉人たらしめているのだが――、未来が現在のうちで不可視的に懐胎されているのを予感し、来たるべき本質が、現在の本質の外化において生まれつつあることを見抜くことができる、という問題だ。概念と現存在のあいだには隔たりがあり、この隔たりこそが時間をなしているのだ。ここには兆候的な限界が示されているように思われる。すなわち、現在における時間の共時性が、他なるものへの脱自によって、また時間によって媒介された統一と差異との一なる全体性の破裂によって、止揚されたり引き継がれたりするかもしれないという限界である。生きられた時間とは、媒介とは別のものなのだろうか。

時間的な決断

ヘーゲルの見解をこのように辿り直してから、「待望されるものへの志向なき待望」としての時間というレヴィナスの規定に立ち戻ると、メシア性と弁証法性のコントラストおよびそれが問題としているものをいっそう見てとることができる。時間の生−起〔se-passer〕(*Geschehen*)は、たがいの超克〔se-dépasser〕というかたちでは結ばれない多数の出来事を含みもつ。待望と、待望されることなく到来するものとの関係ゆえに、時間は、それぞれ離接し、たがいに合致しない、とりわけ取り戻しえない複数の時間性の堆積となる。時間性についての倫理的な思想はそこから始まるのだろう。事実、すでに見たように、純粋な媒介というヘーゲル的な時間もまた非合致において展開されるが、この非合致はつねに現在における超克というかたちで回収される。〔これに対して〕時間をなしている複数の時間は、それぞれについての規定からなる全体性の共現前においてまとめられることはない。分接、調和を欠いたリズムの鼓動によって、複数の時間はたがいに介入し合い、年代記的と呼ぶべき次元においてではなく、シェリングとともに系譜学的と呼びうるような捉え直し、すなわち積層状のさまざまな次元を横断する捉え直しによって展開しうるのである。特筆すべきことに、シェリングが『世界年代』において具体化している複数の時間の理解という企ては、ヘーゲル理論が規定する視点とは根底的に異なる視点にもとづいている。それは人間的な時間経験をあえて信頼するというものである。ただし、ここで信が置かれるのは「共通了解」ではなく「内的意識」である。こうした条件のもとでは、その実効性を哲学的に理解するいくらかの機会が得られるかもしれない。そこには、とりわけ聖書のアダムと宇宙論‐存在論的なアダムとの比較における、ルーリアのカバラの思考様態を想起させる神人同形論的な前提が見られるが、これはまったく恣意的なものではない。こうした前提は、人間は「包含状態で時間をもつ」という考えに根ざしており、これによって、過去および未来との繊細かつ複雑な関係へと端的に入っていくことが可能になる。「現在の瞬間がかなり以前にすでに生起していたかのように見えるとき、あるいは遠き過去に生起した出来事の証人であったような印象をおぼえるとき、この瞬間がこの内密な紐帯によって転位しているというのは、なんと驚嘆すべき照応、なんと内密な連結によるものか[23]」。この系譜学は、人間の内部性のこのうえなく内奥のものであって、同時に、『世界年代』によれば、絶対的なものの歴史の語りの原理をなす。シェリングが見いだす「もろもろの時間の体系」は、それらの時間の生きられた試練であって、弁証法的な構築物ではない。時間そのものの命ずるところに従って書き直される経験であって、発明された構築物ではない。この体系は、有限と無限、時間的なものと永遠のそれぞれへと開かれた二重の入り口をもっている。この入り口から、絶対的な起源、あらゆる時間の夜の最初の核にまでさかのぼらなければならないのだが、これを論理的な系列の第一の項と混同してはならない。というのも、この系列全体を「包含状態」でもつのは人間自身だからである。

ここでは、時間についてのシェリングの豊穣な議論のなかでも、いくつかの部分的な側面だけを取り上げるにとどめよう。それは、メシア的時間について、とりわけ時間の力動的な有機的連関に関わるあらゆることについて、ある考えを与えてくれると思われる。「有機体は、その最も微細な区分にいたるまで、時間のうちに深く潜みながら存在している」[24]——シェリングは、時間を考えるにあたって、推進したり緩和したり、広げたり静めたり、押しやったり抵抗したりするさまざまな力の作用のほうへと向かっていく際、こう述べている。時間は、このように対立し合う圧力の拮抗からたえず生み出され、それが深まるにつれて熟していく。これは、ヘブライ的な考え方および語源が考えさせてくれるとおりである。一方で、時間は、「コヘレトの言葉」の言うもろもろの「時」、すなわち「到来と消滅との永遠の交替」[25]、無差別状態の持続の見かけ上の停滞によって拍子をとっているように見える。だが他方で、この見かけ上の持続は、これにリズムをつけるものによって断ち切られる。というのも「各瞬間に時間が生まれる、しかも実を言えば、時間の全体が生まれ、そのなかで過去、現在、未来が力動的に分離されそれと同時にまた接合される」からである[26]。シェリングはさらにこう述べている。各瞬間に生まれるのは、複数の時間である。つまり、各瞬間に、時間の全体が、一種の無媒介的な永遠のもとに生じるというのだ。このような永遠性を起点にしてのみ時間は思考される。永遠を二つの極限まで無限に膨張した時間とするような表象の場合にそう考えられているように、時間を起点にして永遠が捉えられるのではない。人間的時間は、世界の諸年代の「大いなる時」の複製ないしその限定的な反復のようなものである。すなわち、各瞬間において、時間と永遠との分離がふたたびまばゆく動きだす、というのである。

イサク・ルーリアの《終わりなきもの》が空間に場を与えつつみずからは収縮するのと同様に、単なる無差別状態から活動的な原理によって分裂が生まれることで、永遠性が萎縮するようにして、時間に場が与えられる。人間的な瞬間は、時間の尺度の最小単位とは異なり、このような時間的なツィムツム[*14]、たえざる分岐、差異化、抵抗と緊張、拡張と収縮を再現する。そして、そこからあらゆる契機に複数の時間が生じるのである。存在に対し閃光のごとく開かれる暗い基底というシェリングがこだわって用いる隠喩は、ヘーゲルに見いだされる果実へと展開していく胚芽という隠喩とはまったく異なるのだ。

複数の時間の実際の差異は、一つの進化のただなかでそれぞれの境界が規定されるという次元のものではなく、あらゆる瞬間の乗り越えによって生みだされる。この乗り越えによって、複数の時間が力動的な有機的連関の内部に置き入れられる。これは単に、ベルクソンにとってそうであるように、現在が、知覚や想起――つねにすでに同時的な――において二重化されることではない。みずからに固有の時間性に直面した人間が、ベルクソンの言う「メロディ」などまったく有さない、もつれ合う時間の三つの次元とたえず、また同時に争わねばならないということである。というのも、瞬間こそがその休符点であり、もつれ目だからである。「時間は、各瞬間において、時間全体である。すなわち、過去、現在、未来である。それは、過去から始まるのでもその境目から始まるのでもなく、中央から始まるのであり、各瞬間において永遠性と等しいのである」[(27)]。人間は全体として時間に満ちている。プルーストが見てとったように、身体がこのことを証言している。身体は時間の所産なのだ。「私は私自身時間である」のであって[(28)]、この私がそれであるところの時間が、情動的に、志向性なしに、たえず自己に触れているのである。実際、この私がそれであるところの時間は、自分自身と争い、また同じように脱自的な構造をもったみずからの存在とも争いながら、時間を「われわれの思考のただのメカニズム」、つまり「無」とするあらゆる見方に抗い、形式と本質、現象と実在、とりわけ決断と行為、参画と運命など、「一切を、まずもって生において、行為において見る」べきだとする。こうして人間は、「自分自身の行いや振る舞いから時間の本質的な特徴を学ぶ」[29]。というのも、時間は、人間を自己から引きはがしつつ、記憶しえない仕方で人間を規定している当のものにこの人間をさらけ出すからだ。人間が時間についてもつ経験は、どれも不可分なかたちで主観的なものであると同時に客観的なものである。主観的であるのは、この経験が人間の苦しみや喜びをなじみ深いかたちで宿らせているからである。客観的であるのは、それが、各瞬間における永遠の乗り越えの実際の現実だから、とりわけ時間を「真剣に」捉えることのない者にとってはおそるべき現実だからである。この「時間の壮大なシステム」[30]は、世界に先立つ世界の大いなる時間を「反復」し、人間を、その主体性のあらゆる構造において、自分自身を超え出たところへと晒す。それゆえに、「時間の壮大なシステム」は、時間的な過剰によって——この過剰は主体のただなかでその外在的な原理をなす他性や、主体の尺度には収まらない尺度に関わっている——、二つの時代《アイオーン》の襞と歴史のなかに穿たれたその穴とを同時に介入させるような思想と共鳴するのである。

実際、機械的・空間的な時間観とは逆に、シェリングの力動的な見方によって、時間の質的差異化とそれに関連した「倫理的考察」とが一挙に結びつく。この点こそがここで際立って注目されるべき点だろう。有機的連関が示しているのは以下のことだからである。すなわち、しかるべく、まったく真剣に、つまり時間的に考えて、時間とはわれわれに与えられている所与ではない、ということである。時間とは、自由気ままに用いることのできるものなのではなく、到来すべきものである。複数の時間を線上に並べて検討してみてもこのことは見抜くことができまい。この到来は「あらゆる生の過程のうちで実際に体験される」。この「精神的経験」によってこそ、[31] それが開く存在の諸構造を通じて、時間へと到達することができるのである。

たとえば、実際に体験された現在、実効的に過去から差異化された現在、単に恒常的な流れの一部として表象されただけのものと異なる現在とはなんだろうか。この真の現在、現-在〔*Gegen-wart*〕は、過去に対する実効的な対抗、対-立〔*Ent-gegen-setzung*〕にもとづいてしか可能ではない。過去に対したえず猶予期間を与え、裁断するのを拒む者は、決然たる現在をもつことがない。同様に、つねにすでに過ぎ去った過去にしかならないような現在をもつ者は過去をもっているのではなく、それを非本来的に生きている。というのも、予期せぬ生の到来だけが現在だからだ。「自分自身から身を切り離すこと、自分に到来したあらゆるものから離れること、それに対して積極的に対立すること、こうしたことのできない人間は過去をもたない。あるいはむしろ、過去から抜け出ることがない。そのような人間はつねにみずからのうちに生きる［…］。みずからの後ろになにかをもつという意識［…］、それを過去として措定したという意識、これは人間にとって恵み深い、救済をもたらすようなものである［…］。唯一このような条件のもとでのみ、人間はみずからをなにがしかのものとして提示できる。自分自身のうえに立ち上がる力をもつ人間のみが、真の過去をもちうる。彼のみが真の現在を享受でき、さらに本来的な未来に直面できる。過去、現在、未来がただ一つの時間のただなかの単なる関係概念でないことを示すには、こうした倫理的考察で十分だろう[32]」。『世界年代』からの以上の長い引用は、時間の倫理と時間の知解とがもつれ合う時間性の結び目を適切に示しているだろう。過去と現在が、両者を断ち切る絶えざる断絶によって差異化されるのに対し、未来との関係はそれとは別の仕方で、ただしここでもまた対抗関係のうちに立てられる。ドイツ語の現在〔*Gegenwart*〕は、現在の性質、その内的緊張、純粋な未来化へと向かうその傾向について多くのことを語っている。[33]というのも、現在がそう名指されるのは、対抗的に向かって来るものを起点にして、つまり未来を起点にしてだからだ。将来とは、現在の最も内密な歪み、最も力動的な内的分岐のようなものであり、シェリングがはっきりと述べているように[34]、時間の最も忠実な同盟相手だろう。まさしく、抗争的な現在において未来がこのように内在していること、その場のうちに、まだその場にいないものがこうして書き込まれていること――このことこそ、メシア的なものおよびその諸形象の最もはっきりとした構成要素をなしている。

複数の時間の断絶は、その記憶しえない起源を反復している。実践的、経験的に言えば、この断絶は、人間的な時間性の次元においては、行為、意志、始まりの問いを生じさせる。「根本的な決断のために、時間のただなかでみずからの倫理的生をまったく新たなかたちでもう一度始める力」こそ、言わば人間に固有のものとなるのである。[35]『世界年代』では、その項や枠組みは、きわめて厳密に時間化されている。このことは概して言えば次のことを意味している。すなわち、それらは、人間に失われた起源をあてがう〈いまだ己を知らない〉に関わっており、その喪失のみが、人間に真になにかを始めることを可能にするということである。こうした行為や意志は、外部へともたらされ、その後即座に無時間的なものへと沈み込むが、記憶不可能なものによって、あらゆる再我有化や再臨に対する過去の超過がもたらされる。とはいえこの超過は、修繕可能な欠陥といった次元のものではない。この超過は、倫理的自由の根本、認識することも思い起こすこともできないものにそれ自体根を下ろした根本のところにあるのである。「どのようなかたちであれ、始まりをなす決断は、意識へと帰着するのであってはならない。それは喚起されるのであってはならない。そうなれば撤回されることとほとんど同じになってしまうだろう。決断しつつもこの決断を日のもとに喚起する権利を保持しておく者は、始めることすらしていない」[36]。「意識に帰着しないもの」を拒否することができると思いこんでいる者は決断も裁断もできないということ、これはたとえば約束の否認に通じている。みずからが署名した行為への忠実さは、決断の始まりのうちに宿っているが、この始まりがあるのは、自分はみずからの始まりにおいては自分自身ではないという条件のもとだけである。始まりが「意識へと帰着」することになれば、たゆまぬ再開という再帰性へといたってしまい、決断という次元が崩れ落ち、結局は、約束の可能性そのものが撤回されてしまうだろう。約束が、名宛人も証人もいない、いつも自己の基礎づけだけを求める自己の自己への約束となってしまうからだ。記憶しないものを「日のもとに喚起する」ことはシェリングの時間の体系のもとでは意味を有さないということに加え、他へなされた約束を自己意識の同へと結びつけることにしかならないのである。

時間の構造それ自体を考察するとすぐさま他人についての考察がもたらされるのは、ローゼンツヴァイクが『新しい思考』のなかで取り上げた時間と他者の関係に従えば、時間が人間的なものであるためだ。サフェドのカバリスト、モーゼス・コルドヴェロは、一六世紀に次のような説明をしていた。罪を犯すことはつねに隣人に対して罪を犯すことであり、誰も自分自身に対してのみ害を与えることはない。というのも、人間的なものが属しているのは、脱帰属――〈人間的なものにおいて〉という事態がむしろ捉えがたくなること、不可視の夜を日のもとにもたらすことができないこと、認識する自己ないし自己を認識する自己の明るい光のなかに外部性を収めることができないこと——のなかだけだからである。「各々の人間のうちには、その隣人のなにがしかがある。だからこそ、罪を犯すものは、ただ自分自身だけに損害を与えているのではなく、自分自身のなかの他者に属する部分にも損害を与えているのである」。こうコルドヴェロが書くとき、彼は、この各人における他者という構造のうちに、汝の隣人を汝自身のように愛せという戒律の最も明白な動機を見てとっている。隣人は実際に自己のうちにいるというのである。[37] レヴィナスの一九七五—七六年の講義に読むことができる次のような一節も、ここまで出会ったすべての規定の炸裂した破片を寄り集めたもののように思われる。それは、デカルトの《無限》の観念についての省察から着想を得た時間の定義として提示されている。「時間とは、［主体の］最小のなかで《無限》の最大が炸裂することであろう」[38]。時間とは、《無限》を、それによって触発された有限が耐久すること、人間がその試練を受けている隔時的な忍耐のありかたなのであって、そこでは包摂しうるような内容はすべて解体される。最大のものと最小のもの、内部のものと外部のものとの非合致ないし通約不可能性、主体がつねにすでに時間的なかたちで浸っている倫理的考察による主体性の変質、人間的な実存の構造の炸裂ないし脱自、時間のさまざまな次元の力動的な有機的連関による時間の耐久、時間の限界にぶつかる忍耐の性急さ——これらの特徴こそ、自己へと関係づけられえないものへと関係する、という時間の規定のうちに凝集されているものである。レヴィナス的にこれを関係なき関係と言うことができるかもしれない。現に存在しないものとの関係、あらゆる待望を解体するかたちで待望されている到来するものとの関係、期待されてはいるが到来してしまうとあらゆる肯定的な期待を超過したり壊したりしかねないような到来するものとの関係である。始まりの純粋な可能性のうちで現在化された現在は、現前の形而上学には回収されえない。というのも、それは行為、実存、誕生を秘めているからだ。それは、先行する時間や後続する瞬間との関係ではなく、瞬間において時間の動かしがたさを裁断する決断が要請する時間化の様態なのである[39]。

期待とノスタルジー

時間性の関係ならざる関係がカントにおいてどのように活用変化するかについてはすでに見た。まずは、理念とその実効化の距離、隔たりがある。これは、理論においては乗り越えられないが自由という事実によっては乗り越え可能である。次いで、否定的な統制と無媒介性の情熱とのあいだの、法の逸脱である。これもまた隔たりである。最後に、カントも述べているように、時間の三重の総合と瞬間における永遠性の開始との、つまり物理的なものと道徳的なものと非接合がある（しかし、もしかするとこれは、カント哲学のなかで真にまだ思考されていないものかもしれない。とりわけ時間性に関して、また時間性と因果性との関係に関しては、第二批判は、第一批判が定めた規則に背くよう強いられているる）。われわれは先に、たとえば晩年のサルトルにおいて、どのようにして希望がこうした一連のずれからほとんど必然的に導出されうるのかを指摘した。おそらく、これらのずれは問題を惹起せずにはおかないだろう。実際、無限の完全可能性を終わりなき不完全性だとするヘーゲルの批判、カント的な永遠化および時間化に対するヘーゲルの拒否から、自分の理論的な大胆さに恐れをなし自分の召使を絶望させないために実践的には神を復活させるというカントの姿に対して皮肉を述べたハイネにいたるまで、純粋実践理性が公準とする哲学的な不死性とは、内実を欠いた追跡による到達しえない終項にすぎないのではないかと考えることも可能であった。一方の、さまざまな現象を接続する時間、つまり非自由の時間と、他方の、自由な決断の時間、つまり、前者とは区別される問題含みの実践的な時間（ここから最初の批判書が次の批判書によって侵犯されるという問題がふたたび生じる）というカントにおける時間の二重の系列という側面から、効果的なかたちで考察を再開できるかもしれないが、この点についての専門的な議論には入らないでおこう。いま述べた困難からはもちろんいくつもの困難が続いて生まれるが、とはいえその困難は、多くのものを開いたままにしてくれる点で、宇宙論的な実在論や、汎ロゴス主義的な完全性への情熱よりはむしろ好ましいのではないか。エルンスト・ブロッホがまさしく見てとったように、カントの哲学の実践には、「暗闇に深く突き進んでいく者」の「危険意識」がある。[40] これがいっそうはっきりと現れるのが、とりわけカントの最晩年の『遺稿』〔*Opus postumum*〕の草稿の時間と瞬間に関する箇所である。カントは中断や不十分さを垣間見させてくれる哲学者である。このことは、それらを——たとえばデリダのようにして——戦略的に使用しているところからも例証されるだろう。レヴィナスがハイデガーの不安に対抗しうるものをそこに見いだすことができたこと、ブロッホがそこに認識の主体のものとはまったく異なった合理主義を見抜いたことも理解できる。前者の読解がおそらく無理を強いるものであったこと、後者のほうは——ただしわれわれからすると決して不正には見えない見地から——物自体のうちに、いたるところでまだ存在してはいないが現象的な現在の核心へとユートピア的に進んでいくものを見てとることができたことはさほど重要ではないだろう。

カントにおいては、対立するもの同士が調停不可能な抗争のうちに共に属したままであるが、それによって、たとえば、先に取り上げたシェリングにおける、乗り越えられても無化されないものや固有かつ偽りの生という考えを練り上げることが可能になる。さらにカントの考えを、ブロッホの言う「存在していないがしなければならない世界の形象」という思想のためにもう一度取り上げることもできるだろう。希望ないし期待についての哲学的分析の数はそれほど多くない。スピノザのあとでヘーゲルが述べたように、むしろそこに「主観的表象」のほかはなにも認めないことがふさわしいとされてきた。[41]なぜこのように相対的に稀であったのか。それは、歴史的に、概念による知は、存在するもの、存在としての存在の認識を中心に構成されてきたのに対し、希望のほうは、スピノザが見抜いたように、当然ながら存在論的な不安定さを課されているからである。定義上、希望の対象は存在しない。即座にやってくる未来化においてすら存在しない。もし私がそうした対象は存在するだろうということを合理的に確かだと見積もるならば、私はもはや期待していないことになる。実際、私はバスを待っているときに期待などしていない。もしかすると、なんらかの偶然的な原因によってバスの到来が不確かなものにされた場合には、期待し始めるかもしれない。そのときには私はやはりバスが来るだろうと期待するわけだ。つまり、期待は、存在－時系列〔onto-chronie〕としての存在論の中断を命じるということだ。カントの期待が特徴づけているのは、実践哲学が良かれ悪しかれ理論哲学に対して打ち出す存在の外部の状態なのである。ただちに指摘すれば、プラトンの瞬間の時間外性、時間外存在を特徴づけるのも同じ「奇妙な」状況だ。[42]これは『国家』における「善」を垣間見させる閃光につらなるもののように思われる。先にも述べたように、カントは後に、時間が全方向へと開かれる瞬間としての *Augenblick* と、先行する点と後続する点に相互に連結した時間の点としての *Zeitpunkt* とを区別するときに、この奇妙さをふたたび取り上げるだろう。絶対的な瞬間が、その他の瞬間には相関していないものとしての時間を時間化するのである。

カントの主観的な倫理は、神を切り離した世界の形而上学である。しかし、ヘーゲル主義とは異なり、カントの倫理は、われわれの目的地は現世を超過しているという考えを意識のうちにとどめている。そして、時間こそ（目的地の、概念の空間化の、そして現存在の時間こそ）このような超克および召命に意味＝方向《サンス》を与えているのである。メシア的なものがカントに支点を見いだすことができるのは、もちろんこうした資格のためである。同じ理由によって、有限性についての最も偉大な哲学者の一人に訴えかけて、存在の彼方に向かう希望という観念を検討するのも無分別ではあるまい。むしろ事態は逆であって、批判の論点は、全体として、『純粋理性批判』初版の序文での以下のような周知の確認に従っているのだ。すなわち、理性は特異な状況に身を置いており、みずからの認識する能力の有限性とみずからの認識への欲望の無限性とのあいだで、問いの権能とうんざりするほどの無際限性とのあいだで、身を引き裂かんばかりの緊張に貫かれている、ということだ。理性の有限性、それは可能な経験の境界の有限性である。アプリオリな認識能力の使用は、理論的な領野においては直観によって境界を定められている。この直観は、経験の対象を受容するがゆえに、神の知性とは異なり、能動的でも創造的でも本源的でもない。しかしながら、われわれの精神が有限であるという意味ではカントの理性には境界があるにせよ、この境界が乗り越え可能なものであることに変わりはない。あたかも、乗り越えがたい距離が、自由によって――この自由とはそこから身を引くことができるほど自由ではない――つねに乗り越えられるべきであるかのようなのである。これが理性の「驚異」なのだ。ここで取り上げなければならないのは、[43]『プロレゴメナ』において境界〔*Grenze*〕と制限〔*Schranke*〕のあいだに立てられている区別である。カントは、第一批判での純粋理性の弁証論的な冒険から多くの帰結を引き出しつつ、「量に作用する」純粋に否定的な限定——たとえば自然科学や数学において制限づけを行う場合——と、「外部の空間」を前提として一つの領域を区切る場合の境界との差異を設けるべきだと指摘している[44]。科学的な知は、無際限な拡張は知っているけれども、制限がある。理性のほうは、経験によって引かれる境界線ゆえにみずからの認識能力には境界が設けられているが、この境界は理性のまなざしを制限することはない。それは彼方を思考しているのだ。理性の「超越的使用」によってたえず促されるこのような境界の侵犯は、つまり内属的で本源的なものだということである。カント以前の哲学がそう主張していたのと異なり、理性は、みずからの境界を越えていくときに感覚や想像力によって誤らせられているのではない。制限と境界との区別によって、人間は、有限と無限という二重の次元に組み込まれている。こうしてカント哲学は、境界の哲学であると同時に道徳的実現に向けた実践的要請の哲学であるとも特徴づけられるのである。有限性は、論理的な矛盾があろうとも、無限性なしには進まない。私は、みずからの思考を彼方の無限へと、「未知なるもの」へと方向づけるが、「それを把握するのは、実際、私のうちにあるものによってではなく、少なくとも、私に対してあるものによって、言いかえれば、私が一部をなしている世界に関してなのである[45]」。

　境界は閉域そのものを線引きすることで開放を約束している。この開放が意味を有するのは、感性的世界の有限な認識を超えたところ、言いかえれば理性の実践的ないし道徳的使用においてのみである。理論的認識の境界が実践的に解除されるのである。だとすれば、こうした解除による境界への移行がもつ多くの哲学的な困難は傍に置きつつも、実践理性の合理主義は経験の限界内における認識の合理主義を超越すると言ってみてもよいだろう。たとえば、魂の不死性という観念は厳密には論証できないが、とはいえその無制約の実践的価値が立てられるやいなや、理性の実践的使用においては特定の意味を帯びるようになる。このような要請をもつ合理主義こそ、ブロッホが、認識の主体の合理主義に対置するかたちでカントの功績とするものである。それこそが道徳的な定言命法の源泉にあると言うのである。道徳法則は意志に対し、道徳法則に合致するよう、道徳法則を実現するよう要求する。合理的な有限的主体がどれもこの目的に到達できないとしても、その「聖性」は万人に対し道徳的な定言命法として課されている。メシア的なものは、こうした要請をある仕方で時間化することに存するだろう。すなわち、道徳的な「あたかも」とは「まだない」のことなのである。[46] たとえば、魂の不死性の実践的な要請は、意志に対し、言わば無限の持続を創案することで、意志が至高善をめざすことを可能にする。しかし、こうした創案は——この語を維持するのであれば——、理性が落ち着き払って霧消させられるような幻想ではない。逆にそれは、自由および神の実在と同様に、純粋かつ還元不可能な理性に内属しているのである。これこそが、魂の不死性の要請が意味する永遠性の意味である。つまり、われわれに死後の報いとして与えられるような生ではなく、期待なのである。

　理性の関心を表すカントの第三の問いはまさしく「私はなにを期待することが許されるのか」であるが、これは、第一の問い（「私はなにを知りうるか」）のように思弁的なものでも、第二の問い（「私はなにを為しうるか」）のように純粋に実践的なものでもない。この第三の問いと道徳法則の関係は、理論認識にとっての自然法則の関係と同様に、理性の過剰にある。理性は自然の客観性を唯一の動機としているために、実用的法則――期待とそれが期待するもの、およびその経験的な動力である幸福の希望――と、道徳法則――みずからが尊厳あるものであろうとする無限の努力や終わりなき務め――との連関を認めることができないのだ。希望と知は、その最も内奥の時間性の点でも、また各々の秩序のもとに配置される様態の点でも対立している。一方の知は、存在がありさえすれば、存在するものとしての存在を対象にする。実際、知は、こうしたやり方によって、「なにかがあるのはなにかが生じているからだ」という結論にいたる。他方の希望は、「なにか（最終的な目標を可能なものとして規定するもの）があるのは、なにかが生じなければならないからだという結論にいたる」[47]。したがって、道徳法則の要請が公準とする特殊な時間性は、時間の存在が不変的で恒常的だとする形而上学的表象によっては支えられない。実際、この時間性は、経験的因果法則によって規制され、直線的かつ空間的な時間表象によって思い描かれた現象的な時間とはなんの関係もないのだ。しかし、希望がせめて思考可能であることを保証しているのは、このような時間性のみである。この時間性は無限の持続をもち、非反復的で、つねに新しいものでなければならない。無限に遠くにある理想は、希望というこの切迫した近接性の様態を排除しないのだ。ここで、ある種のカントを別のカントよりも引き立てることを決意し、「根源的な、、、実践的時間性を認め、［…］実践理性を純粋に時間的な理性と考える」必要が出てくる[48]。つまり、直線のアナロジーから脱却し、直観形式としての時間の思考を時間化しなければならないということだ。ただし、そうすると、自由や決断の時間性、たえず《善》に向かって進歩せよという命令の時間性――カントがその後「万物の終わり」や、先に見たように、いっそう後年、とりわけ『遺稿』において試みるのがそれだ――についてはは理解できなくなるおそれはあるのだが。

こうして、第三の問いに対してありうる返答を探ると、現象の時間の機械的な支配とは厳密に区別された、意志に固有な時間性の実践的な要請へといたる。この根源的な実践的時間性は、未来へと向から時間の無限性についての考えを伴っている。これは言わば時間の有限性とたえず歩みを共にするような無限性である。とはいえ、一方が他方の「裏地」となっていたり、並行関係にあったりするわけではない。ただ一つの同じ時間があるだけだ。希望は、魂の不死性の公準に内属しており、その無限の、実存的な襞を指し示す。時間における自由の行使そのものであるような、私の死を超えた自由の目的であるような、そうした襞である。期待は、「為さないこと」を余儀なくされた「活動性の理念的な裏地」などではなく[49]、むしろ、「私がそのおかげで私の生それ自体のうちで、そしてこの意味で私の死に先立って、現在のうちで未来を予期して行動できるような、そうした恒常的な態勢として理解されなければならない[50]」。だからこそ、カントの有限性の哲学は、期待的なのであり、隅から隅まで時間的なのであって、現世を時間における認識を通じて把握しようとするあらゆる試みから逃れる意味の結合を見せてくれるのである。希望はいかにしても不安を癒すことはないし、死に向から存在としての実存を打ち消すことはない。完成へといたる不確かな保証も与えてはくれない。実際、それは天にしかないような道徳的善を待ち望むことではないのだ。これこそが、カントが次のように述べる際にはっきりと提示している理由である。希望はまさしく「為す」ことに存している、言いかえれば実践的な活動を働かせることに存しているのであって、報償や満足を受動的に予期することではない、と言うのである。「ポケットに手を入れて道徳的な善を天空にある善のように待ち望んでいるだけでよいと思っている人々」は、期待していないのだ[51]。

第一に、あらゆる希望は、幸福という善に向かっている。あたかも、カントの第三の問いが、まさしくヘブライ語のティクヴァー〔「希望」を意味するヘブライ語〕の意味のみを前提にしているかのようなのだ。事実、これは、幸福を待ち望むことにほかならない。他方で、エルピス〔ギリシア語の希望もしくはその神〕はこれに不幸の理解を付け加え、恐れを希望へと結びつけ、さらには希望を有害な幻想へ、悪へ、ひいてはニーチェのヘシオドス読解におけるように「禍いのなかでも最悪のもの」にすら結びつけようとしていたのだった。(52)『仕事と日々』であまり説明が加えられていない『神統記』のいくつかの句は、*15 まずは通常提示される慣例的解釈に照らすべきであることは否定しえないとしても、とはいえ、決定的な金言よりもむしろ問いのほうを多く含むもののように見える。その内容は、あまりに省略的であって、なにも語っていないか、あるいは秘蔵の書に近いものであるが、とはいえ別様に探りを入れることもできる。ゼウスの命令によってその他の悪がパンドラの匣から外に出て行ったのに対し、期待はそこに極限状態で保たれている。期待はつまり悪に類似しており、悪の一つでもある。あるいは、より正確に言えば、それは、あらゆる悪と同じ袋のなかにあり、そこでちらばっている。しかし、ヘシオドスの言うように、その他の存在が翼をもって人間たちを襲いに飛び去ったのに対し、期待のほうは「壊れにくい家」にとどまっている。期待は悪だとしても、内に押しとどめられた悪なのだ。それは、パンドラの送付物を意味する「すべての贈り物」の内にあり、それ以外のものとともに送られる。しかし、この送られたすべてのなかで、期待は保留、退引、最後の自制を保っている。期待のこのような残存は、ギリシアの神統記の領域においては、預言者的なドラマツルギーとはまったく異なる一連の意味の継起として展開されるが、ここでは、期待に固有の両義性、つまり、匣の底にいることを余儀なくされているという点から理解されうるだろう。もちろん、希望が、もろもろの悪にさらなる悪を追加することもありうる。あるいは、その目的が事後的に伝播することにあるのだとすれば、少なくとも、全般化した悪の節約ないし均衡に資することもあるだろう。ただしテクストはそうは語っていない。これに対し、希望の目的が「匣の縁の内側にとどまり決して外には出て行かない」ことにあると考えれば、希望がまた別の地位を得ることもありうる。期待の残存は、さまざまな悪が効力を発揮するのを妨げる力は一切もちあわせていないとしても、みずからを抑止するという謎を保っている。ヘシオドスの章句のなかで、期待が悪賢く残存していることよりも、伝播が中断されていること、あらゆる悪がうまく脱出することが宙づりにされていることにいっそうの注意を払うならば、エルピスとはパルマコンであると言うことすらできるかもしれない。毒のなかの毒でありつつ、なんらかの条件があれば薬であるかもしれない定義しえない物体のことだ——これもまたテクストが語ってはいないのだが。カントの希望に戻ろう。

あらゆる希望が幸福という善へと向かっているとしても、幸福は存在しない。それは、来たるべきものである。それを獲得することが可能だとしても、現実に関わる確実性という保証をもつことはできない。それを獲得するには努力が必要であり、現在の主体の行動、さらには未来の諸世代の行動によりけりである。希望は、きわめて強く「為すこと」をかき立て、「ポケットに手を入れて」とどまらないよう強いる。いくつかの条件のもとでは恐れを排除しうると考えることができるが、あまりうまく論証できない結びつけを行って、一方なしには他方もうまくいかないと想定しなければならないわけではない。決疑論的には、希望された善の獲得がいかなる恐れも伴わないような具体的な状況を多く数え上げることができるかもしれない。セネカからスピノザにいたる、公認の哲学的な伝統によれば、知恵は、なにも恐れず、なにも期待しないものとされてきた。ここでの知恵とは時間の敵である。時間が不安と高揚のあいだで揺れ動くことは、時間の法則のもとで時間に依存するあらゆるものに人間が従属していることを示している、というわけだ。知恵をもつ者にとって、自由の条件はたゆまぬ努力によって時間から逃れることに存するだろう。これはもちろん、魂を強固なものにするが、ただしここで魂は、自分一人だけへの責任、つまり危険な責任のもとに閉じ込められることになる。ここには、恐れと希望の重みがどれくらいの恩恵ないし害悪を与えるのかを推し量る算出的理性と、正しい意味での期待によってもたらされる自己の時間的な不可識別性とのあいだの、本質的な差異がある。前者は、自我に依存する事物と依存しない事物とを客観的に見積もることが可能だという想定にもとづいている。この見積もりという先行条件によって、欲望や表象や想像の実現などに由来する希望にそもそも結びついている幻想に対抗できる保証が与えられるわけだ。つまり、見られるとおり、算出的理性は、私が私自身にのみ結びついていることに立脚している。そのために私は、私の権能のうちにあるもの、あるいはないものに、僥倖が関わっているのか、それとも危険が関わっているのかを見積もることができる。ここでは、時間は、評価的、制約的意識のうちに閉じ込められている。ところで、一方で、自我に依存した事物とは、もちろん私にとって最も外的な事物であり、私には最も重要でない事物であるが、他方で、私の内奥にある事物、私の実存が賭けられているような事物は、私から逃れる事物であると考えなければならない。私がそうであるところのものは私には依存していないからだ。したがって、客観的・計算的な見積もりには幻想がある。知恵は、みずからが一般的な母型として打ち立てた心理学的・人間学的な条件から自分自身は解放されているとすぐさま考えるのだが、客観的・計算的な見積もりによってそうした知恵自身が毀損されてしまうのだ。ここで問題となっているメシア的期待の意味を十全に捉えるためには、まずはあらゆる心理学化から逃れる必要がある。実際、退けなければならないのは、客観的に統御された見積もりを行うような知恵が密かにもっている主体主義である。その定式および綱領をもたらすのは、待ち望まれるものを志向することなき待望である。期待は、自分だけのために不安や希望を抱く主体の閉ざされた時間をふたたび開く。というのも、この期待は、あらゆる想像的表象や主観的欲望を貫いているからだ(53)。期待が原理的に関わるのは、私自身の力には依存しないもののみである。つまり、期待は、条件を欠いているという条件のもとでしか、つまり時間に身を晒すという条件のもとでしか生じない。それは、待望の無償性ないし信頼の点で、予見不可能なものへの同意済みの贈与と共通しているのである。

すでに指摘したように、メシアニズムが生み出すのは、時間を伴った知恵という見地である。すなわち、有限性において有限性を超過する意味とともに結ばれた契約、現在において未来とともに結ばれた契約という見地である。希望は、時間の繁殖性、時間の産出に信頼を寄せるが、それによって自己に絶望しなくなるわけではない。逆に、それによって、時間に対するあらゆる遺恨《ルサンチマン》の外部で、存在の彼方への信頼とふたたび結ばれるのである。カントの期待的時間は、時間の実効的な深い内的矛盾を示している。それはおそらく、カントの哲学が、超越論的感性論の現象的時間しか許容しないように見えつつも、そのただなかに叡智的地位をもっているために、さまざまな困難が惹起されるからだろう。シェリングの言葉を用いれば、この内的矛盾とは、存在がつねに他なる存在のもとにあるという点にある。カントの期待的時間のそもそもの考え方は次のようなものだ。すなわち、有限な存在を完全に否認しないからといって必ずしもみずからの可死性をただ単に承認するわけではなく、また、可死性は、死を起点に時間それ自身を検討することよりもむしろ、時間から出発してみずからを思考することを要請する、という考えだ。未来は死によって境界づけられているとしても、死によって制限されているわけではないということだ。それは、メシア的ラケン〔「それゆえ」、「とはいえ」を意味するヘブライ語〕の超越および知恵である。すなわち、われわれは死すべきものであるが、とはいえわれわれは希望をもつ。われわれは有限であるが、とはいえ認知的でも経験的でもないかたちで無限との関係をもっている。われわれは絶望するが、とはいえさらに希望をもつ、ということだ(54)。忍耐が静寂な傍観主義にならないためにはいくらかの性急さの備えを必要とするのと同様、希望は、希望を待ちかまえては存在へと立ち帰らせる絶望をたえず挫折させる必要がある。だからこそ、希望は現在を現働化することしかできないのだ。しかし、一方で、概念的な必然性によって希望を不安と対立させるものがなにもないとしても、他方で、希望が生そのものにおける行為を命ずるのであれば、あらゆる存在論的な内容を中断させる希望の力はどこから来るのか。

ここでもまた、未来に向かって後ずさりするという歴史の天使のまなざしと挙措に教えを受けよう。希望は、過去とかすかな、とはいえ強力で特異な関係を保つが、それはかつて存在しなかったものとの関係においてだ。またノスタルジーとも同様の関係を保つが、それは失われたもろもろの可能性を苦しむという点においてだ。希望は《善》を記憶しているが、ゲーテを信じるならば、それこそが希望を特徴づける(55)。この《善》の記憶をどのように理解したらよいだろうか。なぜこの記憶はノスタルジー的なのだろうか。

ここで区別を設けなければならない。一方には、純粋に反動的なノスタルジーがある。これが過去について後悔するものは、その過去性にほかならない。ジャンケレヴィッチによれば、原事態性〔quod-dité〕、すなわち「過去一般が未規定的であること」にほかならない。この「過去主義的ノスタルジー」において今は亡き者が後悔すべきものであるのは、ノスタルジーがそれを後悔するからにほかならない(56)。ノスタルジーは、こうして今は亡き時間に固着する。ノスタルジーがかつてなされたことを後悔するとき、それが後悔しているのは、存在するものとしてかつてあったその存在のもとで、――恢復をめざす善き意志がノスタルジーの嘆きにつけ加わりさえすれば――消えてしまったが再活性化しうるかもしれないその実体性のもとでである。実際、過去主義的ノスタルジーは、過去の瞬間の実効性に向けて、かつてあったがもはやないその存在に向けて振り返ることで、解体されたという不可逆性を抹消するためにはかつて為されたものをふたたび作り直しさえすればよいと信じている――あるいは信じるふりをしている。しかし、過去に恢復がもたらされるのは想像においてにすぎない。想像は確かにふたたび作り直し、未来《アヴニール》を再来《ルヴニール》へと変えることはできる。しかし、恢復によって、解体されたものが解体されていなかったとすることはできない。再来はいまだなお未来である。この過去主義的ノスタルジーの懐古的な希求は、価値、制度、作品といった多くのものからなる実定性をめざしている。これらのものの喪失が、払いのけられない不可逆的なものの苦しみを掻き立てるのである。それに伴う悲壮感は、場合によっては、存在する現在時に対する断固たる批判に動機を与えることもある。しかし、多くの場合、「過去の回帰を唯一の願いとする者たちは、すべてが（悪でさえも）普段以上であってもみずからが普段以上であろうとはせず［…］」、みずからの過去を無力に称揚したり、みずからの現在を無気力に酷評したりすることで、自分たちが現在において活動するには無力であることしか示さない」[57]。ノスタルジー的な懐古は、現在時の枯渇以上に、時間の繁殖性への通路を、つまり差し迫った未来への通路を閉ざす。それは、こうした通路を静止ないし停滞へと結びつけるようにも見える。過去主義者は、動かず、失われた時に目を釘づけにし、それが生み出す新たなものや現在のもろもろの出来事を見ることも、気づくことすらもない。彼がそこに見いだすのは、不動のものの反復だけだ。過去主義者は注視の人なのだ。それはつまり、あらゆるノスタルジーはたゆまぬ進歩についてのオメー氏[*16]の判断に委ねなければならないということだろうか。ノスタルジーは、思いがけない投射の力をもってはいないだろうか。

　ここで問題となるのは、ゲーテが本来的ないし真のノスタルジーと呼んだ、もう一つのノスタルジーである。「ノスタルジーをもって回帰（*zurücksehnen*）しうる過去など存在しない。過去の諸要素が広がって形成される、永遠に新たなものがあるだけである。真のノスタルジーはつねに生産的で、より善いものを新たに創り出さなければならない［…］」[58]。過去主義的ノスタルジーが、未来の幻影に照らして現在を捨て去るのに対し、生産的ノスタルジーのほうは過去を広げようとする。つまり、現在を、欺かれた希望と同じ高さに、また、来たるべき諸世代にとってそれを変貌させることになる記憶と同じ高さに置こうとする。生産的ノスタルジーは過去のために希望し、未来のために記憶するのだ。生産的ノスタルジーは、それを鼓舞する欲望や、それを育んでいる志向とは共通の尺度をもっていない。それでもなお、それがノスタルジーであるのはどの点においてかと問う向きもあるかもしれない。それは、修復が不可能であることの苦痛、現在の有限性や過去の取り返しのつかなさについての悲しさと憂鬱といった、かつて存在しなかったが存在しえたはずのもののすべてについての「アルゴス〔苦痛〕」としては、間違いなくノスタルジーである。その原理は、もちろん、シェリングが語るゲミュート、すなわち「心情」ないし内的感情、さらには各人のもとでひっそりと潜み暗がりで目を見張っている、最も内奥の、最もはかりしれない過去の意識である。このシェリングのゲミュートは、「われわれにおける想起の原理」として、記憶によるあらゆる認識やあらゆる再我有化から必然的に逃れるものとかすかな紐帯を生み出すが、とはいえ最も古い時を生気づけ、それを「驚異的に生き生きとした」時とするにいたる。[59]「心情」は、知を「断念した」思考の住処のようなものであるために、最も認識できないものが最も生き生きとしたものになる時間の逆転に道を開くことができるのである。過去は蘇り、驚異においてノスタルジーへと開かれるが、ノスタルジーはこうした過去の苦しみを感じもする。その感じ方は強くまた生き生きとしたものであるために、実際的なものとしてのノストス〔故郷〕がありえなくなるほどだ。その一方で、それは、純粋な新規さ（*kainon ti*）から刺激を受けているために、未来を鼓舞し続け、希望を育むのである。生産的ノスタルジーとは、レヴィナスが形而上学的欲望について述べるように、われわれが生まれたことのない国についてのノスタルジーである。[*17] それを鼓舞するのは、記憶が伝える瞬間がかつてそうであったことについての実体的な後悔や、私が遠ざかるにもかかわらず内的に残り続ける祖国の喪失ではなく、それらの存在そのものの裂傷である。それを通じてこそ、このノスタルジーはカント的な期待の時間、つまり、自分自身の涙への根本的な固執において聖性の実現へと向かう時間と結びつく。それは、過去の実定性についても、過去が具現化し今もなお生ける者たちにのしかかる作品についてもなにも後悔しない。それは、ツァラトゥストラが語るように「別の岸に向かう矢」なのだ。[60]それを方向づけるのは、良心の呵責でも改悛でもなく、現在についての不安げな配慮、すなわち伝統とその伝承を脅かす究極の危難についての意識である。過ぎ去る各々の瞬間は、まさしく過去によって意味を与えられるにもかかわらず、過去の全体からはますます外れていくからだ。ゲーテが述べるように、過去を広げるとは、ベンヤミンの述べるように、過去が虚空のなかで叫ぶことがないようにと、現在において過去に声を与えることである。喪失の取り返しのつかなさと、期待することによってありうるかもしれないその救済とのあいだで、未来に対するわれわれの希求はすべて、時の夜に、永遠に新たなものに導かれている。われわれの希求はそのこだまのようなものだ。ただし、ここで問題となっているのは、「新たに創り出す」ことよりも、「死者たちを目覚めさせ、敗者たちを集結させる」ことであるが。

われわれはルソーを、近代的、そして政治的ノスタルジーの文学的・哲学的創始者と考えることができる。『人間不平等起源論』冒頭のジュネーヴ共和国に宛てられた箇所で、彼は自分が「自由に生き、死に」たいと望んだ国がどのようなものかを描いている。彼は、自分が「まったく住み」たいと思わなかった「新たな体制の共和国」に、自分が探し求めていた共和国、「その古さが言わば時の夜のうちに消え去るような共和国」を対置している。それは、なんらかのモデルを要請することでも、歴史的な反復を望むことでもない。「時の夜」はそうした役を演じることはできないだろう。逆に、新たな体制の共和国のほうが、みずからを正当化してくれる形態を探るために、過去を再演することで過去を制度化しようという誘惑に晒されているのである。ジュネーヴは、ジャン゠ジャックがまさに生まれた国であると同時に、共和主義の未来のノスタルジーが注がれる幾何学的で情感的な場所でもある。ルソー的共和国が過去に向かうのは、それが「心情」の想起を原理としているからである。言わばルソーはゲミュートを自伝化し、そうすることにより、自分自身の生涯を語ることに、既存の秩序を批判する力を与えるにいたっていると言えるかもしれない。彼より前にはアウグスティヌスが、後にはプルーストが、このような時の喪失と回復について同じようなことをしている。みずからの実定的な存在の過去とは別の過去に対して実践的、道徳的に開かれているということが、歴史記述者が対象化して構成するような実定的な過去についての理論的認識に優越しているのである。自己の語りは普遍史〔世界史〕を忘却するよう強いる。ただし、普遍史を記憶喪失的に無理やり消し去るのではなく、特異的なものの凹凸に晒し、不正なものを通さないようにすることによってである。

もう一つの過去主義的なノスタルジーが提起するものとは異なり、嘆くべきは（たとえば意味や価値の）喪失ではない。実体化した過去をたっぷりと希求することによって現在の空虚を埋めることで失われたものを取り戻すことが問題になっているのでもない。逆に、歴史的な過去についての実定的な知が生み出す意味の過剰、意味の重みこそが、あらゆる拡大や解放の可能性を押しつぶしているのである。過去を説明可能な対象にしてしまうことでそれを従属させている意味から過去を解放しなければならない――ルソーが「サヴォワの助任司祭の告白」のなかで「近代哲学」を批判するときに強く感じとっているのはこのことであるし、ベンヤミンが歴史の概念についてのテーゼで述べているのもこのことである。生産的ノスタルジーは、各々の出来事の絶対のうちに過去全体をふたたび注入し、無限に可能なものにするというかたちで過去と関係する。想起の原理は、かつて排除された記憶を回収するよう命じるのではなく、むしろそれに抗う。実際、それが各々の人間のうちに指し示すのは、その時間性の本質的な様態、記憶しえないものへの根本的な関係、深い昔へと「心情」が開く無限の迷路なのである。

失われたものは取り返しがつかないかたちで失われており、ジャンケレヴィッチが描いているように、オデュッセウスの閉ざされたノスタルジーのみがイタケーへと帰還する。しかし、過去がまさしく不可能なものの王国であるとしても、取り返しのつかないものは、実定的な説明のうちへの幽閉から救われることもありうるし、今日想起されることで輝くこともありうる。ノスタルジーの失われたもの、失われた事物は、もちろん、永久に失われている。しかし、失われたものは、それが失われたがゆえに失われなければならなかったのか。あるいは、失われないこともありえたのだろうか。危難は、喪失そのもののうちにあるのか、あるいはむしろ、記憶から消え去ることにあるのか。期待は、過ぎ去った事物を贖い、失われなければならないという抗いがたい必要性の枷からそれらを解放する。それは、喪失の喪失のようなものかもしれない。これが、過ぎ去った事物をもはや記憶しないようにせよという預言者の命令の深い意味である。記憶を、静止した年代記や、儀式がそこからなにかを汲み取るような限りなき貯蔵庫や、わずかの決断も根底的に根のところから妨げようとする絶え間ない「意識への再来」とはみなさないように、ということである。記憶は、再生的というよりも、ヘブライ語の文法的時制を変換することのできるヴァヴのように、変換的でなければならない。忘却が今日のための想起という意味をもつためには、記憶と忘却という対義語が設けるあらゆる区別の手前でその意味を捉えなければならない。いくつかの条件のもとでは、忘却するというのは、古い時代を終わりなく登録していく平板で単調な必要性から出来事を解放し、凹凸をつけることである。忘却は、型版のように、いくつかの区域を塞ぎ、それが覆っている部分からなんらかの形態を現れさせる。そのような喫緊の現在がもつ形態に対して、預言者の声は呼びかけているのである。失われたものが永久に失われているにしても、この喪失のうちのなにかが、この〈永久に〉によって、現在のなかに入ってくる。この喪失そのものは、時間のなかに置き直され、みずからの必然性に飲み込まれた状態から解放されることで、再開というかすかな機会《チャンス》、新たな瞬間の贈与に出会う。これが、タルムードの描く時間のメシア的な機会である。突然、しかも人を不安にさせるほどの絶対的な突然さによって、誰もそれを探していなくとも、見失ったものは――有毒の棘を突き出すサソリ*18でないとすれば――、ふたたび見いだされる。アウグスティヌスが『告白』第一〇巻で語る「忘却の記憶」およびその二重の弛緩を作動させているのは、われわれを時間に与え直す不注意であり、喪失および消失である。言いかえると、ヘブライ語の語源の厳密な意味に従うと、「場所」ではなく(61)「年代」であるような世界(オラム)である。期待は世界という時間を与える。しかし、その忘れっぽい記憶は、なにについてのノスタルジーなのか。獲得することの希望と失うことの怖れのあいだで虚しく揺らいでいるのでないならば、それはどのような知恵を証言しているのか。

善の思い出

メシアニズムは、ストア派やスピノザ的な賢者の目からすると確実に狂気に見えるだろう。メシアニズムとは時間の情熱、待望、想起、期待であるが、それに対して賢者は、これらの制約から逃れることを欲するからだ。しかし、ユダヤの伝統が考えさせてくれるように、メシアニズムは、平民的であるがゆえに貴族主義ならざる知恵を隠しもってはいないだろうか。つまり、時間との結びつき、予想外のこと〔時間に反するもの〕との結びつき、つまり時間に抗する結びつきのうちに、実践的な倫理を、すなわち他者との関係の命令――これは時間を真剣に捉える唯一の仕方かもしれない――を見るような知恵を隠しもってはいないだろうか。

根底的には、カントが開いたままにした見地によって、この主題を独特な考え方のもとで取り上げ直すことができる。現象の主観性のただなかに、有限性や時間に対する否認ではなく、逆に、人間的なものの一様態となるような、すなわち、有限性、時間および無のまさしく人間的な様態となるようなアプリオリな希望があるということである。希望の〈二つのもののあいだ〉は、決して現前しない〈におけるᅵ〉（同における他、有限における無限）のように、現在における未来化の内在のように、時間のメシア的な組成が描き出される理論的な観点ないし構造をなしているのである。

時間は待望である。しかし、この待望は、時、分、秒の連なりではない。〔もちろん〕積層的な多元性をもった時間は、腕時計や掛時計のような同質的な時間と異なる時間を生み出すわけではない。時間が社会的に計測されることで、人々が季節ごとの仕事や日々の雑事の展開のなかで予測を立てる際に共通の指標を立てて共有したり、経済的、社会的、政治的な生活を送ったりすることが可能となり、歴史の循環が可能となる。しかし、このような規則的な時間が流れるのは、それが、計測可能性の低下への嫌疑、偶発時による構造の解体、突発的な出来事による規則性の混乱などを払いのけることを務めとしているからにほかならない。待ち望まれるものへの志向を欠いた待望がメシア的な下部構造、内奥をなしている、ということだ。社会的な時間、その予見可能な継起、安心させてくれる行進の秘められた拍動だ。ただ一つの同じ時間が、知および希望へと二重に連結することを示すものこそが、襞である。襞とは境界線であって、その両側に主観性が移動することで時間が時間化する。だから待望はそのものとしては知られない。知られてしまえば、待望は、知に含まれうるものへの通路に変容してしまい、確実な時間〔*hora certa*〕、予測、見積もりないし合理的な期待となってしまう。私の待ち望むものが、私の待望のうちに我有化されうるならば、私があらかじめその時間と場所を知っているのならば、私は、集合的な連続性に欠かせない計算のうちに身を置くことになる。逆に、私に到来するものがいっさいの待望を超過し、待望を解体させるならば、到来するものが予見不可能なかたちで出会われるならば、そのときには時間の尺度が断絶させられるだろう。計算された時間を計算することがもはやできなくなり、計算手段としては取り消されるか、あるいは単に中断させられることになる。時間についてのメシア的経験のさまざまな様相――愛、詩、倫理、転覆――が示しているのは、このような尺度の喪失である。時間が過ぎるというよく言われる事態はもはや見られなくなる。言いかえると、時間は定量化された経過のもとでは捉えられなくなり、われわれ自身が純粋な時間化によって捉えられるようになる。しかし、定量的な時間のほうは、自動機械のようにして計算可能なものであり続けるため、私がその尺度および規則のもとにふたたび身を置くことができるという意味で、それはつねに取り戻すことができる。それはつねに私を欠いた時間、すなわち私の主体的時間化を欠いた時間である。私があらゆる時間化に対し不在であるような現在と言えるかもしれない。あるいは、私がそこに不在であってもすぐに戻ってくることができるがゆえに非本来的とも言える。これは、私が私自身であるところの時間においてはなしえないことだ。ノスタルジーが思い出すのは、このようないかなる主体も必要としない時間の中断ないし不調にほかならない。ノスタルジーは、至福な主観性が宿る節間的な〔intercalaire〕時間を取り戻そうとするのだ。同様に、期待によって、これらの切れ目ないし驚異は、善となる。しかし、これらの切れ目ないし脅威が時間のうちに置き直されることによって、私とともにある――たとえ私がもはやそこにいなくとも——時間としての時間が、私とともにある時間の未来としての時間が、時間と主体性に——両者の結びつきが更新され活性化されるようにと——与えられる機会としての時間が、ふたたび到来することになるのである。

主体の時間のメシア性は「内的時間意識の現象学」や純粋主観性の現象学と——たとえ異質ではないにせよ——等価ではない。というのも、主体の時間のメシア性が時間化および主体化の時間を指し示すのは、その襞に従ってのみであるからである。言いかえると、人々に共通した歴史の時間との関係においてのみであるからである。この点が、それが倫理の問いと結びつく所以である。メシアニズムは、時間についてもちうるあらゆる知の形態から時間を引き離しつつ、倫理的ユートピアの地平を待望の忍耐および性急さのうちに組み入れる。このユートピアは、その実際的で場所的な形象を生み出すような歴史的弁証法のうちで全体化することはない。というのも、そうなってしまえば、未来化は、存在論の一範疇となり、出来事は、歴史学にとっての一つの瞬間、その素材としての原子となるからだ。そこでは、非場所は場となる。つまり歴史的存在のうちに穿たれた空間となり、こうして場となることで、動かしがたいかたちで介在するようになるだろう。こうして時間は全体性のうちに囲われ全体性から意味を得ることになり、計算可能性のうちに囲われてつねに予期されるようになるだろう（ユダヤの伝統はあらゆる種類の世界の終わりの計算家を出し惜しみすることがなかったため、こうした傾向の公認の代表者はその伝統そのものにおいても認められる）。つまり、ユートピアは、もはやそれが善を記憶しなくなれば、しばしば仔細に、しばしば奇形的に、その実現の場を操作されうるのである。ユートピアは、倫理的配慮から離れてしまうと、「オラム的」な地位を有した世界を忘却した純粋な絵空事と区別がつかなくなり、跳ね返りや報復に身をさらけ出すおそれがでてくるのだ。

『困難な自由』のある短いテクストで、レヴィナスは、忍耐強い倫理的行為ではなく孤独な救済の歓喜を選び取るような不正な意志をユートピアと呼んでいる。(62)これは、ローゼンツヴァイクが神秘主義と呼んだ姿勢にきわめて正確に対応している。すなわち、世界およびその救済を忘却した神との対面である。とはいえ、このような厳しく、またいささか慣例どおりのユートピア批判について勘違いしてはいけない。『存在の彼方へ』の最後の数頁は、ユートピア主義という非難に「軽率に」身を晒しつつ、その重みを哲学的に担おうとしている。つまり、主体性のアナクロニックな非場所としてのユートピアは、歴史ないし未来において場所を為そうとする傾向とは別の秩序に属するのである。レヴィナスを、ショーレムが区別した三つのユダヤ・メシアニズムのいずれかに分類するとすれば、レヴィナスのそれへの関わりはカバラやゾーハルではなくタルムードを起点にしているために、おそらくはその第一のものに位置づけられるだろう。すなわち、《律法》に中心性を与え、違背的ないし反律法的な運動を警戒し、民衆の終末論を警戒する潮流である。このような慎重さは伝統において支配的なものだが、だからといって、主体性の非場所を軸にした思想を明白にユートピア的な称号のもとに置くことができないわけではない。非場所とは、反時間なのだ。主体性は、十全にみずからと合致した時間性のうちには保たれえない。レヴィナスがメシア性と呼ぶものは、主体性の固有な使命と結びついている。すなわち、みずからの顕現に先立って外部性から身を隠したりそこから逃れたりすることができないという不可能性や、自己との非合致と結びついている。主体の応答とそれに先立たれた呼びかけとの非合致が、他者と自我の遍在性を、そして発話の隔時性をもたらす。レヴィナスは、メシア的ユートピアから主体の時間性にとっての意味を引き出してくるが、このメシア的ユートピアによって、主体は、応答を課せられたメシア、メシアを到来させるべき選ばれし者の地位に立たせられる。しかし、この樹立〔institution〕は身代わり〔substitution〕であり、その地位はつねにずらされる。存在におけるみずからの避難所から立ち去らせられ、無限の超過および超越へと追いやられた主体は、呼びかけられる前に応答しつつ、他者のみが応答しうることを言うためにやってくる。その時間は、存在と同じではない善によって調子を狂わされる。というのも、実際それは、『存在の彼方へ』の最後の言葉によれば、「いかなる現在にも入らないもの」だからである。それによって、現前の結合と表象の集約が解体されるのだ。

善の記憶は、期待しているとき、なにを記憶するのか。それは、みずからがかつてなにであったかを想起するわけではない。自分がかつてそうであったものの再来を呼び起こしているわけではない。実際、善とは、現にあるものの本質ではまったくない(63)。それは、存在と時間の合致とは別の仕方であり、つねに来るべきものとして、存在と時間をそれらの蝶番から脱出させる。それについてもちうる記憶は、したがって、存在論的な輪郭をもたない。ちなみに、これこそがメシアなきメシアニズムの意味である。待望は不可視のものを待ち望むことだ。日付も場所もない待ち合わせ、中心がいたるところにあり円周がどこにもない接触点である。われわれはこの不可視のものの張り出しのもとにいるわけだ。タルムードの解釈では、セフィロートの樹の頂上の王冠を示す語(ケテル)は、待ち望むという動詞(カテル)に由来している。だから、みずからの流体を流出させる無限とそれが照射する被造物とがほぼ触れ合う最下部には、神自身が待ち望む臍があるのだ。われわれの待望と不可視のものの待望はたがいに出会うことを待望する。期待は保たれるが、みずからを超出しなければならない。言いかえれば、期待されないものを期待し、あらゆる待望に反し、あらゆる待望されるものの志向に反して待望しなければならない。このことが〔タルムードの〕伝統が、レヴィナスの言い回しとのかなり親近性を見せつつ思い起こさせることである。赦しが、赦しうるもの――あらかじめ赦されており、あらゆる赦しの手前にいるもの――に与えられると意味を有さなくなるのと同様に、希望は、希望しうるものを希望するのではなく、ただ望外のもののみを、さらには、最大の絶望を経たようなもののみを希望することができるのである。「ダヴィデの子のメシアが到来するのは、もう彼は到来しないと皆が絶望したときだけだろう」[64]。タルムードの言葉はこのように、期待とそれが表象するものとの絶対的な通約不可能性を証言している。ここで問題となっている絶望とは、待望されるものの志向が解体されたり、メシアを欲望するたゆまぬ志向が弛緩するような、世界内での過程である。われわれが先に〈到来すること〉〔venance〕と呼んだ、絶望のあとに与えられるものによって、期待は活力を得る。期待は、信頼を与えてくれる待望や、われわれが幸運に帰結ないし結果をくすね取ることができる合理的で最善説的な待望――ブロッホが希望〔*Hoffnung*〕の原理の正反対にあるものとした信頼〔*Zuversicht*〕――の一切をメシア的希望から取り去る[65]。信頼を与えてくれる予見、たとえば進歩主義者の予見は、歴史的時間から距離をとり、その摂理による差配の効果をうまく見せてくれる。遠くから見ると、悲痛も悲劇も、全体の調和という地平線のなかで相殺されるだろう。そこでは細部、つまり個々の苦しみは風景のなかに消え去るからだ。最善説のまどろみやその偽りの慰めとは逆に、メシア的期待にはつねに絶望すべきものがある。デカルトの疑いが懐疑的ではないのと同様、メシア的期待は「最善説」的ではないのである。つまり、この期待は、それが浸っている内的時間体験に由来するのであって、ある観点からすると、必要な後退をしていないといってそれを責めたとしても誤りではない。メシア的期待は、みずからへの実存的な忠実さ、つねに絶望することが可能であるという忠実さにおいて、方法的でありつつ誇張法的である、つまりつねにみずからの実体性から外れている。それは、もはやなにも期待すべきものが残っていないときに期待する。おそらく、預言者たちの語る「残りのもの」は、この期待的無に、つまり期待を抹消することなく骨抜きにするようなこの虚無によるのだろう。ラシーヌのアタリッドの台詞「私の唯一の期待は私の絶望のなかにある」におけるがごとくである(66)。メシア的希望は、危機に瀕したところでしか救済を期待しない一方、すべてが救われたように見えるときに危機が顔を出すのを見る。絶望とは、偽の期待に最もふさわしい名なのである。

われわれはさらに、「絶望」についてのタルムードの言葉を、「もはや記憶するなかれ」というイザヤの預言的な命令と結びつけることもできる。どちらも、尺度を超えた逸脱が、場合によっては、現実、現在、現世の貪欲な実定性を空虚なものにするための最も生き生きとした仕方となることを示している。したがって、「サンヘドリン篇」の絶望は、ガブリエル・マルセルの言う「非希望」、つまり期待の否定的な裏面ないしその反転と解してはならない。それは逆に、期待に穴を開け、絶望にいたるまでそれを激化させるものである。さらにそれは、まったくむき出しとなった死にいたる悪でも、キルケゴールが語るような死の不可能性そのものでもない。というのもそれは、あらゆる他者が尽きた後に到来するもののための道を開くからである。この「絶望」はあらゆる希望を超えて進む。それは、ローゼンツヴァイクが記した「頑固さ」に属する。それは、まだ到達できないものを軽視することはせず、それゆえ、ニーチェ的な注視の中核にある時間に対するあらゆる色彩を帯びた遺恨《ルサンチマン》からも逃れている。それは、到来を防ぐおそれのある虚しい慰めをあらかじめ健全に絶望させておくことで、期待のための空間が整えられるようにと、予見的な待望や目に見える計算を激化させる。結局のところ、このような「絶望」は、過ぎ去った日々の忘却がしつこい記憶に対応しているように、おざなりの希望に対応しているのだ。これら二つの挙措は、単に待望されただけのものへの待望や、過去の固定的な反復に無理強いする。待望する者、記念する者の意識は、過去や未来からそこへと回帰するものを含みもっているのだから、こうした意識は、メシア的な流れからいくらかを引き受け、時間の同質性や自己意識の主観的同一性のなかにそれを入り込ませようとする。預言者的な声およびタルムード的な声は、「絶望」と「忘却」の瞬間に、行為の可能性や即興の到来がふたたび生まれるために、時間の実質的な内容や情動の転覆を呼びかけるのである。根底では、絶望と忘却は、欠如や不足、あるいは出来損ないに属するのではない。そのことは、プラスやマイナスというかたちでこれらの概念を希望や記憶と結びつける際に前提にされていることだ。絶望と忘却は、欺かれた希望や受動的な記憶を超えたところにあるのだ。

『饗宴』の一節を思い起こしてみると、絶望と忘却は、メシア的なダイナミズムを生み出すことのできる時間の代謝と呼びうるものに関わっている。プラトンは、想起がなにかを覚えているのは、みずからを忘却することによってのみ、みずからの貯蔵庫にすべてを保っておくのを諦めることによってのみだと説明している。忘却とは「失われるもの」によってみずからをたえず刷新することであって、そして「存在へと来たるもの」によって、つまり新たなものの誕生によって、忘却は、身体、存在様態やその性格、認識など、「あらゆる死すべきものの救出」の条件となる。新たなものが古いものを再活性化させ、他なるものにするということだ。このような変質は、人間が記憶から逃れるものをたえず取り戻すことができるための条件、言いかえれば、自分自身と決して同一化せずに人間であり続けるための条件である。このような死すべきものの救出は、同時に、人間が不死へと参与するための「手段」でもある。忘却は、自分の肉体に対するわれわれの関係、自分の欲望や恐れに対するわれわれの関係の最も固有な様態を基礎づける。さらに、ここで決定的なのは、それが、真理に対するわれわれの関係の最も固有な様態をも基礎づけることだ。実際、真理とは、あるいはより正確に言えば、それについての認識とは、プラトンが永遠なる「認識の脱出（*exodos*）」と呼ぶものにもとづいている。それは、「まったく新たな記憶によって消え去る認識を代替すること」、「同一のものとみなしうる認識を救出すること」である。[67] タルムードの「絶望」についても同様のことが言えるだろう。それは、言わば希望の口を広げることで、つまり、到来の不可能性に向けた脱出を強いることで、希望を救出するものなのである。この到来の不可能性は、不法侵入の瞬間というかたちで、時間における到来の条件をなすものかもしれない。ここではまた、ヘラクレイトスの断章一八の達観を考えることもできる。「望外のものを希望しなければ、それを見つけることはない。それは見つけがたい、到達しがたいものである」[68]。この達観はほとんどギリシア的ではなく、あるいはむしろほとんど哲学的ではないが（プラトンとアリストテレスが完全に知っていたように、ヘラクレイトスは、哲学の不可能性も含め、すべてがまだ可能であった交差点を代表している）、タルムードのアフォリズムと共鳴しているように見える。そこでもまた一つの条件がある。すなわち、到達しがたいものに到達し、望外のものを見つけるためには、あらゆる待望に反して、あらゆる待望を超えた余剰、超過がなければならない。あらゆる希望は、待望の状態の外部にあるものに先立たれていなければならない、という条件である。そのとき、到達しえないものを見つけることはできるだろうが、(69)しかしその保証はない。望外のものの期待は、ヘラクレイトスの言葉が示すように、否定的な条件であって、それとの出会いにとっての十分条件ではないのである。実際、そこに読みとるべきはむしろ、タルムードの語る見つかった遺失物のように絶対的に予見できない性格や、到来するものがサソリのように突然に出現するときのような突然の性格だろう。メシア的待望の倫理的な結び目においては、思考には内包しえないもの、予期できないもの、そして、決して望外のものと肩を並べることがないにもかかわらずいずれにしても希望をもつ期待が、一つのたゆまぬ問いのもとに集め合わされる。万策尽きてなお待望するにはどうしたらよいのか。予期しえないもの、内包しえないもの、予見できないものが到来するためには、予期しない、包摂しない、予見しないことで足りるのか。なにがメシアを到来させ、なにがそれをとどめておくのか。メシアの時間が時間を貫くにはどうしたらよいのか。

　多くの場合、伝統が示唆していると思われるのは、メシアがつねにすでに到来できる状態にある、言いかえればつねにすでにそこにおり、到来しており、彼もまた期待している、ということである。タルムードの有名な説話では、ローマの門で待つ乞食の姿が描かれている。「〜があったらどうするのか」、「〜の場合には」、「誰も分からないではないか！」と言って、自分の傷を治療することも、包帯を替えることもしない乞食である。ここでの役割と情動の逆転ははっとさせるものである。メシアにも望外のものがあるということだ。つまり、呼びかける者がみずからの呼びかけと同じ高さとなることがついにできるということ、呼びかける者がみずからの希望が根づいている善をついに思い出すということ、呼びかける者がそれを実践し即座にその時間を開くということ、呼びかけるものが悪の思い出を忘却するということである。というのも、さもなければ、悪のほうが人々の「覚えよ」のうちで記憶され、もはや期待にとっての場所がなくなり、ただ遺恨のみが記憶の全空間を占めることになるからである。呼びかけられた者は備えができている。呼びかけられた者はすでに到来しており、返答することしか、そして、記憶しえない到来を、現在の突然さ、到来することの突然さへと変えることしか求めない。ある意味で、呼びかける者は呼びかけておらず、彼らの呼びかけはあらかじめ、みずからが望む対象を含みもち、存在するものを自分自身のうちにとどめているのである。彼らの希望は、いまだなお、希望されているものについての想像的喜びでしかない。その不安定さによって、不安を誘う悲しみが生まれたり（スピノザ）、現世の維持しか呼び求めないがゆえにあらゆる祈りに先立って聞き入れられている祈りとなったりする（ローゼンツヴァイク）。到来するのはいつなのかとメシアが問いかけられている説話は多くあるが、そこでは何度も次のような返事がなされている。すぐに、即座に、この瞬間に、ただし（われわれが条件なくそれを待ち望むという）条件つきで、という返事だ。一九一七年二月五日付の手紙で、ローゼンツヴァイクはそれらの説話のうちの一つについて語り、次のような詳細な注釈をつけている。その詳細さゆえに、引用が長くなってもよいだろう。「あらゆる行為は、永遠性の運命がそれに委ねられているかのようになされなければならないだろう。というのも、運命がそれに委ねられているかどうかは決して分からないのだから。君は次のタルムードの伝承を知っているだろうか。あるラビが洞穴の入り口のところで預言者エリヤと出会い、メシアはどこかと尋ねる。――「洞穴のなかです」。ラビはそこに入っていくと、座っているメシアを見つけた。そこでこう尋ねた。「あなたはいつ来るのですか」。メシアは答えた。「今日」と。ラビは喜んでそこを出ていって、夜まで待った。いつまでたってもメシアが来ないので、ラビはエリヤにこう言った。「メシアは嘘をついた、今日来ると言っていたのに」。エリヤは彼にこう答えた。それは「今日こそ、主の声に聞き従うならば」(「詩篇」九五章七節)という意味だと[…]。明日へと向かう通路でしかない今日と、永遠性に向かうスプリングボードとしてのもう一つの今日との混同によって、見かけ上は矛盾していることもすべて説明できる[…]。どちらの今日かが表に書いてあるような日はない。「だから決して分からない」[…]。あらゆる瞬間がこの伝承の告げる「今日」をかき立てることができるような今日をもつことができるように、イスラエルは、今日から明日への、さらに明後日への通路を開くこともしなければならない[70]」。

この引用については、二つの次元の指摘をしなければならない。一つは今日というメシア的な時間性について、もう一つはこの到来の倫理的な超条件性についてである。

メシア的今日とはスプリングボードとしての瞬間である。だから、ローゼンツヴァイクとともにこう言わねばならない。われわれは、自分が関わっているのがどの今日か決して分からないし、分かりえない。というのも、各々の今日は、あらゆる知を、そして知にもとづくあらゆる希望を超え出ており、みずからに呼びかけは要らないとするあらゆる判断を、またみずからを不可逆的なものだとするあらゆる行為を宙づりにするからである[71]。問題はつねに、断念するときには、断念しようとする対象によってあらかじめ貫かれており、しかもそうすることで自分自身を断念することになるということだ。知の習得の彼方にある思考、絶望の経験の彼方にある希望、忘却による救済の彼方にある記憶、あらゆる待望に反する待望である。各々の新たな日は、みずからの色や内容を告げることなくわれわれに現れる。さもなければ、脱出による救出、刷新は、そのダイナミズムを減退させてしまうだろうし、各々の今日は、単に一つの円環の延期的反復にすぎないものとなるだろう。したがって、行為がもちうる内容とは、今日から明日への「通路」がたえず再開されるような、日々の横断にほかならない。本来的に行為的、推進的であるためには、行為は逆に、「あたかも」、「跳躍」をもたらし、歴史を再開し、歴史の方向を変えるというその能力に永遠性そのものが委ねられているように行為しなければならないのである。これらの「跳躍」の各々は、刷新をもたらす小さな起源、「時間への要請」を開始する原初的跳躍（*Ursprung*）である。[72] 絶対的な今日ないしメシア的今日とは、「目を開くたびに新しいものを開示しうる」[73]、強い意味での、瞬間‐まばたき（*Augen-blick*, in-stant）なのである。現在の瞬間と成就のあいだの遅れはつねに皆無であるが、とはいえ、待望することで、この遅れはつねに新たなものに更新される。[74] メシア的今日とは、〈今‐でなければ‐決してない〉ものだ。つまりそれは、願いや約束の歴史的な実現を予期したり計算したりしないため、直線的な未来とは質的に異なる。メシア的なものとは、正しく言えば、状態でも、時代でもないし、来たるべき共同体ですらない。そうではなく、永遠化をもたらす行為ないし出来事がわずかに含んでいる内容なのである。[75]〈今‐でなければ‐決してない〉。メシアは今日にしか来ない。というのも、誰何についてローマの乞食がよく知っていたように、彼はもはや待つことのできない祈りを自分自身で撤回する者だからだ。こうした言い方は、先に指摘した、諦めることのない性急さと刷新される希望への忍耐との対照にも関わっている。「メシアの到来はすでに「今日」のためのものだ。しかし彼はまだ来ていない。それはまだ良き「今日」ではないのだ」[76]。

このような〈今‐でなければ‐決してない〉（「今日」）という時間性に絡んでくるのが、無条件的な了解、記憶、反響といった倫理的条件（「主の声に聞き従わなければ」）である。このような条件は歴史的ないし外的なものではなく、この観点からすると、歴史はつねにすでに有限なものとして現れる。というのも、到来は瞬間的、つまり――条件を、歴史的なメカニズムによって規制されたもろもろの決定事項と理解するならば――無条件的なものであるからだ。歴史的時間は、みずからが中断されることを禁じることができるほど客観的になることは決してできないだろうし、同様に、自分一人で到来の状況を生み出すことも決してできないだろう。瞬間における中断のメシア的時間性と善の記憶の倫理的な超条件がたがいに条件づけ合っているのは、最も高次の点においてである。すなわち、時間と道徳には同じ争点、同じ情動が込められているのだ。このことを、きわめて徹底的に示したのがレヴィナスの思想である。

「サンヘドリン篇」は、メシア的時間の性質および内容についてのシュムエルとヨハナンがそうであったように、対話的かつ矛盾したかたちでこのテーマを提示している。エリエゼルによれば、到来の唯一の条件は、戒律を細かく実現し、善に向かって努力し、道徳意識を内面的に完成に導くことである。逆に、イェホシュアにとっては、実践的な敬虔さから独立した、具体的で外的な出来事のみが道徳的な条件の実効性を保証できる。タルムードはこうして、世界についての「二重のまなざし」、『ゾーハル』が指摘する「業《ウーヴル》」と「祈り」の区別に従った倫理的‐実践的な活動の類型論を対話の俎上に載せる。しかし、両者が場合によっては補完関係にあることよりも、緊張関係にあることのほうが注目すべきだ。二人のラビの立場は非常に徹底的だ。エリエゼルのほうは、倫理的な条件の実現なしには、向こう岸から来る声を聴くことなしには、メシアは来ないだろうとはっきりと認めている。逆に、イェホシュアが説明しているのは、世界が悪や罪に浸ったとしても、いやそのときこそ、それを贖いにメシアは来るだろう、ということだ。というのも、さもなければ神の超越は無きものとなり、期待も消えてしまうからだ。到来は人間の道徳的に善なる行動に単純に依存しているわけではない。イェホシュアは、こうして、エリエゼルの立場をいささか「世俗化」されすぎたものとみなしているように思われる。ここには、二つの道が描かれているだろう。一つは、エリエゼルの実践的な倫理という道、もう一つは、イェホシュアのサバタイ的なタイプの違背的逸脱の可能性——というのも到来が罪の歴史的および世界的な実定性を汲み尽くすためには悪が激化し希望が絶望にいたるほどいらだたせられる必要があるだろうから——という道である。いずれにしても、到来が他性の倫理的な了解によって駆り立てられるにせよ、現世の破局という破局的な断絶によるにせよ、中断が、推進的な今日の瞬間性のもとで出現し、本来的に歴史的な連続性の外部への原初的跳躍を実現することになるのだ。

レヴィナスは、このような歴史的時間と倫理的時間の錯綜、世界の激変と生きられた時間経験の錯綜、要するにわれわれが先に襞とみなしたものに、際立った「メシア的状況」を見ていた。メシア的なものは、哲学の伝統が主体–対象ないし意志–真理という差異的な関係のもとで分析的に分離させたものを、未聞のかたちで、しばしば驚くべきかたちで結びつけ、合わせて考えようとする。アドルノが分析したように、哲学の伝統はこれを実現させる契機を逸していたのだ。メシア的なものが示唆するのは、ふたたび結びつける可能性だ。個別的なものや特異的なものを乗り越え、それらを解きほどいても形式の普遍性が必ずしももたらされなくなるその日に、逆に「普遍性が無名性を保つ」その日に、「メシアは来るだろう(77)」。このように、普遍的なものと個別的なものの区別は、前メシア的と呼びうる状況を特徴づけている。哲学がメシア的構造を有しており、この状況の止揚、弁証法によるその吸収、そして全体性へと向かおうと努めるのはそのためである。本来の意味でのメシアニズムのほうは、言わば、普遍的なものの問いに向かうユダヤ的な仕方であると言える。つまり、存在神論の諸カテゴリーのもとで普遍的なものに接近するのではなく、普遍的なものに最も固有な内容を究極的かつ根本的に形成する正義によって、この普遍的なものをたえず重層決定していくという仕方である。レヴィナスの言うように、メシア的な状況においては、主体の唯一性のもつ特異性を消し去りながら上へと高揚していくことはもはやなく、権利の理念性、概念の普遍性、媒介の合理性が、顔のもとで「輝く」。メシア的なものは、ここでは、「人間の個人的な使命」を巻き込むがゆえに、倫理を意味するものとなるのである。[78]

しかし、このような意味生成的関係は等式的なものではない。この関係は、「あたかも」の体制のもとで、他者への関係ならざる関係を時間化、瞬間化する。「《私》であるとはメシアであることである」。あたかも、内面化された知性へと思考が内向するのではなく、この責任に永遠性が委ねられているかのように、あたかも到来がそこで宙づりにされているかのように、応答するよう呼びかけられ、つねに裂け目にいる、ということである。そうではないとは誰にも知りえないがために、「各々はあたかも自分がメシアであるかのように行為しなければならない」[79]。善の記憶は不確かなものであるが、行為の確実性を、その緊急性によって掻き立てる。それゆえ、善の記憶は『精神現象学』を締めくくる想起＝内化〔*Er-Innerung*〕の秩序にはないのだ。というのも、このような実体の究極で崇高な形態は、逆に、最終的にみずからのもとに回帰した精神の諸段階をたどり直すものだからである。ヘーゲル的な想起は、あらゆる体験の保存庫であって、絶対知にいたるまでの弁証法的な歩みのなかで主観的意識が経巡ってきたものを一切失わないようにする。それは、「逃走」による救出にとってかわる、内面化する壮大な沈思であって、そこで過去はすべて現働的な現在のもとに同化されるのである。これに対し、善の記憶はむしろレヴィナス的な意味での霊感〔*inspiration*〕である。つまり、主体は記憶しえないかたちで変質させられており、主体に対し声の超条件に無条件に応答するよう任命するものに憑依されているということである。メシア的な〈あたかも〉は、各々の瞬間に、この応答が緊急で差し迫っていることを告げ、叱責する。したがって、これをファイヒンガー風のなんらかの穏やかな「あたかも〔かのように〕の哲学」と混同しないようにしなければならない[80]。というのも、メシア的な〈あたかも〉は、言説についての道具的ないしニヒリスト的な考えに立脚しているのではまったくなく、逆に、そのような約束を脅かすものだからだ。さらにそれは、ヤーコプ・タウベスがアドルノに対し不正に非難しているような、メシアニズムの低質の美学化をもたらすわけでもない[81]。〈あたかも〉は、もろもろの時を連絡させそれらを際限なく等価なものにするような、原因と目的からなる歴史の流れに分断をもたらす到来につねに与え直される機会を指し示す時間的な指標、ぐらついてはいるが堅固な時間的な指標なのである。〈あたかも〉がもつこのような仮設的‐実践的な構造は、ラビ派ユダヤ教の注釈には頻繁に見られる[82]。それは、あたかも、即座に行動すべき行動が、ただそれだけで、あらゆる可能な行動を集約するものであるべきかのように、あたかもその膨大さを汲み尽くすべきであるかのように、行動せよと命じるのである。こうした構造は、あらゆる戦略的な見積もりに先行しており、これに対し実効化のための深みと条件とを供する。〈あたかも〉は、多数の「しなければならない」のあいだにヒエラルキー的な差異化が設けられることを妨げる。それぞれの「しなければならない」は、その特異な性格ゆえに、副次的な側面とか不要な機能へと変容させられはしないのである。あらゆる成就は微細であると同時に決定的なものであり、行動によって成就したものは、どれほどわずかであっても、今という刻印を、つまり、可能的に

「絶対的‐メシア的」である今日という刻印を帯びている。このような今における行動は、時間の三つの次元がすべて同時性のもとに消え去る一つの出来事として、そのつど到来する。時間の三つの次元は、両立しないものとしては破壊され、行為によって、この消去のなかで瞬間的に実現され、さらに「メシアが到来する」まで配置ないし配分し直される。メシア的な〈あたかも〉は、定言命法によって命じられる永遠を、[83]その必然的な瞬間化のほうへと引き寄せる。私は、私の意志の格率が普遍的で永遠の立法の基盤となるように行為することができる。これに加え、この永遠は、今のうちに含み込まれなければならない。ここで、「〜となるように」は、即座の「あたかも〜行為せよ」を命じることになるだろう。とすると、格率の普遍化は、――ファイヒンガーの〈あたかも〔*als-ob*〕〉にそうしたおそれが見られるのだが――成就の今の消去ではなく、今から即座に行為すべしという要請なのであり、避けられない、かわしえない、切迫した喫緊の経験なのである。計算可能な展開の予期しうる、予見しうる時間のなかにあることに端的に満足できないなにかがある。こうしたなにか、無限に時間を経由するこの時間、この今日に対し、「あたかも〜行為せよ」はその機会《チャンス》を与えるのである。

エリエゼルとイェホシュアの抗争は、すでにこれらの問いのすべてに触れていた。そこではメシアニズムははっきりと、あらゆる瞬間に到来しうるもの、あるいは、戒律への服従ないし逆に普遍的な不服従という条件のもとで到来しうるものという意味をもっていた。このことが示しているのは、ここでもまた、歴史はすべて歴史のなかにあるわけではないということである。より正確に言えば、歴史とは、相次ぐさまざまな契機、時期や文明における全体化、シェリングの言葉では「反歴史的進歩」の場であると同時に、一見すると閉じているもろもろの断片の脱全体化、あらかじめ規制されているように見える時間的な経過の破裂なのである。歴史は、歴史ではないものに応じて意味する。密かに歴史の内在的なリズムを刻む内なる鉱床、歴史の存在論的な厚みに穴をあける究極の審級である。ユートピアないしユークロニック〔非時間〕こそが、歴史のメシア的な非場所、彼方の外部性となるだろう。この意味でこそ、レヴィナスの倫理は、ユートピア的だというよくある非難に耐えなければならないのである。問題は、場所的な存在者の合理的な実効性に対し、場所をもたないものの非実効性を対置することではなく、人間的なるものに固有な緊張関係を特徴づけることである。ただし、人間的なものといっても、普遍的な概念としての《人間》ではなく、《人間》において意識や記憶による時間の把握の一切から逃れるもののことである。人間的なるものは、それに固有の実効性においては、みずからを十全に受け入れるような現在において自己自身と出会うことはない。それは、非場所、非時間との関係においてしか形成されない。隔たり、逸脱、待望する間、期待なのである。人間が担う責任が、引き受けられた現在におけるあらゆる起源に先立っているように、人間的なるものの時間は表象不可能であり、私のうちにみずからの原理を見いだすあらゆるものの前にあると同時に、私だけの記憶しえないメシア的な地平において成就されるあらゆるものの後にある。表象不可能なものとはつまり、非実効的なものでも、潜勢態における表象でもない。メシアニズムの倫理的ユートピアは、場所をもたないもののために、来たるべき場所を待望することでもない。このメシア的ユートピアが進歩主義的、マルクス主義的、シオニズム的、自由主義的といったかたちで世俗化されることで、その歴史的なオプティミズムのうちで、今日のユートピアは明日の現実だとされることになったのだ。そうなると、待望されるものは、待望のうちにつねにあらかじめ包摂されていたことになってしまうだろう。他方で、人間的なるもののメシア的ユートピアの非場所ないし非存在は、空虚な無、なにも存在しない状態でもない。すでに述べたように、希望こそ、「時間の非休息[84]」、時間の脱自的、脱出的な形態によって構造的にもたらされる、その鋭い証明となる。意味論がいみじくも語るように、人はまったく存在しないものしか希望することはない。あるいはパウロの言うように、見ることのできないものしか、そしてなんとしても存在すべきものしか希望することはない。不成就、時間的なメランコリーは、「内に含まれたものをはみ出る一歩」をもたらす[85]。すなわち、いかにしても内に含まれえないものとの関係への欲望のことである。とはいえ、メシアニズムは、背面世界と混同されずに、このような有限性の悲しみを携えていくことはできるのだろうか。メシアニズムは、死に際にいるのではないことの性格ないし仕方であるならば、最もありきたりな宗教的な幻想の側にあるのではないか。内に含まれるものや待ち望むことの手前で期待すること、到来したものをすべて欲すること、到来するものをすべて期待することはできるだろうか。

ツァラトゥストラは期待するか

哲学の歴史で、メシアニズムの問いがいくつかの軸を再構成する領域においては、ニーチェは、みずからの領域において比類なき強度でメシアニズムと格闘した、メシアニズムのパラダイムに対する競争相手として現れる。この観点では、ニーチェは、ヘーゲルとともに頂点を迎え、もろもろの進歩思想において完成するメシアニズムの目的論的世俗化という大きなうねりの対幅、対位点をなしている。次の二つの決定的な観点からすると、ニーチェは、進化論的歴史哲学に対抗するメシアニズムの側にいるように見える。一方で、ニーチェは時間をかくも真剣にとらえ、非存在、消失、過ぎ去りないし懲罰といったあらゆる低評価──彼はその起源をギリシア哲学の黎明期のアナクシマンドロスにおいて捉えている──から時間を救い出そうとしている。彼からすると、遺恨《ルサンチマン》とは、根底では、時間に対する内に秘められた嫌悪にほかならず、力への意志はつねにそこから解放されねばならないし、また、ニーチェが「最も気高い」と呼ぶ期待もそこから目覚めることになる。他方で、ニーチェ哲学は未来の哲学としても提示されている（『善悪の彼岸』は、その「幕前劇」ないし前奏曲を提示しようとしている）。この未来の哲学は、意志ないし超人のメシアニズムに支えられているが、とはいえ、あらゆるタイプの直線的で同質的な時間表象を拒否し、進歩の哲学という形態をとることは決してない。これらの特徴だけを取り出してみると、時間の繁殖性との安心できる結びつき、歴史についての、さらには──メシアニズムが際立たせるように──歴史の外部についての反進歩主義的思想などの類似点が見てとれるだろう。

しかしながら、ニーチェの主張、あるいはむしろニーチェの主題がどれほど二義的なものでないか、自己同一的なものでもないかを分かっていれば、ここで関わっているのは、根底的に反メシアニズム的な思想、ただし奇妙にもメシアニズムの葉脈の最も強力な拍動を我がものとするような思想かもしれないと考えることもできる。同一者の永遠回帰という教説は、解釈としてもさしたる困難なくこのことを納得させてくれるだろう。

ツァラトゥストラは、躊躇し不安を抱えながら、この教説を説いている。ちょうど、聖書の預言者たちがしばしば自分が語らせられている言葉に打ちひしがれ、疲れ切るのと同様だ。ニーチェ自身が「第五の福音書」と呼んでいるテクストのいくつかの部分は預言の書をモデルに構成されており、それを使って、それがもつ古い潜勢力を肯定的に反転させている。七つの封印の歌は、「預言者の電光」(*wahrsagerisch*) や、「未来の灯を点火する」というその目的を讃えている。(86) 預言者的な性急さには、「詩篇」が示しているような、現在についての期待に満ちた激賞に固有の「いまこそ」という切迫も見られる。「プロローグ」で何度も群衆が繰り返す「いまこそ人間がその最高の期待の芽を培養すべき時である」がそれだ。(87) ツァラトゥストラの性急さの原因はなんだろうか。来たるべき解放として期待された、その期待の目的はなんだろうか。そして、それを目覚めさせる「大いなるノスタルジー」はどこから来るのか。現在の状態、現存するもの、そして完全に反転すると告げられている古い文化を特徴づけているのは、聖書におけるような耐えがたい退廃ではなく、幸福な凡庸さにおける全般的な平準化、最後の人間による万物の低劣化、価値低下である。ツァラトゥストラが代弁しているのは、超人である。つまり、神が死んで以降、あらゆる低劣なことが認められるにいたって満足した現在の人類の単純かつあまりに人間的なものを超克して向かうべき究極の地平のことである。超人とは、「来たるべき一切のもの」である。(88) つまり、人間たちが、自分自身を超えて、自己満足した自己同一性《アイデンティティ》を超えて、みずからの人間としての本質を超えて導かれるべき先にあるものである。厳密に言うと、超人とは、ツァラトゥストラが予言し、期待し、教えている、この〈人間的であるとは別の仕方〉のことなのである。したがってそれは、ヒューマニズムの漸進的な実現ではまったくない。ヒューマニズムの最上級の完成とか、一つの本質のうちに含まれたあらゆる可能性を実現するような優位の種になることではまったくない。そうではなく、人間的なるものそれ自身からの、つまりそれを構成するニヒリズムからの移行であり、ぴんと張られた綱であり、さらには、いくつかの言い回しをしっかりと読んでみると、内的な遮断ですらある。

そこにこそ、つまりこの人間的なものを超えた超人の不確かな出現をめぐってこそ、時間の問いが回帰するのだが、そのときに用いられる用語は、メシアニズムの問いの枠組みとなっている用語と形式的には同じなのだ。実際、時間の直線的な漸進性が拒否されているのであれば、超人は、移行と衰退、移行と消失、過渡〔*Übergang*〕と没落〔*Untergang*〕のリズムをどのように貫くのか。歴史が、たがいに矛盾し合うさまざまな力、いまだ未踏の頂へのさまざまな跳躍、さらに群居時代の幸福へのさまざまな降下が絡み合う束として現れてくるならば、また、ローゼンツヴァイクがニーチェを想起しつつ述べるように、いくつもの全体があるだけならば、つまり、一貫したものとカオス的なものがたがいに分かちがたく結びついたいくつもの全体があるだけならば、超人の到来が、人間的時間のなかに閉ざされたままで生じることなどありうるのだろうか。その場合、超人を人間的時間から分かつ深淵が必要になるが、同一者の永遠回帰とは、まさしくこの深淵の思想なのだ。それは、時間および時間の意欲を救い出し、それを外部性なき生成と規定するにまでいたろうとする思想である。先に見たように、ギリシア以来、時間とは、人間たちにとっても哲学者にとっても、苦痛であると同時にスキャンダルである。人間たちにとって時間が苦痛であるのは、時間とは、取り返しのつかないもの、取り消せないもの、遺恨、無へのほとんど無意志的な意志の側にあるからだ。それを「噛みしめる」ことは、喪、後悔ないし悔悛しかもたらさない。それを「渇望」しても（アウグスティヌス）、消し去り、飲み込んでしまうのだ。哲学的思考にとって時間がスキャンダルであるのは、それが理性に対置する不透明さ、自由の前に打ち立てる障壁ゆえに、あらゆる把握を逃れるからだ。

古い教説（ヘラクレイトス、アナクシマンドロス、アナクシメネス、そしてとりわけプラトンとストア派など、ニーチェが深く熟考したあらゆるテクスト）に見られる歴史循環的な考え方は、しばしば、時間の傷を引き受け、それを言わば縫い繕っているように見える。不安定さ、耐えざる変化、生成を前にして、世界の誕生と崩壊のリズムが永遠に反復されることで慰めと安心がもたらされる。『ティマイオス』（三八C―三九E）が描き出している存在宇宙論的な循環性、神が刻印した循環的な回転運動は、永遠性をできるかぎりうまく模倣したものを与えてくれる。大きな円環は、一方で時間に規則性を与えることで、他方で抗いがたく再帰を約束することで、言わば時間を無効にするのである。同様にして、ストア派に見られる宇宙の大動乱――これを黙示録ないし世界の終わりと混同しないよう注意しなければならない――は、宇宙が、その原初の火のおかげで、自然の姿のままで再生し刷新されることを可能にする。いずれにしても、シナリオがいかなるものであれ、際限なく長い循環を経て、奇跡的な再開と同一的なものへの回帰とが大々的に組織されるわけだが、これが語っているのは、新奇なものや予見不可能なものの根本的な拒否なのである。無からの創造を考えることができない者は、無に帰着する破壊という考えに向き合うことは困難だろう。時間における予期せぬものの出現は、そこでは単なる幻覚のように見えるだろうし、死そのものもあやふやな仮象と見なされるだろう。クリュシッポスは、われわれが死んで、膨大な時期が過ぎたあと、われわれは現在の姿で蘇ると言っていなかっただろうか。そこには、超越的宗教に見られる死後の生に匹敵する慰め、あるいはいずれにしても、生成にのしかかる応報に類似した現象があるのではないだろうか。

とはいえ、ニーチェがこれらの古い教説を取り上げるとき、その仕方はきわめて両義的だ。ニーチェの教説は、ディオニュソス的で悲劇的なものであって、古い教説からは深く区別される。どの点でそうかはこれから見ていくことにしよう。ただし、そこには同時に、古い教説の徹底化という面もある。というのも、ニーチェは永遠回帰を、客観的かつ現実的なものとみなされた宇宙のプロセスに関連した自然理論として学問的に論証しようとしていたからだ。時間は湾曲しているためにみずからに回帰し、その要素の数は膨大であるとはいえ固定されている。それらの可能な組み合わせは、すべて枯渇したのちに反復されるだけである。生み出される事物の数は有限ではあるが、その活動は永遠なのだ。一八八七年の覚書において、ニーチェはこの数をエネルギー状態の数に関係するものとしている。エネルギー保存の原理は、エネルギーは無からは生み出されないというものと、エネルギーは変化しつつ保存されるという二方向の永遠性を含むがゆえに、永遠回帰の教説にいたると説明される。さらに、時間が力に対して与える量的な限定および安定性は、熱力学の第一法則に従う堅固なシステムに合致している。こうしてニーチェは、同一の秩序および同一の連鎖において、すべてが、無限回、同一者へと帰着するという結論を引き出すのである。いずれにしても、反復は、骰子を繰り返し振ると目の数の総和が等しくなるのと同じくらい幸運なものであって、さまざまな差異を際限なく継続させることよりもいっそう確からしい。そこにニーチェが見るのは、創造神という古いイメージにふたたび舞い戻ることにほかならない。この文章を書いているまさにこの瞬間、あらゆる永遠、あらゆる必然ゆえに、私はすでに存在していたし、これからも存在し続けるだろう。ニーチェよりも二世紀前に、ライプニッツが『人間的教義の地平』のなかでこうした表現そのものを用いて、《結合術》によって同じ結論にいたったように思われる。実際、計算によると、有限個のアルファベットに由来する表現に関連した言表の個数はそれ自体有限であり、結局のところ、言われうることのなかでかつて言われていないものはもはやなくなることになる。歴史が描いているものも、同一の役者たちが同一の役を演じることになる有限の循環にほかならない。だとすると、ライプニッツはすでにニーチェの役を演じていたのだろうか。おそらくそうではあるまい。ライプニッツにとって、実存に関わる個別の真理は決して純粋計算のための学の要素ではなく、出来事である。個々のものは、過去、現在、未来の規定をすべて包含する無限で完全な存在である。神が立てた規則は、機械論的にではなく建築術的に宇宙に影響を及ぼしている。だからライプニッツは「万物の回復」(*apokatastasis apanton*)の末尾を次のような完全に開かれた確認で締めくくっているのである。「経験にもとづく感性的な真理は、無限に多様化されうる[…]。さらに、各々の精神は、学に関して現在の能力の地平をもっているが、未来の能力についてはそうではない[89]」。興味深いことに、ニーチェ以前のこのライプニッツの「論駁」は、ニーチェ以後、ボルヘスが『永遠の歴史』で行った超限数の数学によって再演ないし反復されているかに見える。直接その皮肉な結論を見てみよう。「カントールの美しい戯れとツァラトゥストラの美しい戯れとの接触はツァラトゥストラにとって致命的なものである。もしも宇宙が無限数の項から成るとすれば、厳密にいって、無限数の組み合わせも包含しうることになり、回帰の必然性は消えてしまうことになる。それは単なる可能性にとどまり、ゼロに等しいとも計算されてしまう[90]」。いっそう困惑を誘うのは、ニーチェ自身が次のような現実主義的な議論のうちにとどまっていることだ。実際、彼は自分の論証を同一性の原理にもとづいた論理に従わせねばならなかったのだが、彼自身、こうした原理を意味の複数性ゆえに粉々に砕いてしまっていたのだ。同一者の永遠回帰説は、ライプニッツから、ニーチェを経由して、ボルヘスやカントールにいたるまで自己論駁されるということだ。それは、意味の多数性ゆえに、われわれに一つの謎ないしアポリアを、すなわち「西洋形而上学の最後の思想がもつ不明瞭さ」を残すのである。(91) われわれがここまで見てきた領域は、証拠と反証からなる領域であって、ニーチェの「美しい戯れ」の評価くらいにしか役立たない。それは有用で、兆候的なものであるが、とはいえそれが認めている挫折はあまりに自明なものだ。同一者の永遠回帰説の争点は、とりわけメシア的なものとの対照という観点からすると、別のところにある。もう一歩先に、あるいは脇に歩を進め、ツァラトゥストラのように、万物の悲痛な循環的な反復を正面から直視する必要がある。

時間について慰めをもたらす古い知恵とは反対に、深淵の思想の教えは、弟子たちを鍛える試練、背負わねばならない「最も重い重石」として提示される。(92) その教えのニヒリスト的な恐ろしさや絶望をもたらす宿命論を示唆するのは「重力の妖精」たる小人である。実際、われわれが終わりなき反復という牢獄のなかを永遠に回っていることを余儀なくされているならば、なにを希望し、なにを欲すればよいのか。われわれは、あらゆる自然の被造物と同じように生まれ、果実を与え、死に、生のダンスのうちに入り、そこから去ることに、何度も単純に、また喜ばしく従うことで満足できるのだろうか。ツァラトゥストラはしばしば親しい動物たちにそう言っているし、ニーチェのいくつかの通俗的なテクストでも同じように繰り返されている。しかし、こうした鉱物のような忍耐は、人間における超人的なものの来たる破裂には呼応しないだろう。むしろそうした忍耐は、低俗な人間ないし最後の人間の側にあるだろう。人間は到来し、再生され、死んでいくことには満足せず、みずからを超過し、危険を顧みず生き、深淵のうえにせり出し、頂を狙うことを欲する。周知のように、こうした意欲こそ、不死性に直面するがゆえに、同一者の永遠回帰の究極の意味なのだ。力への意志を至上の形態とする永遠性は、他なる生を物欲しげに見やる啓示宗教の永遠性ではなく、「われわれ自身の生に刻まれた印」、運命愛〔*amor fati*〕において欲された永遠性、実存への諸である。この永遠性は、そのつど生の肯定を現実化するかたちでみずからを欲する。それは、今あるものを欲し、かつてあったものを欲し、これからあるであろうものを欲するのである。

もしすべてが再来するのならば、〔将来の〕生成も〔過去の〕既在も、〔現在の〕存在と同様に、あることになるだろう。ツァラトゥストラは期待している。だが、彼がみずからの期待するものを欲することは、みずからに最も固有な意志の条件そのものである。というのも、逆に、みずからが欲するものあるいは欲しうるものを期待する者は、ただ「欲せられた」だけであり、本来的に欲してはいないからである[93]。ツァラトゥストラはかつてあったものをすべて欲し、これからあるであろうものをすべて欲する。こうして、存在全体の問題こそが、ツァラトゥストラの努力の一切を方向づける真の期待の存在論を起点に視野に入れられているのである。実際、期待は、あらゆる恐れから断ち切られており、過去との関係は、呵責、後悔、改悛などあらゆるノスタルジーから断ち切られている。期待は、全体として意志に結びついており、一切の待望からも断絶している。というのも、唯一それに課せられた命法は、必然性、つまり意志として何度も創発されることの必然性だからだ。運命愛は、自己運命〔*ego fatum*〕なのだ。能動的なニヒリズムによって解放された肯定的な力は、傲慢な信仰行為によって、反復の「悪夢」から「歓喜の偶因」を「引き出す[94]」。それは、若きニーチェがディオニュソス信仰の本質を見たと思いなした悲劇的な熱狂である。私は悪夢を欲し、その反復を欲する。私は循環が運命であることをみずから欲していることを肯定し、私の意志が「あらゆる必然性の転換点」であることを肯定する[95]。私は、自由かつ主権的に、自分自身を原因と結果の連鎖に同一化することで、私の意欲が、存在に対し、またその世界に対し優越することを肯定するのである。こうして力への意志は生成を永遠化し、あらゆる価値の転覆の頂に到達するにいたる。力への意志は、みずからの尊大さの時間を乗り越えることができる。ツァラトゥストラは、すべての「かつてあった」を「私がそれを欲した」へと変容させることで、みずからを「偶然事の救済者」たらんとする。(96) 永遠回帰によって、偶然事はこうして運命となる。創造と無化との和解、生と死の和解、創建と再建と解体の和解によって、世界の戯れにおいて賭けられている運命である。それ以降、喪の重みやいまだ到来しないものの仮説は「瞬間に関する神のイロニー」となり、「世界はみずからのうちに逃避」し、生成はダンスないし戯れとなる。(97) そこでは、かつての生成と存在との独断的な対立はなくなり、存在と時間の形而上学的な二律背反も撤廃される。時間に対する遺恨も、意欲が命じる循環性に従って乗り越えられ、廃絶させられる。必然的であるものを意欲することによって、意欲は自分自身の必然性となり、必然性は愛の対象となり（「おぉ、私の必然性」！）、ついにはニヒリズムから解放することになるのだ。これらのテクストの読解が困難なのは、ニーチェの言う必然性が、因果論的なものでも機械論的なものでもなければ、目的論的なものでも運命論的なものでも決定論的なものでもないからだ。この逆説をどのように理解したらよいだろうか。さらに、このような時間についての思想が、メシアニズムの問いのうちに場所を占め、それに異議を申し立てることをどのように位置づけたらよいだろうか。

実際、ニーチェの教説は、古代の支持しがたい歴史循環説に対して預言者的なドラマツルギーを与えることで、これを英雄的に再演しようとしている。最後の人間が「ハエの幸福」を前に感じる性急さ、(98)

超人の希望、さらに、深淵の超克といった考えによって、もしかすると、循環反復の満足したオプティミズムをメシアニズムのシナリオにもとづいて再翻訳することができるかもしれないからだ。とはいえ、意志と承諾に対するこの熱狂は、後にわれわれが時間の受苦と呼ぶものに関する究極の明晰さを物語るだけでなく、奇妙な盲目さのなかに押しとどめられているようにも見える。「《すべて》に対し《諾》、《アーメン》と言う、巨大で際限のない肯定」が肯定しているのは自分自身にほかならない(99)。つまりそれは、無を肯定するのでなければ、なにも肯定してはいない。ニヒリズムを乗り越えるとしても、それはニヒリズムにおいてだけなのだ。それはもちろん、あらゆるものに満足するような満足や、ツァラトゥストラの嫌悪しか招かない満足ではない。しかし、自己の肯定は、自分自身の永遠性および実体性ばかりでなく、あらゆるものの永遠性および実体性の肯定であるため、過去の出来事の連鎖が遡及的に解き放たれ、来たるものへの脱自的な参入が先取り的に認められる。ツァラトゥストラが「未来の人間を正当化し過去の人間を贖う者を愛する」と宣言するとき(100)、彼はゲーテの期待を取り上げ直し、ベンヤミンの救済を予期しているようにも見える。しかし、正当化と贖いは、彼自身の「料理」によっている。つまり、運命および自分自身を愛する意志によっているということだ。「われこそは不信心者ツァラトゥストラ。あらゆる偶発事を寸胴鍋に入れて煮てしまおう。うまく調理できたときにはすばらしいと述べよう。というのも、それは私の料理だからだ(101)」。

偶発事、予見しえないもの、待望しえないものは、力への意志の鍋のなかで料理され、永遠性が食すことのできる料理へと即座に変わる。過去の贖いについて、それに付随する諾とアーメンは、過去をいつまでも続く「かくありけり」とするが、ここでもまた、なにも贖っていない。というのもそれは、現在や未来などのほかのものと同様の成分にすぎず、それらと同様、ただ一つの肯定の充満のなかに区別しがたく混じっているからである。「《瞬間》の城門」という有名な寓話も、時間的な差異が、平板化や平準的空間化によってではなく、白熱や激化によって消え去るという同様の事態を示している。瞬間という交差点で交わり対立する過去と未来という二つの道をとどまることなく端まで辿ったとしても、この二つの道はもはや対立することはなくなるだろう。というのも、それらはともに、前でも後ろでも、ただ一つの永遠性として示されることになるからだ。今あるものはすべてかつてあったものである。そして、この瞬間もまた、続けてあらゆる将来のものをもたらすことになる。過去と未来はたえずたがいのうちに入っていき、瞬間そのものが決定的（カフカ）になることは決してない。というのも、瞬間は、時間の全体が飲み込まれる永遠性の渦巻きのなかに消えていくからだ。とするならば、永遠回帰および瞬間についてのニーチェの哲学は、「生成の哲学の真逆」を意味するように見える。[102] さらに、「ツァラトゥストラの教えはわれわれを復讐から解放せず」、「いまだなお、ただ単に過ぎ去っていくことに対して向けられた遺恨《ルサンチマン》」のように見える。[103] というのも、それはいまだなお安定性や固定性への欲望、永遠性への欲望だからだ。永遠回帰とは、生成に対しては永遠性のイメージを刻み込み、存在に対しては永遠の現働性を授けることによって、過ぎ去ることと止まることの二律背反を解決せんとする弁証法的な試みでしかないのかもしれない。

どのような待望も、不幸で不吉な自分自身のことしか待望しないのだろうか。どのような期待も、みずからの道を要求したりせがんだりすることに存するのだろうか。あるいは逆に、すでに見たように、待望および期待というメシアニズムの決定要因は、ツァラトゥストラの旅路や、大地の子である彼の彷徨を描いてはいないだろうか。つまり、「道それ自体を尋ね、それを試し」てはいないだろうか[104]。

永遠回帰が、どの点で時間についてのメシアニズムの思考に対照的ないし対位的に関わるような倫理的形象であるかを理解するためには、続く判決理由には異議を申し立てず、二重の判決の輪郭を描いてみる必要があるかもしれない。まず指摘しておくべきは、ツァラトゥストラの鍋の逆説と呼びうるものがなににもとづいているかだ。先に見たように、そこで準備されている「偶然時」の煮物は、すべてが「料理される」今の純粋な肯定へと帰着する。あらゆる時間や中断、さらには絶対的に予見できないものや待望や記憶が通過することのできる瞬間もすべてが「料理される」わけだ。ところで、正当化し贖うことは、諾と同様に否と言うことも要請する。つまり、宙づりすることと拒否すること、想起することと忘れることとの双方を要請するということだ。ただし、ツァラトゥストラがそのことを完全に知っている場合もある。彼は超人についてこう告げているからだ。「私、そして諾と否と言うことのできる舌と強情でやっかいな腹を讃えよ［…］。よく噛むこと、よく消化することは豚には良い」。彼はこう述べ、「あらゆることに諾やアーメンとわめく」「たやすい満足」とは手を切るべきだと呼びかけている[105]。とすれば、この否はなんなのか。それは解放するものだ。それはもちろん、ニーチェが脱自的、つまり究極的で能動的なニヒリズムと呼ぶものに属している。それは存在者の全体をみずからに、つまり力への意志に回復させ、形而上学的で致死的な悪しきニヒリズムの乗り越えを可能にするようなニヒリズムである[106]。

したがって、強めるか弱めるか、救うか殺すかに応じて、良き拒否と悪しき拒否があるわけだ。若い牧人は、自分を窒息させようとした蛇の頭を歯で噛み切ったが、これは、ナイフと同じくらい鋭利な否であって、これにより彼は自分の生を脅かす無をもたらす否から解放される。同様にして、ツァラトゥストラの寸胴鍋のなかで煮込まれている永遠回帰のスープを飲むのに抵抗することは、強情な腹を示している。豚の食事に否と言うことは、超人の出現を差配する選択にかなりの影響を与える。というのも、そこには為すことが含まれているからだ。時間の開かれた深淵の縁を彷徨する死すべき者たちの抵抗には活発な余地が残されており、これが運命愛の肯定に輪のように加わるのである。歴運的なかたちで過去に回帰すること、偶然を運命に転換すること、かつて、今日、ある日を一つにまとめること——これらは、直線的で同質的な時間観ときっぱり手を切ることである。これらの断絶は、過ぎ去ることに同意した諸、最も深き後ろを欲する回帰への意志〔*zuruckwollen*〕、〈今‐つねに〉としての移行によってもたらされる。ある意味では、ニーチェは、人間は時間の形而上学的連続性から解放されることで可能事の力というその本質を受け入れると言っているのである。この点でこそ、メシアニズムという時間の倫理的な考察のもとで永遠回帰の思想を再考することができるのである——この思想を捨て去らなければならないかもしれないけれども。注目すべきことに、永遠回帰の道徳とまさしく呼ぶべきものの構造を定めているものは、「あたかも」である。それは単に、カント哲学における理性の《理念》の統制的使用のように発見的ないし蓋然的なものではない。それは、即座の為すことをもたらすものである。それは、レヴィナス的な〈あたかも〉（あたかも私がメシアであるかのように行為せよ）や、さらにはローゼンツヴァイク的な〈あたかも〉（あたかも到来の瞬間にいるかのように各瞬間に行為せよ）とはかなり異なるとしても、次のような仮説的‐実践的な枠組みのなかに組み込まれている。すなわち、私の行為の各々が、無限回、同一のものとして反復されねばならないかのように行為せよ、というものだ。ニーチェの〈あたかも〉の特殊性、さらにその困難および突飛さは、彼における道徳の絶対的な必要性を作動させている点にある。「あたかも〜のように行為せよ」はあらゆる当為〔*sollen*〕を解任し、その代わりに、抗いがたい義務〔*müssen*〕を置く。私があたかも〜のように行為することは避けがたく必要である、なぜならそれが意志が為すべき必然性だからだ、というわけだ。根本的には、こうした過剰は、ニーチェが述べているように、みずからの頂までいたった力の内的意欲にほかならない。ギリシア語のマニアの訳語であるラテン語のフロール〔*furor*〕に関係づけるなら、メシアニズムにおいて到来への熱狂があるように、言いかえれば、規則に対する例外、限界への手ほどき、「霊の衝撃」のようにして、ニーチェにおいてはもちろん反復への熱狂があるのである。

こうして白熱化と仮説的‐実践的構造とが相互に置換されるのだが、ここから理解されるのは、永遠回帰説が永遠性への跳躍を認める経済《エコノミー》的な形象をもつということ、つまり時間と永遠性との関係についての思想であるということである。気づかれるように、フランツ・ローゼンツヴァイクの思想において、超歴史性は厳密にこれになぞらえうる機能をもっている。それは、歴史における永遠性——つねにすでにあり、生きられ、住まわれている永遠性の瞬間的な現前——を予期する可能性を示しているからだ。これは、歴史的な考察の点では、いくつもの反論を引き起こす。これらの反論は、反復についての物理学的ないし算術的な論証の試みがもたらす解決できない問題のことを思い起こさせてくれる。ニーチェにとって、問題は、みずからの教説を世界の戯れのなかで打ち出すことだ。各々の瞬間がそれ自身の前にも後にも無限に反復されるならば、未来は過去となり、過去は再来するものとなろう。現在は永遠性と等しいもの、永遠性に相当するものになる。このような時間化の係数こそが、「スプリングボード」としての永遠性と、「最も重い重石」としての永遠性という深い差異を示すこれら二つの永遠性の思想を特徴づけているのである。

とするならば、ニーチェの時間についての思想の究極の両義性は維持せざるをえないだろう。というのもそれは、時間そのものの両義性に呼応し、それに声を与えるものだからだ――この思想のもつ、つねに生き生きとした力、つねに新しい現在性《アクチュアリテ》はここにある。ニーチェ自身、おそらく、みずからの思想の大きな動きが綜合のようなかたちで不動化することを好みはしなかっただろう。ハイデガーが永遠反復について指摘している「二つの逃げ道」、つまり永遠回帰を神秘主義とする批判と、非常の古くからある教説のただの繰り返しという批判を逃れたいのであれば[107]、おそらく、永遠回帰説を、それがみずから強調している当のものから解放しなければならないだろう。その最も鮮明な試み、最も正当な救出を見せてくれるのが、ニーチェの回帰説をボードレールおよびブランキのそれに結びつけるベンヤミンの読解だろう。ベンヤミンの読解は、ただそれだけで、本書においてニーチェが占めている局面を正当化してくれる。用いられている用語それ自体はツァラトゥストラの言葉であるが、一方では、近代人に対し倦怠、憂鬱、嫌悪を駆り立てる時間の受苦に関わっており、他方では、それに続く幸福の展望や、メシアニズムが達成することを秘かな任務としている未完状態（同時にメシアニズムは完成したものを未完のものとするのだが）へと結びつけられている。「永遠回帰の思想は、歴史的出来事それ自体を、一つの塊にする［…］。日常の布置の回帰は希薄化し［…］、宇宙の布置で満足すべしという鈍い予兆を駆り立てていた[108]」。近代という時代は、〈あまりに人間的なもの〉の「短い習慣」が優位に立つことになり、際限なく反復し、たえず再生する非メシア的なすべての今日が系列的で機械的に継起するよう迫る。歴史はつねに、特異な連続的な破局として、天使を啞然とさせる残骸の堆積として再来する。同一者の永遠回帰が語り、描いているのは、直線的な時間の同だ。まさに重力の精霊である小人が言うとおりである。時間は円環だ(109)、終わりなき木霊のように繰り返される地獄のような冷笑だ、というわけだ。意志の能動的な肯定は、力の否定性を力への意志へと反転させるならば、時間を贖うにいたるのだろうか。あるいはまた、単に自分のことしか救わないのか。永遠回帰の観念を束縛から解き放ち、未完という原理を生じさせるには、つまり最後の人間による完成した発明をまえにした「ハエの」満足とは異なる〈もう一度〉の幸福の肥沃な両義性を生じさせるには、メシアニズムのメスが必要なのではないか。「永遠回帰は、幸福についての二つの二律背反的な原理、つまり永遠性の原理と〈もう一度〉という原理を結びつける試みである。永遠回帰の観念は、時間の悲惨から、魔法のようにして、幸福の思弁的な観念（あるいは幻想）を生じさせる。ニーチェの英雄主義は、ボードレールの英雄主義の正反対である。後者のほうは、俗物根性の悲惨から、魔法のようにして、近代の幻想を生じさせるのである(110)」。

　永遠回帰説の悲しげな偉大さは、そこに幸福と永遠性との、〈もう一度〉と〈とこしえに〉との二律背反を見抜くメシアニズムのまなざしのもとでは、深い症候的な意味をもつものに見えてくる。それが引き起こす誘惑と恐怖の混交物は、それが求める解釈の試みのなかでも継続的に維持されなければならない。実際、それこそが、最も有効な読解の鍵を供するからだ。ニーチェの教説は、それに固有の変貌および昇華の効果から理解されなければならない。意志の英雄主義は絶望した英雄主義である。つまり、遺恨《ルサンチマン》を逃れるために、さまざまなかたちの期待の完全な円環を成し遂げ、汲み尽くそうとするものである。そうすることで、この英雄主義は喪へと、さらには時間に対する不平不満へと開かれる。しかしこの不満は、遺恨や復讐とは異なり、慰めをもたらしはしない。それは、背面世界の幻想を拒否し、みずからが退くことはしない。喪は今日を、そして今日の反復を非難する。しかし、時間を魔法から解放しそれに贖いをもたらすためには、時間の同を欲し肯定するだけでは十分ではない。永遠回帰にメシアニズム的な彼方が垣間見られるとすれば、それは、シェリングの言う「想起原理」に従って深淵の思想を延長することによって、つまり、永遠回帰に対し記憶の深みを与え、そこに、過去が現在に対して発する、もう一度再帰し「ふたたび」持続せよという要求を見抜くことによってだろう。これこそが、ベンヤミンが「ニーチェを反復し」、そこにメシアニズム的な「機会を作り出す」ときに提案していることである。[11] ベンヤミンは、同一者の回帰の意味を、彼がプルーストの『失われた時を求めて』に見いだし「幸福の弁証法」と呼ぶもののうちに浸している（ただし、ここで問題なのはとりわけヒポクラテス的な二重化であるため、もしかするとこの呼び方はふさわしいものではないかもしれない）。この「幸福への意志」は二つの顔をもっている。一つは、「賛美歌」的なもの、もう一つは「哀歌」的ないし「エレア派」的なものである。「一方にあるのは、未聞のもの、これまでなかったもの、至福の極みである。他方にあるのは、永遠なる〈もう一度〉、起源の幸福や原初の幸福を永遠に再興することである」。未聞の過去がみずからを理解するにいたるのは、歴史的な現在に再帰することによってのみである。それが希求や願望でしかなかったということすらありうる。過去の再興は、「存在を記憶の魔法のかけられた森へと転換」することによって、新たな再生を、再開をもたらす。再興されることによって、過去は、記憶のなかに残る、かつて成就せず現在へと委ねられた願望の痕跡となる。記憶は過去の振る舞いを反復し、そうすることで「魔法」を見いだす。つまり、かつてはそうでなかったものを成就する欲望のなかでも最も生き生きとしたものを見いだす(112)。このような「幸福」の二重の時間性こそが、時間のメシアニズム的なノスタルジー、「偉大」で最も「気高き」ノスタルジーの核心にある。この時間性は、「復讐」や遺恨の暗さをまったくもたない日についてのツァラトゥストラの寸胴鍋の逆説を明らかにすることで、次のことを示している。すなわち、回帰のノスタルジーが現在に対し思い起こさせるのは、この現在が負っているのは、永遠に回帰しなければならないという、ここまで妨げられてきた務めにほかならないということだ。これこそが、ベンヤミンが示唆する分析のなかで、ツァラトゥストラが目論み、祝日と誕生日の反復が示す「時間の贖い」だろう。ちなみにこれは、記憶の「義務」の唯一の実効的な内容でもあろう。すなわちそれは、成就していないものの出来事的な唯一性を回帰させ、それを復元し、成就させることだからだ。

「成就していないもの（幸福）を想起することで、なにか成就したものがもたらされうるし、成就したもの（苦しみ）を想起することで、なにか成就していないものがもたらされる。これは神学に属しているが、想起がわれわれにさせてくれるのは、根本的に非神学的に歴史を構想するというわれわれには禁じられた経験である。ただし、これを直接に神学的な用語で歴史を書くこともわれわれには禁じられているのであるが(113)」。

永遠回帰説は、こうしてメシアニズムによって「救出」されることによって、はっとさせるような両義性を保ったまま、〈もう一度〉がもつあらゆるニュアンスに注意を払う遺恨《ルサンチマン》なきノスタルジーをさまざまなかたちで変調させながら、時間の同一化、不動化、硬直化という苦しみと、かつて予兆されたにすぎなかったものの反復という来たるべき幸福とを同時に描くことができるだろう。先に言及したフランソワーズ・プルーストの分析の結論の意味はそこにある。「特異なものの機会とは、その反復である。ただし、同一者としての反復ではなく〔…〕、現在に介入し〔…〕現在を破裂させ、こうして、生者たちと死者たちに生き延びと復活を約束することで彼らを救うイメージとしての回帰である。回帰する時間を二重化し、裏地において時間に随伴することによってこそ、時間を取り戻す機会がもたらされるのである」(114)。意志の純粋な肯定としての諸に対しては、さらに、ベンヤミン的な「神学」の否の意志を、そしてローゼンツヴァイクにおける二度目による実効化を付け加えなければならないだろう。つまり、回帰する時間を購うために回帰を欲しなければならないということだ。というのも「時間の構造を成り立たせている神秘の一つは、時間においてはすべてが同時にあると同時にない」ことにあるからである。時間はつまり、「生を含み生のためだけに存在しているようにも見えるが、とはいえそれ自身は生をもたらさないようなものを詰め込んで、現実化しない可能性に満ちている」(115)。だからこそ、再帰よりも多くを欲しなければならないのだ。時間の再帰が復活において「二重化」されるように時間の贖いを欲しなければならないということだ。政治的なものの問題およびそれが指示する非合致の問題が、ここで永遠回帰のメシアニズムの政治的な基底として回帰することになる。

第五章　《義なるもの》の隔たり

以上の見地からどのような理論的な接近を試みようと、またどのような思想を動員しようと、結局のところ、政治的なものは、みずからの合理的な志向には決して合致しないものとして現れる。実際、メシアニズムの観点から見ると、政治的なものは、「今あるこのもの」と「到来するあのもの」からなる襞の「二重の視線」に従っている。この視線は、実践という脆い必然性のもとで捉えられる。この実践は、それに制限を設けることのない緊急の切迫性と、それを内側から開く内的な境界の双方に、瞬間と再開、即座の行為とその新たな反復、性急さと忍耐の双方にもとづいている。メシア的時間は、この〈合致しないもの〉、そこから起因する主体にとっての体験を、待望《アタント》の時間性と名づける。そこからもたらされる注意《アタンシオン》は、到来するものの実効的な内容をめざすのではなく、むしろ、そうした特異な出来事が含むメシア性をめざしている。というのも「なにも来ないとき、つねに時間が来ている」からである(1)。メシア的待望が待望するのは現在においてである。ただし、〈間《あいだ》の時〔entre-temps〕〉としての現在において、つまり二つの出来事ないし二つの瞬間を隔てる時間ではなく、時間の間という出来事として体験された現在においてである。

政治的なものは、自己への合致に永遠に苦しみつつ、為すことを掻き立て、それを解体させては、ふたたび為すよう命ずる。中断は、救済をもたらすノスタルジーを表している。反復がその掟であり、停止への欲望が前進のための原動力だ。このような見方こそが、ローゼンツヴァイクの言う、「いずれにしてもいかなる政治に対しても為すべき制限」という規則を導いている[2]。政治的なものの失望の可能性は、メランコリー的なものというよりはメシア的なものである。実際、それが防ごうとしているのは、合致を求める幻想、専制的な無際限さであり、さらに、政治的なものがみずからの欠如やみずからを穿つ隔たりの永遠回帰をみずからのただなかでみずからの手段によって払いのけようとするとき、いつでも現れうる傲慢さである。政治的なものがみずからの合理性と同じ高みにいると思いなしたり、そう僭称するやいなや、そして、政治的なものが自己への合致をみずから打ち立てるやいなや、メシアニズムは心酔のうちで完遂する〔achevé〕のである。

いずれにしても、時間のうちに保たれる隔たりこそが、底なしの、そして終わることのない待望を開く。メシア的時間性は、歴史と永遠性のこのような内的な隔たりによって構成されている。これらのメタファーをわれわれは方法論的に使用するが、そこで取り上げられるさまざまな意味の関連図は、ヘブライ語から与えられる。時間的現在を名指す際に用いられる合間はベイノニと言われる。出来事をもたらすためにたがいに交差するさまざまな構成要素のあいだ（ベイン）、時間の組織体にもとづく一つの今ともう一つの今のあいだ、つまり、継起する次元と階層的に重層化する次元のあいだの、時間の隔たりのことである。現在とはつまり、〈間の時〉、時間の内的な隔たりのことだ。来たる世界が、現世の後に来ることと、来たる世界が現在からすでに現世を貫いていることには時間的にいかなる矛盾もないのである。ユダヤの解釈学的伝統には、この第一の領域を明らかにしてくれる、第二の意味論的なまとまりがある。解読的な知性（ビナー）は、テクストを分離し、区分し、押し分けて、その母型をなす経路を開き、そこから現実が知解可能となる思想が出てくる、あるいは生まれてくる（ベン）ことができるようにする。把握がなされるのは、さまざまな意味を統一的に収集することによってではなく、それらの多数性を増大させることによって、つまり、前進的な統合によってではなく拡張によってなのである。ここでは隔たり〔écart〕こそ、繁殖的で多数的な時間のイメージと、意味の表出的で離散的な了解のイメージとを同時に与えてくれる。ベイン、ベイノニ、ベン、ビナーからなる意味論的な四つ組に、十全な理論的な規定を与えなければなるまい。時間的に理解された、つまり〈間の時〉として理解された隔たりは、時間と思考とを、肥沃さおよび世界化の力という点で結びつけることによって、義なるもの〔juste〕の問いが根拠ないし目的に依拠することなく提起されるための、義なるものの問いが時間の問いとして十全に現れるための、必要条件となるだろう。不義なるもの〔injuste〕は、統治する時間である。義なるものとは、みずからに同時的な隔たりであり、あらかじめ示されている未来である。預言者も哲学者も、義なるもの、不義なるもの、両者の隔たりについてみずからが提示する思考を動き出させるためには、それらを合わせて提起しなければなるまい。

律法、隔たり、残りのもの

目的論は、たとえ「メシア的」なものであっても、歴史のプロセスを合致の目的性へと従属させる。それによって、政治的なものとその概念との和解が、あるいはいっそう広い意味では——とはいえすべて一つのことなのだが——真理とその露呈、見えるものと見えないもの、ロゴスと肉との和解が、現働化ないし実効化するからだ。あらゆる目的の目的＝終わり〔fin〕の地点では、あらゆる歴史的な悲劇が止揚されるだろう。ここでもまた、このようなかたちの究極の一致に古典的な哲学的定式を与えたのはヘーゲルだ。というのも、彼こそは、分裂ないし受苦の概念と、それらの弁証法的な乗り越えという概念とを同時に提示しえたからである。ヘーゲルにあっては、汎ロゴス主義はつねに汎悲劇主義を含んでいる。いたるところで死がみなぎっているが、しかしつねに体系は死を排除しているのである。段階的に過去に遡り、こうした表象の起源にまで戻る必要があるのならば、パウロにいたるだろう。ちなみに、キリスト教の三つの年代に関するローゼンツヴァイクの図式において示唆されているのもパウロである。ユダヤ・メシアニズムの考えでは——ブーバーのような卓越したユダヤ人思想家の考えも含めて——、こうした表象は、一つの目的のもとに統一性〔unité〕を集結させること、あるいは成就していないものを綜合によって高揚させることをめざすものと説明されるが、こうした考えにおいては、パウロ革命という鍵となる契機が欠けている、あるいは等閑視されているのである。

ユダヤ教それ自体の伝統において、神が、可視的な現前あるいは受肉した現前へと到達しうる対象となることはありえない。本質的に、神は《声》なのだ。ヘーゲルが伝える逸話で、ポンペイウスが至聖所に入っていったがそこには空虚な場しかなかったというものがあるが、この逸話は今述べたことの驚くべき例証となる。タキトゥスの表現を用いるならば、奥義の空虚さ〔*inania arcania*〕こそが、もしかするとユダヤ教の最も根底的な、最も絶対的な発明かもしれない。現れるもの、見られるものはすべて、超越的な分離を和らげるために顕現するものはすべて、たとえそれが神に属するであっても、神ではありえず、まやかしか偶像となるのである。「神に逢うては神を斬れ。それは神ではない」という仏教の格言は、奇妙にもユダヤ教的なイントネーションをもっている。義なるものないし平和がすべて具現化〔受肉〕したり、十全に人間化したりすることはありえない。それらは《律法》に属しているが、人間もこの《律法》に帰属しているのであって、その逆ではないのである。パウロが大胆な偉業によってもたらしたユダヤ教の転覆は、まさしくこの次元にある。要約すると、彼が述べているのは、《声》が己の姿を示した、受肉したということだ。イエスが《十字架》で死んだからには、《律法》は恩寵をもたらし、すべては古き超越から解かれる。「キリストは《律法》の終わり＝目的である」(「ローマの信徒への手紙」一〇章四節)。キリストは《律法》の、終局(*telos*)であると同時に成就(*pleroma*)なのである。終わり＝目的はここでは、時が満ちる[3]——隔たりが抹消される——こととしてのメシア的な出来事をさしている。肉の殉死は、《律法》に組み込まれることがなくなる成就である。このような出来事が介入することでノモス〔法〕から内的緊張が消え去るという条件のもとで、みずからの成就の欠陥を調整することとしかしてこなかった禁止的な《律法》は、成就した《律法》にとってかわられるのである。ここでこれら二つのトーラーは、サバタイ派の反律法主義のようにそれぞれの時間性を混在させることはせず、弁証法的な止揚によって相次いで生じる。[4] イエスの可視的な犠牲によって、人々が兄弟たちの共同体、「多くの」兄弟（「ローマの信徒への手紙」八章二九節）となったがゆえに、罪人たちが贖われ、人々は救われた。ラテン語の *redimere*〔贖う〕の意味こそが、ヘブライ語の差異ないし遅れの意味論に優越するようになる。パウロのメッセージは、古い異教徒世界を、彼が約束する徹底的な普遍性ないし普遍化によって覆す。《律法》の成就《プレローマ》は、諸国民の成就《プレローマ》をもたらす。「ヨハネ化」の逆説について先に見たように、成就の思想たるキリスト教は、近代を創始し、世俗化のプロセスを始動させることになるわけだ。しかし、このようなすでに到来が実現したことによる贖いの惑星的なエコノミーのもとで、ユダヤ人はどのようにしたらよいだろう。彼らは、異教徒と同様、実現した兄弟愛を信じていないとはいえ、そうした実現を告げ、そこに義なるものを結びつけている《律法》は保持している。これは異教徒にはもちろんあてはまらない。ユダヤ人はこう繰り返し述べる。《律法》はわれわれに属しているのではない。赦免の成就のようにして一義的に与えられているのでもない。逆に、それは、「神の愛の意識から神の正義の意識への、さらに後者から前者への予見しえない反転」に満ちている。[5] われわれは、パウロの言うように「律法のもと」と「律法の外」との和解のうちにいるわけではない。まだそうではないのだ。

つまり、一方の側、キリスト教、ヨハネ化および世俗化の側では、神がみずからの《子》およびその《死》を、一つに集結した人類の範例として与えたのちに、《律法》よりも大きな愛のうちに和解した子たちの兄弟愛という主題が優勢となる。自由で平等な市民という観念はここに由来する。これは最終的には、市民的な共同体を構成することで、みずからの法をみずからに与えることになるだろう。自律は、このような《律法》の外部性に対する関係の反転に起因する。パウロこそが、平等を恩寵によって重層的に規定することでこの流れの方向を修正したのである。これによって、機会は万人に与えられることになった、つまり〔特定の〕誰にも与えられないことになった。負債の弁済によって認められた、厳密な超越からの解放、大いなる《まったき他者》からの解放、これが、自律が生まれてくる歴史的運動の――これもまたパウロ的な――先行条件である。

他方の側では、つまり、事柄を手短に概略的に述べるならば、維持されたユダヤ教の側では、負債は象徴的に消えたのではなく、《律法》に組み込まれていると繰り返し強調される。「ユダヤ人が示しているのは、精神が貧困であること、成就していないものへと従属していることこそが精神を構成するということである。彼らから発現するものは、この「なにもなされないだろう」という不安だけである。思考が、みずからに欠如してすらいないような欠如を隠しもっているのではという不安である」(6)。解放、自律、それらを関係づける正義は、約束されているだけだが、とはいえそれでも約束されていることは確かだ。義なるものの約束は、未定であると同時に絶対的なものであって、それによって次のような他律が立てられる。私は待望し、移行および負債のうちにある。それらが除去されることを私は期待するが、それがいつ、どのようにかも分からないし、また、到来についてのタルムードの議論において見ることができるように、私がなにかをなしうるかどうかも分からない、ということである。

この待望の主体は、自己の外部へと伸びていく言葉に従属している。主体性のために代わりに証言するこの言葉のほとんど構造的な機能は、預言者的な振る舞いからレヴィナスの責任まで、同様に読みとることができる。この証言する主体は、なにを証言するのか。それは、自分自身によって、すでに、この待望という時間性の経験を示している。隔たりのうちで示される未完了が、義なるものとその期待についても、不義とその固執についても、それぞれの尺度を示している。しかし、その尺度は、時間的な多元化に応じて変容する。言いかえれば、この尺度は、中庸の次元に属するものについてはなにも測ることはしないし、過度と欠如のあいだに均衡点ないし同等となる点を定めることもしない。さもなければ、証言は要らなくなり、あらかじめの見積もり、計算があればよいことになるだろう。証言する主体は、時間のなかに、ときには時間によって、捉われているのである。そうした主体を導く唯一の論理は、不確実性ないし未規定性の論理、つまり、ローゼンツヴァイクがメシア的経験のなかに見定めた「かもしれない」ないし「決して知りえない」という論理だろう。これが、待望に応答する時間に与えられた可能性としての期待を規定するのである。とはいえ、「誰が知っているのか」という問いは、冷ややかな無関心や、懐疑的な断念をもたらすわけではない。待望するのをやめてしまえば、時間からそれに固有の豊饒さを取り去り、同の不毛な反復へとそれを送り返すことになるだろう。「誰が知っているのか」の「誰」は、知の問いを、行為の決定因としては弱いものとする。政治哲学の認識論的領域においては、活動およびその目的についての知こそが、規範や価値、規則や制度を合理的に規定するとされる。(7) 改善のための合理性が、「最善の体制」という敬うべき庇護のもとに展開され、これによって、みずからがめざしているのは、知にもとづく活動、先に知のある活動だと考えられるわけだ。逆に、政治についてのメシア的パラダイムが取り上げるのは、目的の合理性や、都市国家におけるコミュニケーションの交流の組織化について熟考することに先立つ、瞬間に従属した、義なるものの追求に従属した行為である。それは、このような思考された連続性、「了解」を中断する。(8) それは、「為すこと」による中断を考えることにも先立っている。メシア的な行為は、こうして、「思考」ならばあらかじめ中和化してしまうさまざまな時間の流れによって貫かれている。そして、「思考」が予防できるとみなしていた、ずれ、挫折、あるいは災厄などを、あらかじめ、己の応答性のもとで引受けているのである。これが、為すことによって言葉を時間的に把握することとしての証言の意味である。それが「思考」であるとしても、この把握に肩を並べることはない、あるいはあったとしても事後的にのみであるような「思考」である。しかしそうだとしても、その現前が政治の概念のみずからとの和解を意味することができるには、すでにあまりに遅すぎるのである。

証言は、なんらかの仕方でこうした倫理的・政治的な実践の時間的な遅れを語るのだが、そのとき、合致をめざす展望についてもなにがしかのものを投げ返す。たとえば、非合致について証言をしつつ、時間の忍耐に対し、信頼を刷新する要請を付け加えたり、みなぎる絶望に対し、イメージも目論見もない期待を付け加えたりする。証人は、予見不可能なもの、ありそうにないものの告知を耐え忍ぶことを承諾させるばかりではない。それはまた、みずからがあらゆる表象を超えて証言しているものの知解可能な価値をも証言する。不義なもの、あるいはベンヤミンの言う「成就」した苦しみは、成就しないもの、義なるもの、到来を考えさせてくれる。前者は、後者の可能性の条件なのだ。証人は隔たりそれ自体のうちに立ち上がり、証言することで、現世のただなかで、来たるべき世界についての何事かを肯定し、あらゆる形態、あらゆる表象において合致がもたらす幻想を解体しようとする。メシア的主体性の証言においては、時間に対して意識を貫く時間しか残さないような算定的理性に差し向けられた、反証言があるのである。そこでは、延長や待望の呼びかけと、時間における識別の力がともに現れる。ただし、それぞれの表れ方は別様だ。エドゥート、すなわち「証言」は、認識（ダアット）と待ちきれない忍耐（アード）の二重の次元を合わせたものである。[9] ヘブライ語で時間をさまざまな仕方で言い表すために用いられる四つの語彙の一つとして、オラム、ズマン、エットに加えて、モエドがあるが、これも同じ語根からできている。これは、時間をその象徴的な構造によって支えるものを意味しており（ちなみに複数形では、典礼の年の祭りの荘厳さを示している）、あるものから来たるものへの「消失」、移行、不在といった純粋な世界的時間をさすオラムと緊張関係にある。[10] 証言するとは、隔たりと襞、歴史的時間の内的な分離、待望と約束がもたらす現在の状態の時間的な効果を記録することだ。しかし、証言という言説的行為は、不動の今に縛られた事実確認的なものではありえない。それは、言葉を発することによってあらゆる現在の不在を構成し、そうすることで、来たるべき義なるものを受け入れる可能性を完全に開いたままにする。証人は、時間に対して、たえず過剰な言葉を、あるいはその即興の繰り返しであるような過剰な信頼を与えるのである。

このような証言のエコノミーは、「残りのもの」という預言者的な考えを作動させる。その隅石を据えたのはイザヤの神学である。たとえばルーリアのメシアニズムが考えさせるように、創造が全体の破裂であるならば、その破片それ自体が、残りの破片すべてとの結びつきの条件となり、そしてこの結びつきによってダイナミズムが形成される。預言者が「イスラエルの残りのもの」と呼んでいるのは、単に、一つの全体のなかの数量的な部分のことではない。その実質は、全体として救済論的なものである。すなわち、それが意味をもつのは、メシア的な出来事へのある種の関係においてにほかならない。「メシアが来るのが「今日」ならば、《残りのもの》はメシアを受け入れる準備ができている」。[11] 残りのものが引き算的に差し引かれていくなかで、証言および発話の時間は、受け入れおよび到来としての虚無を示す。そしてこの虚無は、実定性のうちで固定されているものを永続的に作動させる役割を担うことになるのである。残りのものは、全体と部分との諸関係を組織し、別様に、つまり非空間的なかたちで思考させる。残りのものは、全体ではないが部分でもないのだ。世界の充満によってあらゆる出来事の到来が妨げられているときに、残りのものは虚無を作り出す。それによって、預言主義が鋭い刃によって分割している総体が救済される可能性そのものが保たれるのである。それは、あらゆる充満やあらゆる成就のうちに見えないかたちで組み込まれている深い亀裂、さらには断絶を示すメシア的なしるしである。それゆえ、メシア的なものの極度の脆さの弁証法化しえない表現でもある。ローゼンツヴァイクはこれに、「引き算」による歴史の展開、つまり刷新される残りのものを縮小させるかたちでの歴史の展開を結びつけ、それに対し、「力」と「拡張」の組み合わせ——ローゼンツヴァイクはここにキリスト教および歴史哲学の力を見ている——を対置しようとしている。(12) 引き算によって残りのものが与えられるのに対し、相次ぐ充満を足し算することによって一つの全体がめざされる。残りのものは、「未完了のものの傷」であり、根本的に、全体およびその諸部分が全体をなすことの不可能性、「残りのもの」なく全体化し、美しい調和的な統一体へと閉ざされることとの不可能性を証言しているのである。それは、「未成就すべき」成就と成就すべき未成就のあいだで、概念への非合致の預言主義的な名をなしている。そして、メシア的なものが執拗にその時間的な基盤を思い起こさせるのである。

襞、隔たり、残りのもの——これらは、メシア的な思想の形象とみなすことができる。これらの形象はたがいに継起し、位置をずらし、そうすることで、非合致ゆえに世界および歴史の時間のうちで解読されるものを、さらには、待望と証言の時間性のうちで解読されるものを開陳するのである。

襞によって折り曲げられるのは、「今あるこのもの」と「到来するあのもの」の直線的な画一性である。こうしたできた層は、継起と重層化、同時性と期待、瞬間性と忍耐を交差させる。襞は、歴史的時間の内的な構造、すなわち可動的で不可視の断絶を形成する。出来事がどの今日のうちに折り込まれているのかは決して分からないのだ。待望がつねに現在を特徴づけるにしても、この現在は、実体的、内在的なかたちで全体化してみずからと合致することはありえない。この現在は、時間の三つの次元が点的に融合して時間からなんらかの仕方で解放されるというものではなく、それらの重層的時間化なのである。過去、現在、将来は、行為の瞬間のうちにともに溶け込み、続く瞬間という未来の誕生日のうちですぐさま再開されるのである。

メシア的現在、つねに新たな瞬間とは、〈間の時〉である。すなわち時間の幕間の予言不可能なものが住まう隔たりである。こうして、歴史的時間の襞は、生きられた瞬間の時間性のうちに書き込まれた隔たりを規定する。〈まだない〉の時間、未完了のものないし〈まだ実現していないもの〉の時間は、たった一人の主体の時間のうちには閉ざされず、これを複数化する。〈まだない〉の時間は、絶望の時間、「なにも起きないだろう」という時間のうちに閉ざされることもない。逆に、これを極限まで持続させ、それを耐え忍ぶことを消去することなく、「かもしれない」のうちに宙づりにしておく。「かもしれない」は、その時間がいつかは分からないということを知っているのだ。未完了のものの隔たり、これこそが、本質的に、その虚無、実効化すべき欠如、ローゼンツヴァイクの美しい表現によれば「為すべき世界」を規制する《律法》の宿る場なのである。[13] 天使には《律法》はない――タルムードはこう説明している。つまり、地と天との隔たりがなければ《律法》はないということだ。しかし、この隔たりはカオス的なものではまったくない。それは、ヘーゲル的な意味での裂開ではなく、――この点がおそらくは歴史の政治の最も執拗な誘惑をなしているのだろう――全体性のうちで必ず満たされなければならないわけではない。それはむしろ、約束ないし贈与の次元にあり、分離とティクーン的な修復との戯れ、両者のあいだに開かれた開口部にあると言えるだろう。パウロの言う意味での《律法》の目的＝終わりとは、隔たりの消去であり、法的な身体が肉体の充満へと止揚される契機である。維持されたユダヤ教の伝統においては、義なるものはまだ現世にはおらず、それを待望している。「人々にはまだ開示されていない原型」とボルヘスは語っているが、彼はまた、謎めいたかたちでメシア的でもある表現でこう問うていたのだった。「義なるものがゆっくりと世界を通過しているということを誰が知っているのか」。

来たるべき義なるものは、たえず到来し、残りのものを生み出している。この残りのものは、成就の充満に引き続き引き算が課せられているなかで「再帰するだろう」（「イザヤ書」一〇章二一節）。残りのものは、現在の不可能な現前と将来とを、全体の不可能性と義なるものの未来とを同時に考えさせ、さらに全体の不可能性が現前の不可能な現前を命じていることをも考えさせてくれる。すでに指摘したように、残りのものは「絶望」に関係づけることができる。タルムードの言葉は、これを到来の超期待論的な条件とするのである。実際、残りのものは、ドイツ語の *bleiben*（残ること）と *ausbleiben*（待機する）によってその近接性と差異が指し示されているように、時間の静止、〈到来しない〉という悪しき宙づり状態を招くおそれがある。ただし、預言者的な残りのものとは、デリダの「残留＝抵抗〔restance〕」

のように、[*19] 抵抗する残りのもの、否応なく期待する残りのものである。引き算が失望を誘い、信頼が破棄されることがなんども続いた後に、もはやなにも期待すべきものが残っていないときですらそうだ。残りのものが証言するのは、このなにもないこと、全体におけるこの穴である。こう言ってよければ、なにかを告げ知らせてくれる絶望である。

時間についてのメシア的思想は、こうして、次の三つの時間性によって描かれる。顕在的な外部性から潜在的なものを引き出す襞、襞を出来事とし空虚な基底のうえに《律法》の意味を到来させる〈まだない〉の時間性を示す隔たり、そして、すべてが全体化されたときにもしぶとく残り続ける残りのもの、すなわち、一切の全体化に対する過剰を証言する証言、みずからが空虚および隔たりのしるしとなる証人としての残りのものである。

来たるべき義なるものの問いは、これら三つの様相の各々の核に宿っている。

法と善意

法の厳格さ（ディン）と善意の慈愛（ラハマヌート）との関係から出発しよう。ユダヤの思想および伝統においてこれら二つは、二重性、補完性、競争関係として関係づけられている。さらに各々がもつ資源や可動性は、隔たりおよび残りのものというモデルがもつ流動性にもとづいている。これら二つの倫理的-法的カテゴリーは、一方が他方に対立して働くこともあれば、一緒になって、ティクーンの時間性に場を譲ることもある。ティクーンの時間性とはつまり、成就した充満ではなく、残りのものや新たな萌芽を生み出すような連続的な修復の動きのことである。すべての川は海にいたるが海は決して満たされることはないと「コヘレトの言葉」（一章七節）は語っているが、ここでは成就の図式が告発されているのである。義なるものは、善なるものであると同時に合法的なものでもある。超過ないし彼方というダイナミズムのみが、時間に対し、一方から他方へと移行する能力を与え、不在の義なるものに対し、現在から隔たる力能を与える。言いかえれば、法は、端的にまた十全に法であるためには、法-外的なみずからの未来に対して開かれていなければならないということだ。みずからの彼方を待望することのない法は、単なる抑圧的な武器庫のように凝固したり、普遍的な規則の専制へと変容するおそれがあるかもしれないからだ。

ディンとしての法は、法を世界の厳正な尺度とみなす。世界は、法がなければ、あるいはミドラシュの古典的な表現によれば「厳格さという盾」がなければ存続できないからだ。法は、和合および真理とともに、世界の柱をなす。古代ギリシアのディケー〔正義〕が無秩序を否定し、宇宙《コスモス》の適合性や調和を促進していたのと同様である。つまり、一切がトーフー・ボーフー〔原初の混沌〕へと回帰するのを妨げること、さらに正義の否定はおろか殺害的暴力といった傲慢によって宇宙全体が解体するのを妨げることを目的とした、もろもろの否定的な強制ないし制限からなるシステムとして構成されなければならないということだ。したがって、「ディンとダイ、法と限界」のあいだには根源的な連関がある。「一方では、神はエル・シャダイと呼ばれる。すなわち「十分だ」と述べ、逸脱した成長や《創造》の指数的な過度の増大に限界を設ける神である。［…］ダイの命令は、まさしくディンと呼ばれる持続的な装置を通して作動する。これは、最初の神のダイの意味と実効性とがあまねく行き渡ることを目的としている」[14]。たとえば、裁判官（ダヤン）の仕事は、自分の存在の力能に一切限界を置かない者たちの粗暴な要求に対し、それで十分だと述べることにある。ディンとしての法は、こうして、強制的な利用や限界をともに受け入れることを差配する規則の総体なのである。だからタルムードのハラハー、つまり法に関する規定は、しばしば、その対象や事例の範囲を厳密に定める論理的かつ法的な二重の措置でもって、否定的なかたちで言明されているのである。この第一の領域は、カントの法についての思想が限界と強制を結びつけるかぎりにおいて、それに非常に近い。カントにとって法とは、実践理性によって要請される人間のあいだの関係の秩序のことである。一方で、外的に使用される場合には、法は、各人の自由と合致するという条件のもとで、万人の自由の制限となる。公法は、もろもろの自由の全般的な合致を可能にするような外的な法の総体を集めた「装置」である。他方で、義務は、言わば法と倫理の差異に起因する。私は、私の自由に限界を設けるという道徳的義務を自分自身に対して作ることはできない。他者であれば、場合によっては実力を用いて、こうした制限の権力を行使するかもしれないが、そうであるためにはその合法性が許容されるという条件が必要だ。こうした強制の合法性は、したがって、不義なものを否定的に認識していることを前提とするのである。義ではないものはどれも、法の普遍性や、誰に対してであれ強制することができるという権利が各人に平等に備わっているという意味での平等性によって規制されている自由に対し、障壁となる。ここでは、各人の自由の行使のあいだの一致が保たれなければならない限界が尊重されうるのである。このかぎりにおいて、強制が合法的なのは、「自由に対して障壁をなすものに対して障壁をなす」ものとしてである[15]——強制とは、ここでは厳密な意味での法、すなわちディンである。法の厳密さがあるからこそ、法の彼方へ向かう抑圧しえない解放、すなわち無償性が、世界の無化や破壊へと向かわないための保証が得られるということだ。法は、それに対する障壁となることで、実定性という留保を凝縮する。これによってのみ、共感や慈愛に向かう出立がカオス的なものにならないことが可能になるのである。

共感や慈愛は、総称的には善意、すなわちラハマヌートに含まれるが、どちらも、「障壁への障壁」としての法の機能をすぐさま逸脱する。この逸脱は、ディンを抹消したり、乗り越えたりするものではなく、ディンから遠ざかりつつも、ディンの行使を束縛から解き放ち、ディンを貫き、制限による規制というディンの務めをほぐすかたちで可能にするものだ。この逸脱はいかなるものか。本質的には、法を超えた善意は、時間の経過のうちに、法の裁きをふたたび書き込もうとする。法は、連続的な流れや変化する多様性に、秩序の安定性を対置する。ローゼンツヴァイクがドイツ語の語源にもとづいてうまく示したように、法（*Gesetz*）は固定（*fest-setzt*）するものであり、この点で戒律と慎重に区別される。(16)つまり、法は、義なるものを考慮するためにあらゆるものが際限なく運び去られる万物の流れ、世界の経過を止めるということである。〈法による停止〉は時間を不動のものにし、正義がなされるようにする。しかし、もし義なるものの考慮が突然の停止へと変容するならば、もし一度為された正義が、もはやこの〈為されている〉という状態のうちにしかなく、過去が反復される以外にいかなる将来もなくなるならば、法そのものが欠けるおそれがあるだろう。法は、ただ停止するだけではなく、みずからが世界から不在になった後にも世界を通過し、世界の通過を受け入れなければならない。《義なるもの》の問いは、法についてのメシア的な動的地平なのである。この問いによって、あらゆる指令、あらゆる規定が、未来の時間性に従って配置し直され、こうして裁きがみずからの救済へと開かれ、さらに、つねに慈愛的な母型をもつみずからの翌日の根底的な他性へと開かれる。(17) このことは、法と善意とが、それぞれ完全に異質な領域に属しつつも、純粋な論理的な対立のうちにはないことを前提としている。それらがたがいに外在的だからといって、一方が他方のうちに住まうことがありえないわけではない。デリダは、レヴィナスの超越についての思考に〈～における彼方〉という表現を見つけたが、これは、メシア的な遅れ〔différement〕の時間性をアナロジー的に支える隔たりの位相をうまく示すことができると思われる。ちなみに、この隠喩は、カントに限界を見分けるのを可能にした隠喩にも近い。〈～における彼方〉が示しているのは、内包されつつ、それが支えている彼方へと開かれうるということである。彼方は、内包が排除しているものに境界なき空間を与えるのだが、それ自体ははるか以前から、それ自体の特定可能な始まりよりも前から始まっているのである。このような離接の構造において内包されているものは、みずからを超過し、みずからをはみ出し、みずからを送還し、内部における、ないし内部から排除されたものとして現れるにいたる。内包されているものは、みずからとは他なるものをたえずめざし、そこでみずからを中断し、「みずからの内部および外部に一種の飛び地」を描く。(18) このような避難所、地下室は、場所の同一性や概念の固定性を不確かなものにする。というのも、それらが意味しているのは、実のところ、時間性の〈間の時〉の重層化だからである。

法と善意とを分ける隔たりは、不安定な境界の両側を言わば包みこんでいる。この隔たりは、境界を踏破しつつも、両者を隣接したものとして統合することも、虚無を埋めることもしない。隔たりは、それらを維持すると同時に、それらの超過の運動を保証しているのである。先に示唆したように、この広大な隠喩の水脈を探るための参照項とみなしうる第一の力動的なモデルがあるとすれば、それは創造それ自体である。神は、創造の際、みずからの杯のなかに燃えるような共感を入れたため、それによって杯に裂け目が入った。神は今度は代わりに冷えた法を入れた。杯は収縮し、破裂した。そこで神は、瓶がもちこたえられるようにと、世界の創造が可能になるようにと、これら二つを一様に混ぜなければならなかった。「もし私が世界を寛大さを盾にして（ミッダート・ハ・ラハミーム）創造するならば、数えられないくらいの罪が生まれよう。だが、他方で、厳密さを盾にすると（シッダート・ハ・ディン）、世界はどうして存続できるだろう。したがって、私は［これら二つを盾にして］世界を創造しよう」。つまり、法とあらゆる法の彼方という二つの尺度に従って創造するということだ(19)。世界が存続するためには、神は世界を単に存続するものとするだけでは十分ではなかった。さらに、義なるものがそこにたえず到来できるようにしなければならない。そこには、法的‐政治的なものと、倫理的なもの、力動的なもの、「混交」がなければならない。法と制度的な正義の規範的な要請や操作的な特殊性は受け入れなければならない。しかし、涙、顔と呼びかけもまた、つまり、つねに彼岸ないし此岸に、上流ないし下流にあるものもまた、それぞれの特異性のもとで捉えられなければならない。二重の尺度は、いかなる分割にも立脚していないために、適切ないし妥当な均衡を測ればよいわけではない。逆に、二重の尺度が機能するのは、〈二つのもののあいだ〉の分割不可能性を起点にしてである。二つの「盾」の作用がもたらす永続的な不均衡化の力こそ、世界を移行の場としてと同時に刷新の場として維持するのである。したがって問題は、厳格さを和らげたり、寛大さを引き立てたりするために知的な調合をすればすむものでもない。だからたとえば、配分的、均分的正義が要請されるのであれば、完全に要請されることになる。歴史的な都市制度が優位にあるかぎり、国家の平和は、『ピルケ・アヴォート』（三章二節）

が語るような人間同士の共食いや、法が惹起する恐れを知らない暴力的な敵対者同士の衝突が引き起こす紛争よりも好ましい。それに対し、ミドラシュの二つの尺度は、次のように問いを発することをたえず強いる。すなわち、市民の平和は、それだけで人間同士の関係の全体を構成することができるのか。メシア的な平和こそが、そこにおける待望および成就の構造なのではないか。市民的な「為すこと」および法の尊重に立脚した活動のうちにすでに「彼方」が含まれているのではないか。

こうした問いを立てることによって、政治的なものにおける成就が〈世界を為すこと〉の代わりとならないよう、みずからの由来を忘却したまま固定されないよう促される。流れがあること、つかの間のものや物質化できないもの（仮庵やマナなど）を象徴的ないし典礼的に思い起こすこと、こうしたことによって、さもなければただの有限性の深淵でしかないものが無限に再始動させられるのである。逆に、メシア的反律法主義であれば、善意を厳格な法のもとに宙づりにすることをやめ、合致を求める性急さのただなかで、〈～における彼方〉の彼方へと一挙に赴こうとするだろう。もちろん、完成を求める時宜を得ない意志にはある恐れが内属している。それは、善意が逆転し、もはや世界の移行のなかを浸透せず、その排他的な時間性ゆえに創造の全体が危機に晒されるかもしれないという恐れである。共感しかなければ、もはやそうしたことはないだろう。しかし、そのような世界は存在しない。むしろ、その逆のほうが脅威的だ。法しかない場合も、そうしたことはなくなり、神自身ですら、みずからの善意がみずからの法の厳格さよりも強力であることを願うことになるだろう[20]。もし私がある行為を特徴づける際に、法的と非法的という対立しかもっていなければ、不義のものは、侵害されたもろもろの規範の名称のなかにのみ限定され閉じ込められるだろうが、その場合、この不義のものが置かれた書かれていない彼方、法文化されていない彼方がどのようなものかを特徴づけることはできないだろう。だが、不義のものを考慮する際に私を混乱させ、憤慨させるもの、それを、厳正かつ狭隘な法の壁のなかに収めておくことはできない。そうした法の規則は、不義のものを明示するけれども閉じ込めてしまうからだ。アンティゴネーがクレオンに思い起こさせるのはそのことである。死者の埋葬の義務を果たすには、どのような実定法も要請されない。あらゆる都市は、持続性をもって法そのものを受け入れるためには、法律が書かれていない虚無のうえに設立されねばならないのである。タルムードの賢者のなかには、イェルサレムが破壊されたのは、そこでディンしか行使しなかったから、つまり法および正義しか行使せず、それらを超過する善意を欠いていたからだと主張する者すらいる。正当化しえないように見えるものが、法的な規則によると正当化できてしまうように思える場合、それを判断するための指標が制度的な合法性のほかになくなるためだ。都市が法を備えることは望ましくまた不可欠のことである。とはいえそれは、都市の衡平を保証するには十分でない。それは、法の性質そのものに、すなわち都市の形成の過程、つまり都市の自立の構成と実体を同じくする「厳格さ」に起因しているのである。

法学者たちには周知のことだが、法は体系的な規則と同時に人為物からなる。その特殊性は、法の規範的ないし抑圧的な性格にあるのではなく、法に内属した拘束力にある。これこそが、もろもろの意志の一致が、尊重の義務を伴っていることを保証するのである。このような法のメタ現実性がなければ、いかなる正義も実際になされることはなくなるだろう。このメタ現実性ゆえに、法は、現実に対する実効的な関係の恒常性から解放されるのである。ローゼンツヴァイクが「法の世界」と呼ぶものは、実効的な世界の恒常的な「低実効化」において作動している。というのも、それが「実効化されること」は、構造的には、万人、各人が合法的に提示する純粋な要請や要求という特徴をもっているからだ。[21] 法が正しく機能するためには、法によって「停止〔arrêté〕」されることで、時間から解放されることが、さらに、法的要請によって実効性に間隙が穿たれることで、実効性から解放されることが必要なのである。このような宙づりは、空虚な虚構でも、純粋な慣習の結果でもなく、法がみずからを語り、その動かしがたい実践を表明するために必要な人為物である。法の自律は、専制的な力の支えがなくとも、みずから自律化し、カフカのヨーゼフ・Kの命を容赦なく奪う狂気じみた冷徹さにいたりうる。時間と停止、流れと規則のあいだの抗争こそ、ユダヤの伝統が熟考してきた法と善意の隔たりの核心にある。この抗争が穏やかな流れのなかで解決されるときには、ローゼンツヴァイクが指摘するように、停止による抽象は一時しか続かず、そのあとにやってくる新たな時間的な調整によって、さらなる人為物が考案されるようになる。慈愛がこれに貢献するのは、慈愛によって、法の固定性のなかに時間性が再導入されるかぎりにおいてだと言うこともできる。これらはともに、世界にもたらされた損害の修復、ティクーンを求めるのであって、法の行使はその予備段階なのである。義なるものの到来は、裁きの社会性によって準備されており、未来と期待は、決断の現在の正義によって準備されているのである。

ソロモン王の裁きの周知の知恵*20は、法の後の法について語ることができるという王の力能にもとづいている。慈愛の教えを受けた後に発せられる法だ。根底的には、最終的に下される決断は、真の母の母型的な感情を確認するだけだ。これによって、分別と正義とが導かれると同時に、究極の和合がもたらされる。ディンは、まず、二人の懇願者の厳正な平等を言明し、裁断する。それぞれの懇願者に、子供を半分ずつというわけだ。ソロモン王は、この厳正な法の言葉を模すことで、問いかけられた主題に対しそれが効力を発揮することを期待する。こうして彼は、裁きの後の時を信頼し、裁きそれ自体を照らし、修正してくれるような真理が露わになるようにする。善意はまさしく、その第一の意味および語源によれば、法に翌日（マハル）を与えることに存する。そこで真の母が感じる「母胎（レヘム）の震え」によって、関係者の感情に完全に異質となった厳格な原理による裁きがなされないことが可能になる。善意が法の基盤になりえないのは、そうなってしまえば公平性が保証されないからである。しかし、善意は裁きの行使に異質になることもない。裁きは、その責任を負う者に対し、知性とともに共感を、抽象的な認識とともに時間感覚を要請するからである。対立し合うもろもろの特異な時間性を停止するには、呼びかけと訴えの母型となる時間に委ねる必要がある。この外部性の贈与のみが、義なるものの待望のなかで法を維持する。それのみが、法の厳格さが死体のような硬直性へと変質するのを妨げるのである。共感は、この世界には属さない正義のために証言をし、法の裁きを来たるべき世界に従って方向づける。しかし、そこで要請される外部性は、それが境界を画している法的システムの全体の完全に外部にあるのではない。法のメシア的な彼方は、技術的、手続き的な規則の複合体に対し内部から働きかけなければならない。それによって、この彼方は、空虚な超越の非実効的な理念性として現れるのではなく、厳格さを育み、そこに時間のリズム、義なるものの待望のリズムを刻みこむことになるのである。

ヘブライの思想において、とりわけそこにおける倫理的‐法的な問題においては、法的なものと共感的なものの区別（ディンとラハマヌート）は、〈〜における彼方〉の隔たりによって規制されつつ、正義（ツェデク）と恩寵ないし無償の愛（ヘセド）の区別、義的なもの〔*justiciel*〕と恩寵的なものの区別へと拡張される。これらが、メシアニズムの隔たりの時間の四肢をなす四つ組である。これらの四つの層の差異は、アリストテレスが、「四元素」を正義がめざす比率に従って組み合わせ、その性質および関係を規定したように一義的には固定できない[22]。これらがメシアニズムの時間性のうちに組み込まれており、その概念的な指標を示すものであること、そして義なるものおよびそれへの期待という問いがそれらを貫いていることを思い起こしておこう。ここでわれわれが関わっているのは、法廷からティクーン的修復まで、絶望や失望からメシア的な到来まで、多様な関係が現働化する多かれ少なかれ連続的な運動である。つまり、基軸となる徳からなる正方形のようなはっきりした形態をとることはできず、むしろ、法律の枠内にあるものを流動化させるような運動である。

義的なものは、法的なものに対する事後として、すなわち、法的に備えられた法の外部として現れる。ヘブライ的な義的なものは、エピエイケイア、つまりアリストテレスのいう衡平に完全になぞらえることができる。同様に、法的なものも、「法的正義」になぞらえることができる。それらの内容は同一とは言わないまでも類似している。義的なもの‐衡平は、法律ないし法的なものを「改善する」。「衡平性の本性そのものは、法を修正する点にある」。衡平性は、法に対し、立法者が予見できなかった規定を付け加える。アリストテレスによれば、「もし立法者がいたならば」、法的措置の総体がもたらす誤謬を彼自身で修正しただろう。衡平性の生きた現在によって過去の法が廃棄され、現在性が取り戻されることで、義なるものは書かれた法を修正することができる。書かれた規則が停止させようとしていた未規定なものを時間が再生し、法を衡平なかたちで再規定することをたえず求めるのである。衡平性によって、法は、レスボス島の建築家たちが用いていた有名な「鉛の規則」のように働くことができる。つまり「硬直化せずに石のかたちをとることができる規則」である[24]。ヘブライ的な義的なものもまた、法的なものが、法の裁きの対象となりうるような再配分的な審級をもっている。それが露わにし、考えさせてくれること、それは、裁きは裁きのなかでは、その厳正な言明のなかでは完成しないということだ。実際、裁きは一連の二次的な効果を生み出す。もちろん、それらの効果を無視することもできるし、規則は、あれこれの状況や顔の特異な様相を「受け取る」必要はないと考えることもできる。しかし、そうなれば、法的決断の純粋な現象性で満足してしまいかねない。さらに、義的なものは裁きを行う者の決断に対してメシア的時間性をあらためて提示することをその効果としているが、この場合には、こうしたメシア的時間性を視野から逃しかねないだろう。しかし、われわれが義的なものと呼んでいるヘブライ的な衡平性は、アリストテレスにおけるその同等物になぞらえられるとはいえ、尺度をふたたび見いだすことで合理的な均衡を図るというその厳密な機能をはみ出ている。アリストテレスの道徳はそれだけで自足するように見える。だからこそ、通常、人はそれを功利主義的とか幸福主義的と形容するわけだ。ここでは、たとえば『ニコマコス倫理学』第一〇巻を読むと見いだすことができるような逆説や矛盾には深入りしないようにしよう。また、自分自身を思考するという、思考を模した観想が場合によってもたらしかねない緊張関係にも深入りしないようにしよう。それでもやはり、アリストテレスの枠組みにおいては、幸福な人間とは、みずからの道徳的な能力を調和的に増進させ、そうすることで、都市国家においてこうした能力を十全に発揮できる者である。正義が「他人に対する［…］完全な徳」であるのは、この「他人に対する」が直接行使されるのは、公的任務の責任のもと、「市民の共同体」のもとでだからである。(25) 政治的な利害および市民的主体の利害こそが、傾向的には共同体の幸福においてふさわしいとされているのである。

義的なものは別の前提にもとづいている。この前提は、言わば政治的関係それ自身およびその土台となる社会的紐帯についてのある種の考え方を、みずからに内属した未規定性に従って貫くものである。これを無限の横断としての超過という言わばパスカル的な考えによって説明することもできる。すなわち、つねに法を「横断」する法、正義を「横断」する正義、民主主義を「横断」する民主主義があるという考えだ。隔たりとは、約束されたものとそこで計測されているもののあいだ、成就するものと、成就したものから失われてゆくもののあいだの開けのことである。隔たりが示しているのは、法的なもの、義的なもの、共感的なもの、恩寵的なものという四つの系列のなかに走り書きされている、無限の横断というメシア的な運動の母型そのものであり、明日に向けられた慈愛によって継続的に隙間が生み出されるということなのである。

ここでわれわれは、レヴィナスが倫理および《正義》の関係を——彼がそこに込める明確な意味のもとで——練り上げるとき、彼に多大な着想を与えたタルムードの源泉を思い起こすことができる。タルムードのテクストには、トーラーの二つの矛盾した節について論争する賢者たちがいる。(26) これらの節のうちの第一では、「みずからの顔を向けない」神に言及がされているが、他方の節では、神が「みずからの顔を向ける」とされている。ラビの一人は、ここで問題となっている二重性を裁きの時間性に関係づけ、こう結論づけている。最初の確言は「判決の前」に適用されるものとして、第二の確言は「判決の後」に適用されるものとして理解しなければならない。あらゆる法的な前に対し、義的な後がなければならない。一方が他方のなかを横断しなければならず、両者ともが必要だ、ということである。そして、さらに多くの横断の流れによって、両者の各々がみずからの存在の彼方へと連れて行かれるというわけである。裁判を受ける者は、その人格において検討されるのではない。その特異性のもとで見つめられたり、その声、その嘆願を聞き届けられるのではない。というのも、そうなってしまえば、万人にとって平等な正義がなくなるからだ。ディンの意味はここにある。規則の普遍性がもたらす全般的な比較可能性のなかに入ることを拒否してしまえば、対面関係の暴力、その無媒介性ないし絶対性の危険に陥ることになる。柔和な道徳はどれも、アトム化という危険な無秩序状態に晒されているのだ。だからこそ、神が顔を見ない法的な契機が必要となるわけだ。しかしながら、判決の前および最中に要請されるこの必要性の彼方に、裁かれる主体が、裁きによって廃されたみずからの特異性を取り戻すこともまた必要である。判決の後は、一時的に人間関係の全体性への凝結として示されたあらゆるものを脱客体化しなければならないのである。「顔を向ける」が示しているのは、このような脱物象化の事後性である。こうして、タルムードの議論が、アリストテレス主義とは非常に異なる領域および様態で政治的なものの問いを展開するのにどれほど役立つかが見てとれるだろう。急ぎ足で述べるならば、アリストテレス主義は、政治を倫理の自然的な補完物と捉え、正義（ディケー）をまさしく両者の一致ないし接合——まさしくハイデガーがアナクシマンドロスの断章一について行っている注釈で与えている意味での——と捉えている。倫理と政治とが一致すべきであるという考え、さらに不正義（アディキア）が両者の「離接」にいくらか関わっているという考えは、ディンに関して見たように、タルムードの知恵にとっては首尾一貫しないどころではないのである。

ちなみに、レヴィナスの解釈にもとづくと、「ニッダー篇」の一節が、間人間的社会をやはり離接するかたちで正義の努力の領域全体の構造をなしている二つの限界点を指し示していると考えることができる。一方では、隣人との関係の無媒介性、あらゆる第三者を犠牲にして私のほうを向く唯一の顔にあてられた特権、複数の特異な者たちのあらゆるかたちの交換可能性の否定、あらゆるディンを免れていること——これらは、しばしば政治的な規制が不在の場合に行き着きかねない、喰うか喰われるかのおそるべき危険に開かれている。他方では、前も後もない裁きの支配、間隙や介入のない、法的‐政治的なものの一般等価物のみによって支えられた比較考量の支配は、人間的主体が政治的なものの実体を単に支えるだけの存在として取り扱われるおそれや、冷徹な猛獣のなかでも最も冷徹なものである匿名的暴力を浮かびあがらせるおそれを潜在的に含んでいるだろう。だが、これら二つの禁止区域のあいだで、法的なものと義的なものが危険なく働き、共感的なものや恩寵的なものに平和的に道を譲ることのできるような、善き社会性の領域を正確に切り取ることはできない。先に述べたように、この未規定性は、存在にさまざまな可能性を与えつつも不確定性を突きつけるような、〈かもしれない（ウーライ）〉についての政治思想をもたらすからである。メシアニズムの「誰が知っているのか」とは、必然性についての運命論や、身を引いた無関心の表現ではまったくないということを思い起こしておこう。それが意味するのは逆に、創造をなしとげる（ラアソット）べしという神の命令に人間の体制のもとで呼応した〈世界を為すこと〉であり、歴史の試練ゆえに課される制度的な形式のもとでそれが安定化することが困難だということである。ローゼンツヴァイクの言う政治的な為すことの命令は、仮説的－実践的な〈あたかも〉によって突き動かされていると同時に、みずからの領域を実践的に自己限定するものであるため、一種の全般的な定式化をもたらしてくれる。このような二重の制約は、今日についてのメシア的な規定不可能性に密接に由来しているが、レヴィナスにおいて、衝突し合う二つの原理がレトリックとして再起する際にも同じように表れる。「正義とともに私はなにを為すべきか」は、他性を宙づりにする判決のもつ、顔を剝奪するような非人間的な制約に従属しないことを意味している。しかし、それにつねに付随する「正義が必要だ」という叫びが繰り返される。それによって、普遍性と妥協する義務に向かう倫理的な性急さ、つまりみずからを耐え忍ぶことに向かう性急さが思い起こされるのである。[27]

こうした想起は、同時にまた、そしていっそう多くの場合には、逆向きに働くこともある。法的なものの彼岸の義的なものは、法的なものの原理を示しているのであって（というのも、それは～においてと者が言うように、法にもとづく裁きが場合によってはもたらしうる倒錯した効果を埋め合わせることのできる行為を含んでいる。ツェダカという義的な贈与による一時的な修復の行為が、そこに直接規定され〔内部に〕もあるからだ）、それを尊重することは、一介の判決にはとどまらない。ツェデクは、社会学されている様態である。聖書は、このツェダカが「死から救う」（「箴言」一〇章二節）と述べている。実際、ツェダカは死にゆくものに対し生き生きとしたものを再興する。しかも、単に不正に対してばかりでなく、法の厳格さや慈愛の顕示に対してもである。われわれは大胆にもツェダカを「適切性〔justesse〕」と訳すことができるかもしれない。というのも、それがめざしているのは、厳密な意味での義的な実践に、正しい〔juste〕振る舞いを付加することだからだ。たとえば、貧者に対して物乞いの屈辱的な不快感を味わわせないという場合のように、義的な実践が固定化したり危険に晒されたりしないようもろもろの挙措を調整することだ。

われわれの四つの断片（法的なもの、義的なもの、共感的なもの、恩寵的なもの）の横断や相互連関のダイナミズムを統べているのは、間断なき修復という原理である。修復が効力を及ぼすのは、正義が否認されている場合や、法が損なわれている場合だけではない。実際、法的－政治的なものは、それ自体がすでに修復という側面をもっている。しかし、この第一の修復は、それが無視していたかもしれないもの、あるいは多かれ少なかれ意図せずに生み出していたかもしれないものについてさらに修復されなければならない。修復によって、義なるものが要請するさまざまな実践がふたたび結びつくが、この修復は、隔たりをそれなりのかたちで埋めつつも、隔たりを抹消することはできない。いくつもの残りのものを残すからだ。修復は、事物、人間、世界に対する終局なき、瞬間的な活動のティクーン的な運動のうちに刻まれているのだ。来たるべき義なるものの要請によって惹起される行為や振る舞いは、どんなにメシア的なものでなかろうと、今日のメシア的な再開を始める。将来の嘆願も、現在に向けなければならない。こうして時間と義なるものは、緊密なかたちで性質を共にする関係にある。しかもこのことは、現在に従っても、あるいは未来に従っても、そうである。

前者のように現在に従うと、万物が生まれ死ぬ場である時間は、結局正義をもたらし、不義のものを修復するような普遍的な補償の原理となる。その特記すべき象徴が天秤である。この形象のもとでは、かつて分割されたものの合一（ディケー）が認められ、承認される。正義は、上昇ないし下降という行程をたどり、最終的に、一つの象徴的な知ないし表象として示される。このように、現在を起点にして義的な時間を理解した場合、先に法的なものが固定化する可能性について見たように、正義がなされるのが一度きりであって、現在の対象に釘づけになってしまい、その純粋な反復可能性に対して制限がかけられるというおそれが残る。

恩寵ないし無償の愛（ヘセド）という概念は、時間と正義が、世界と今日の結びつきを保ちつつ、いまだないものという未来に従ってたがいに相関しうるのはいかにしてかを示す。恩寵的なものは、しばしばほとんど区別できないほど共感と近しいが、とはいえいっそう繊細であって、機能の点では、裁きの閉塞的な狭隘さを解除することや、永遠に顔を見つめることのうちにとどまりえたものを拡張することにはそれほど結びついていない。共感的なものは、法の近くで法の彼方にあり、法を内部から拡張する。恩寵的なものも、そこに宿っている、あるいは宿らなければならないのだが、それは、固有の意味での救済に関わっている。あるいは少なくとも、そこで告げられるものに関わっている。すなわち、恩寵的なものは判決の後よりも遠くに赴くのだ。伝統は明白に、恩寵的なものを、世界そのものへと、その内的な歴史へと結びつけている。到来し、世界を横断し「つねに」「永遠に」「世界のためにとこしえに」世界に働きかけるものへと、である(28)――このレオラム〔とこしえに〕が、メシア的襞に含まれる高度に症候的な知性に従って、世界の意味と永遠性の意味とを結びつけている。「とこしえに（レオラム）愛（ヘセド）が備えられ」と「詩篇」（八九章三節）に読むことができる。この表現のもとで理解しなければならないのは、世界をその深奥において支えているのは、世界の充満に穴を穿ち、こうして世界を開かれた世界としてふたたび維持しようとする無償の贈与によってにほかならないということである。充満した存在のなかでひとり解放されている他性のみが待望を可能にする。この宙づりのみが、時間そのものが時間化することを保証するのである。恩寵的なもの、世界の〈つねに〉は、間人間的関係に息吹を吹き込む一方で、経済的正義、力動的な再配分、共感的な社会的連帯といった状況を超過する。それは、無償性、贈与、贈与の贈与の純粋な意味として、「不在や消失、あらゆる対象が隠れ去る状況を統べることができるという唯一の徳」なのかもしれない。(29) 厳密な意味での正義は、それを必要とする者、それを要請する困窮者を宛先とし、アリストテレスの言うように、合法的なものと平等なものの一致を生み出すこと、つまり、全体と部分に関して均衡をもたらすことをめざしている。これに対し、恩寵的なものがめざすのは、あらゆる人間であり、各人におけるあらゆる人間性である。したがってそれは、アリストテレス的なものであれ（ディンに関して）ラビ的なものであれ、「釣り合い」、つまり義的な関係の平等性を免れている。ツェデクないしラハマヌートは、法的なものを前と後のあいだに置き、そうすることで時間の移行の印を刻み込むが、ヘセドのほうは、義なるものの組成の全体を、永遠性という時間性の様態のうちに組み込む。ここでの永遠性とは、「世界のためにとこしえに」である。すなわち、この時間がこれまで展開してきた直線性を免れ、世界がみずからの歴史性を免れつつ、とはいえみずからの内部にあるという、そうした断層である。この無償の贈与の痕跡こそ、「詩篇」一三六章がヘセドという語を二六回繰り返して発音するときに反復しているものである。この語は、二六回〈とこしえに〉ないし〈世界のために〉に結びつけられている。「というのも、愛はとこしえに」が旋律のように語っているのは以下のことである。恩寵的なものは、みずからの源泉ないしモデルを神自身のうちにもつのならば、(30)その理由ゆえに、間人間関係のうちでみずからを活性化させねばならない、ということだ。恩寵的なもののみがこの間人間関係を構成することができるからだ。だからこそ問題は、贈与の贈与、つまり、代償なき、見返りなき提示なのである。それは、人間的なものの力動的なエコノミーの一貫性を唯一可能にし、その無化の中心ないし目となる、ほとんど虚無のようなもの、穴である。というのも、それこそが、このエコノミーの閉塞解除を可能にするからだ。

実際、これまで手短に言及してきた伝統が示しているように、無償性は、逆説的にも、間人間関係に対してだけでなく、全面的に他人へと開かれている未来に対しても必要な前提条件として現れる。人間的なものが場をもつのは隔たりを生み出すことにおいてであるが、レヴィナスの「〔正義が〕必要だ」はまさしくその不完全性、無という性格を言いあてている。無償のものは、前提にされたなんらかの真理や、保持すべき人間的本質などの名のもとに、私になにかを求めることはしない。あるいはいずれにしてもそれだけを求めるわけではない。そうではなく、〈とこしえに〉、〈世界のために〉、他人のために「必要だ」と私に要請する。人間的なるものの場は、分節化を欠いた、非合致の、隔たりの非‐場所であり、そこを、主題化と離脱、構成と宙づり、連続性と中断といった、外延を共にするが合致することのないさまざまな流れが通り過ぎるのである。思想としてのメシアニズムは、そこに含まれている約束と同様に、この裂開それ自体、その持続的な執拗さを表している。この点においてこそ、メシアニズムは、現代哲学をいまなお構成する一つの伝統にそれなりの仕方で合流するものとなるだろう。

人が突き止めることができたと考えているように、哲学的近代が根をおろしているのは実は合理性のユートピア主義のうちなのだとすれば、その理由は、根底的には、それを構成する意味が優位のものとされてきたことにある。哲学的近代は、この意味の起源を問うこともできただろうし、意味が創設する前提条件へと反省的に向き直ることもできただろう。さらには、最も明白なものだけを挙げるならば、フッサールの地平やハイデガーの世界など、さまざまな呼び名で呼ばれているこの前提条件を主題化することもできただろう。しかし、現在、哲学は、意味の端的な廃絶に直面している。無意味や転覆にではなく、まさしく消失、深淵、眩惑にである。もしかすると、哲学は、存在するものの現在に尺度を合わせみずからを調整するようかくも長いあいだ努めてきたのちに、純粋な不在に魅了されているかのようにそこにみずからの身を定めているのかもしれない。いずれにしても、哲学は、もはやみずからが把握できないものを迎え入れようとしている。ハイデガーの無[31]、出会い、出来事、他性、外部性などがそれである。ところで、襞、隔たり、残りのものをめぐって構造化されているメシア的思想は、このような把握しえないものの迎接を記憶しえないかたちで語る古い伝統の根源的な跳躍をふたたび捉え、ふたたび生み出すものなのである。メシア的思想は、この伝統のさまざまなモチーフを哲学のそれと交差させる。両者が示す歴史的なカーブは合致するわけではないが、もはや少なくとも相対立はしないように思われる。実際、現代の哲学の契機を特徴づけるものは、もはや単に哲学の限界を定めるものを受け入れることだけではなく、哲学に外部から襲いかかり、哲学を否定し、さらにはそれを大いに揺り動かし破壊させてしまいかねないものをも受け入れるべきかどうかという、恒常的な関心だろう。ただし逆に、哲学が、形而上学の大きなカテゴリーから身を引き離しつつ、特異な思想の形成や、さらには、意味を新たに特徴づける存在論的な形象のほうへとかろうじて進んでいこうとするならば話は別だろう。その場合、哲学は、みずからが消え去ることなしには提起することができないような一群の問いの練り上げを企てることになるかもしれない。それはたとえば、ローゼンツヴァイクが、すべての哲学の体系が終わったかに見える形而上学の完成地点から『救済の星』を始めるときに企てていたものである。いくらかの現代哲学が注力しているのもこの領域、闖入の無人地帯《ノーマンズランド》である。その仕方はあまりにも多様であって、それらを一つの旗のもとに集めることはほとんど可能ではない。差異それ自体を旗印にしたとしても可能ではないだろう。これまでいくつかの特徴を抽出してきたメシア的なものによって、現代哲学の努力がみずからの支えとする立脚点が描かれるのは、とりわけそれが外部性の立場（ユダヤ的伝統）を打ち立てるがゆえである。同時に、メシア的なものは、その一切を知らず、また認識しようともしない思想の失神のもとで、こうした外部性の立場の内的なつながりや固有の指標に気づかせてくれる。全体に対しては外部であるが自己に対しては内部、交互にかつ同時に内部であり外部、秘められた住居の境界での往来、もしかすると、このようなものが、「近代的伝統」に属するさまざまの哲学のメシア的な表徴かもしれない(32)。

無と同一性――律法と業

ヘセドは不在の特徴である。あらゆる裁き〔判断〕、あらゆる評価は、正義がなされ、無償の迎接がふたたび始まるやいなや、その実質をなしている堅固さから解放されるだろう。あたかも、それらの時間は、数ある時間のうちの一つ、法が通過するための時間にすぎなかったかのようにである。しかし、この前段階における不在が可能なのは、後の段階によってのみ、言わば不在が前もって与えられていることによってのみである。苦しみの現実や悲痛の真理に応答しようにもそれらを吟味すべき者が誰もいないのは、この応答——根底的には恩寵的なものはここに存する——が、呼びかけに、あらゆる呼びかけに構造的に先立っているためである。無論、だからといってそのあとに確認や、計測や、合意がなされないわけではない。周知のように、恩寵的なものは、ユダヤの伝統が「出エジプト記」(二四章三節ないし七節)にさかのぼるとする教えの一つと関係している。すなわち、「聴く前に行為せよ」(ナアセ・ヴェニシュマ)である。これは、あらゆる知恵に先立つ、為すことの優位、その切迫性、必要性を述べたものである。たとえば、『ピルケ・アヴォート』(三章一七節)は逐語的に、「知恵のほうが行為よりも大きな」者、すなわち枝は多いがしっかり根づいていない木に似た哲学者と、「行為のほうが知恵よりもいっそう多い」者、すなわちヘセドを厳粛かつ堅固に実践する者とを比較している。現代思想は、このような伝統における「探究」に先立つべき「行為」(一章一七節)についての省察とは一切連続していないが、それなりの仕方でそれを引き継いでいるように見える。ブランショは、掟、法、法的なもののあとに来るものが、どうしていつも思いもかけず前にあったものでなければならないのか、どうしてその現実化をあらかじめ条件づけその行使を「メシア化」するものでなければならないのかを示すために、まさしく「《掟》につねに先立つ《掟》の適用」に言及する術を心得ていた(33)。《掟》につねに先立つ《掟》は、教えや「探究」を攪乱し、その優位を転覆しかねない。カント的な道徳哲学の身振りに従って人間がみずからに与える《掟=法則》は、こうして、あらゆる掟に先立って受け取られた「掟」に対する、秘められてはいるが力強く衰えることのない関係を保っているのだ。このような贈与する権能それ自体の贈与ゆえに、人間は、抑えがたい遺棄状態に居合わせるよう強いられる。「為すこと」の即座の緊急性が「了解＝聴くこと〔entente〕」の時間性に先立って課せられる状況において、人間は、いかなる「義務」のうちにも規則が書かれていないような行為、介入、応答を生み出さなければならないのだ。《掟》の石板は法外なものの言語で刻まれている――『ユリシーズ』のなかで、J‐F・テイラーはJ・J・オモロイにこう説明している。つまり、石板に先立って、信も掟もない奉献的な恩寵がある、あらゆる契約に先行する超過した贈与があるということだ。あたかも《掟＝律法》の非偶像的な受け入れの素地をなしていたのが「頑固さ〔nuque raide〕」[21]であったかのように、あたかも、あらゆる法規が身を晒すべき最も約束を含んだリスク、ないし最もリスクのある――しかし最も肥沃な――約束をなしていたのが反抗であったかのようにである。義務や戒律のかたちで法律を構造化することは、このように、主体性の「自然状態」にもとづいているのかもしれない。法的構造化は、「自然状態」の昇華や象徴形式化ではなく、むしろ、いずれにしても必要とされる停止〔arrêt〕である。この停止は、その可能性の条件（前段階の条件）であると同時に、不可能性の条件（自分自身ではなにもなしえないから）であるような、前‐根源的な運動の記憶をとどめたものである。さらに、共感による法の修正には、語源が示す影のように明日が付きまとっているが〔第五章注17を参照〕、これは、法による停止〔法的判決〕が、単に、全般的な循環――義なるものが連続的に実行化するための増幅――を一度だけ停止するわけではないことを示している。停止は、時間の論理的な持続のなかに、切り込みや溝をもたらす。こうしたものがなければ正義の実践も妥協を孕むものとなるだろう。だが、もろもろの明日があることで、停止によって裁断されたものが繰り返され、修復される。もろもろの明日は、カオス的に散在した世界の欠片のティクーン的な集め合わせのなかに、法を置き直すのである。恩寵的な明日は、共感的な彼岸のさらに彼岸へといたる。それがめざすのは、主体が、自分は決してそれと同時代的にはなれないと悟れるような、そうした未来なのである。

多くの点で、ヘセドは、このように主体がみずからの時間へ見返りなく参与すること、つまりレヴィナスが「業〔œuvre〕」と呼ぶ無償性に対応している(34)。待望の外部にある時間のために、射程の外にある事物のために行為するという配慮、みずからの行為の帰結が現れる現在に居合わせることの断念、まさしく恩寵ないし高邁である。言いかえれば、忍耐し耐久するかたちで未来へと開かれるような、時間との関係である。というのも、そうした時間との関係は、未来が単に現前することではまったくない。逆に、それは、時間の絶対性、つまり、私は自分の生すらも未来に捧げられるにもかかわらず、私はこの未来には決して存在することはないという時間の絶対性だからである。このような恩寵的な高邁においては、メシア的時間は、瞬間の性急さにいたるまで宙づりにし、無為となった現在の必然的な忘恩へと身を委ねてしまうようにも思われる。レヴィナスの語を用いるならば、このような恩寵的な「見方」は、終わりなき今日の陰鬱な地平性のなかでどのような業を為すかを見張っている預言者的な「見張り番」の「監視」に結びつけられており(35)、予見はするが見ることはしない。タルムードの格言(「彼は来るがなにも見ない」)のいささか狂気じみた性急さや、時間のメシア的なつきまといにとって代わるのは、みずからが居合わせることなき到来の時間のために業を為す物憂げな信頼である。ヘセドは時間のすみずみを通過する。あるいはむしろ、時間に貫かれながら、時間をその繁殖性へとさらけ出す。このような、高邁さという意味を帯びた懐胎が、時間そのものである。あらゆる現在の忘恩は、その薄暗い裏側や苦痛に満ちた対立物ではない。というのは、無償性は贈与の瞬間を忘れることはせず、それを、それにふさわしい忍耐の状態に戻し、つまり、あらゆる補償を忘却した状態に戻し、この瞬間それ自体をみずからの贈与の権能に晒し、この瞬間の全体をメシア的明日の欠如なき他性へとつなぎとめるからである。

業を為すことの時間、あるいは贈与することの時間とは、自己への回帰なき時間、相互性の円環なき時間である。実際、贈与がありうるとすれば、あらゆる再我有化のプロセスが根底的に中断される場合のみ、すなわち他者を経由することで自己が自己へと復元されることがなくなり、自己を失った身代わりにいたる場合のみである。再我有化ないし復元は、贈与を負債とその完済というモデルで通常考えるようなシステムの論理を形成する。デリダはこれを「エコノミー」と呼んでいるが、この所有の法によれば、どれほど遠ざかっても究極的には我が家へと戻って来ることになるし、どのような不在も、その当初の異質性を我有化し飼いならす現在の秩序を呼び求めることになる。したがって、「エコノミー」においての贈与を検討することができるのは、贈与者に遅れて戻っていく対抗贈与という様相においてのみである。言いかえれば、贈与ではなく交換という時間の様相においてのみである。この場合には、贈与が現れ、現示され、現象化することが可能だし、またそこに戻ってくるものを予期させることも可能だろう。「これに対して」業の時間としての贈与の時間によって、贈与は、「贈与する審級には回帰しない」よう[36]、「私の時間のあとの時間のためにある」よう定められる[37]。このような他なるものの時間の忍耐として約束の地へと入ることなく行為することは、つまり、贈与でありうるために、贈与の記憶が消去されることを要請することになる。現象学的ないし存在論的な時間化の動きのなかで新たに再現前化されるのであれば話は別だろう。贈与を想起すること、その補償を予見すること、それは、固有のもの、自己、同の現在の現前のなかにそれをふたたび書き込むことだからだ。〔これに対して〕現在の通時性には還元しえない時間の次元、離接し襞となった時間、メシア的な隔時性のみが、業ないし贈与の恩寵的なものとともに絶頂を迎える超過としての正義を考えることを可能にする。すなわち、無歴史的な形式的構造ではなく、あらゆる全体性やあらゆる現前が解体され、開かれや隔たりを生み出す運動としての「脱構築不可能なもの」だ。ここでもまた、いかにして倫理的な考察が、時間に向けられた問い、主体の主体化の時間性の様態として生じるのか、さらに、いかにして時間のメシア性が、それらの結合を指し示すかを見ることができるだろう。

そのことについて考えさせてくれるのが、ひとまとまりの三つの問いのかたちで発せられた老ヒレルの有名な言葉だ。「もし私が私でなければ、誰が私となるのか。もし私が私のためだけの者であれば、私とはなにか。もし今でなければ、いつか(38)」。この三重の反響を通じて、波が間断なく相次いで生じつつ、とはいえますます混沌とし恐ろしさを増すように、厳格な法から私なき明日という時間性への恩寵的な開かれへといたる動きが凝縮して反復されている。自己への配慮は、裁きに依拠することで保証され、判決を言い渡されることで制裁を受けるが、――脱中心化ないし位置ずらしゆえに主体が失われる代価があるとはいえ――メシア的な時間性の倫理的ユートピアまでいたりうるのである。この格言は、回文のように、どの方向からでも読むことができる。

第一の読解はこうである。知恵の始まりは、自己とともに、自己によって始まる。実際、私がまず私自身を担うことがなければ、誰も私の代わりに私を担ってくれるものはいないだろう。しかし、こうして構成されたこのはじまりは、目的に変質しかねない。つまり、自分自身において自分のはじまりを雄々しく引き受ける主体性の単なる自己定立に変質してしまいかねない。第一の問いをこのように理解すると、続く問いの可能性が塞がれてしまい、「誰も引き返すことのない道」（ミショー）にしか関わりがなくなってしまう。それゆえ、この第一の問いの場そのものから道を引き返し、この第一の明証よりももっと上に遡らなければならないのである。それこそが、ヒレルのほかの二つの問いが為そうと努めていることである。これら二つの問いは、第一の問いを即座に不安がらせ、そして相互に脆くなり、特異なぼかし効果を生み出すにまでいたる。私が動き出し、もはやみずからの実体的な相貌のもとでは固定しえなくなる。ちなみに、ヘブライ語は、私（アニ）のもう一つの面、その鏡像的な反映ないし逆向きのイメージが無（アイン）だということを喚起してくれる。あらゆる道は、私から発し私へといたるが、そこでは、贈与の無償のエネルギーはなにによっても汲み尽くされることはない。ただ、無という裏面のみが、私に対しさらなる配慮を割り当てる。無は、主体的同一性によって我有化されえないものを保存し、私の自己に対する安心した合致が不可能だと揺さぶりをかけ、こうして私を時間と他性のあらゆる「冒険《アヴァンチュール》」へと晒す。賢者の三つの問いが相次いで発せられているように見えるのは見かけのことにすぎないのである。実際、もし私が私自身から、私自身において始まるのならば、もし私の存在の原理が私の顕現と創設的に一致するのならば、私がなおも応答しうるというのは確かなのか。もろもろの現在が分節化されつつ単に継起するのとは異なる時間の様相が、レヴィナスの言葉では異なる「筋立て」が呼び求められなければならないのではないか。

ヒレルの三つ目の問いにおける「今」は、このことを切迫さによって示している。これによって、

「今」は、二つ目の問い――もしかするとすでに一つ目の問いもそうかもしれない――が問題含みのものとしていた〈自己への存在〉を巻き込むのだ。不意に語り出すように見える緊急さないし急き立てが、発言の現在そのものを脅かす。この「今」の時間は、こうして、精神のあらゆる現在を予防し、行為がその本質のもとで捉え返されないようにする。それは、表象、主題、場所の現在よりもいっそう古く、それよりもいっそう遠いところから到来する。それが「いつ?」に先立つのは、まさしく、瞬間において為すことが問いにおける了解〔聴くこと〕に先立つのと同じかたちである。それについて語りうるのは事後的にのみ、つまり一度応答が起こってから、それについての一般的な概念をもたらしうる反省的判断の枠組みにそうした介入が置き直されてからのみである。あらゆる現在を超越したヒレルの「今」が示すのは、みずからのもとで始まることが決してなく、みずからの起源にも決して回帰しないような――このような起源は時間の時間化のなかで取り戻されることになるだろう――時間性である。実体的に基礎づけられ統合された主体なき時間性、主体的自己同一性なき時間性である。「〜でなければいつ?」――主体なきこの時間の脱形式化は、時間の無際限化でもある。言いかえれば、それは、私に固有のイニシアチブや特定の目的に向かう運動という観念と手を切るよう、「業」ないし「贈与」を主体性の「非‐場所」として取り戻すよう強いるのである(39)。このように、件の格言の三つの連なりを逆向きに読むならば、場所の喪失、時間の通時性の喪失を起点にして、それが提示する私についての思考が開かれる。もし即座でなければ「いつか?·」。なんらかの直接性を選択したり引き受けたりすることにすら先立っており、それに応答したとしても〈すでに遅すぎる〉――三つの問いが衝突する組み合わせのうちで響いているのはこれである。実のところ、ヒレルが示唆しているのは、もしそれが私という自己同一性なき、「自己の内部への集中」（ルソー）なき私でないのであれば、(40) それは誰かということなのだ。発言されたことの論理的な継起が解体され、主体の「脱集中化」が生じてくると、自己についてしか責任を担わず、場合によってその後で他人にも責任を担ったり他人に応答したりすることは、ますますありそうもないこととなる。「生者」が「死」に先立つように、分割できない存在（私＝私）の核のもとに自己同一的に再集中化することにつねに先行するかたちで、倫理的－主体的脱中心化があるということだ。

主体的経験のためにとり置かれている本質はどこにもない。主体は、それを主体化する脱主体化の動きのなかに置かれており、それをどこかおあつらえ向きのところで構成してくれる同一化のプロセスをたえず脱全体化する。ここでもなおレヴィナス的な語彙群にとどまるならば、それは最初から「倫理的」主体なのである。先に見た、法や法的なものから義的なものや共感的なものを経て純粋に恩寵的なものへといたるメシア的なダイナミズムを特徴づける四つ組の構造が可能なのは、この主体性の倫理的構造が、その最も内奥の、最も抑えがたい秘密に到達しているかぎりにおいてである。正義を行使する各々の次元はみずからの彼方に向かうものとして超過の運動をもっているが、それが意味や実効性をもちうるのは、自分自身も超過されている主体にとってのみなのである。この主体が核出されており、みずからの義務を決して完遂することができないのは、この義務が、総称的な共通性の次元への帰属を差配するような、自己同一性の核の周りにくっついた皮とは異なるものだからである。実際、義務は、理性法則へ従属した意志に由来するのではない。主体は単に、法と義務からなる一般等価物の体系のなかで、ほかの多くのもののうちの一つとしてあるのではない。主体はつねに、「私は義的であればあるほど、厳格に裁かれる」、「私は義的であればあるほど、罪を負う」という倫理的–タルムード的なせり上げに捉われており、ほかのあらゆるものとはいささか異なり、みずからの「集中」から隔たっている。みずからを義なるもの、決定的に義なるものとみなす者は誰であれ、結局のところ責任のうちで自己と再会することになるだろう。《義なるもの》は休止も休息も知ることはない。法の実定性ないし自律の存在論的な立ち位置のもとで停止させられれば、それはもはや義なるものではなくなるのである。

時間の襞が主体性の隔たりないし超過を規定し、それを残りのものへと、〈世界を為すこと〉へと結びつける。[41] このメシア的な流れは、各々の瞬間に、たとえ「厳格に裁かれる」ことになろうとも、《義なるもの》が世界にもたらされることを求めるのである。

エピローグ

メシア的言葉

どうして結論として言語について触れるのか。そうしてしまえば、ふさわしい一貫性に従って義なるものについてのメシア的な考察にいたった議論の筋が不意に断ち切られてしまわないか。こうした問いに応答するにあたって、時間の襞こそが言語のメシア性を要請すると言っておこう。あるいはソシュールが用いたまったく別の用語で言いかえるならば、恣意性および無動機性を要請すると言っておこう。「言語がある」のは、われわれの時間性が、自己および自己自身の志向に対する非合致によって構造化されているからだ、と言うこともできるかもしれない。こうした自己の欠如は、言葉を用いることで、自己現前に対置され、私における場所なき真理――私による把握や統御を原理としないという意味で――を指し示す。このような真理が言語の真理なのだが、それは、超越論的な地位をもたないのである。

われわれがなにかを語るのは、この非合致についてなにかを修復するためにほかならない。語句が事物の直接的で自然的な記号であれば、こうした事物の物質的な性質に正確に対応することも即座に実現できたかもしれない。事物の産出と外延を同じくするような言語行為[1]の増殖があったとしても、そうしたものは、隔たりなき、残りのものなき、つねに自分自身と合致した魔法の操作だろう――ここで合致は、言語の最後の語句を、つまり沈黙した言葉を意味するだろう。そうなれば、いかなる言語ももはや語られる必要はなくなるだろう。これに対し、言葉はたえず語られ、われわれがそうであるところの語る主体は、この言葉の趨性のただなかに居合わせ、語ることでこの発話を修復しなければならず、そのほかはなにもできずにいる。ローゼンツヴァイクが言うように、言語が実存のオルガノンであるのは、実存のメシア的オルガノンとしてにほかならない。それがみずから語るのは、現存する言語――非自然的に、また多様に存在するような言語――のなかに、来たるべき言語を到来させるためにほかならないのである。マラルメの『詩の危機』の有名な一節、さらにマラルメの弁証法がそこで産み出した転回を思い出そう。「複数であるという点で不完全な言語には、至高のものが欠けている」[2]。つまり、不完全性はバベルに端を発し、言語の複数性と内実を同じくしている。したがってそれは「欠如」を含んでいるが、それ自身のなかからこの欠如への対処をもたらそうとする。マラルメにとって、それが「詩」である。「言語の欠落の埋め合わせを哲学的にする」詩である[3]。欠落とは、贖いの機会であり、贖い、「埋め合わせ」とは、欠落についての計り知れない言語的僥倖《チャンス》、「至高のもの」である。この意味で、マラルメの詩学は、「救済の象徴的な操作」とも言えるだろう[4]。

『救済の星』は、もちろん「詩」には程遠く、むしろそれのはるか彼方にあるが、言語について明確な規定を提案している。それによって、同様の「操作」のモデルにもとづいた、言語の全体として特異な務めを把握することができる。ある長い節で[5]、言語は、あれこれのさまざまな「状態」の分節化に従って折り畳まれたものとして提示されており、瞬間化および将来の実践として捉えられている。言語は「結びつけると同時に分割する」。言いかえれば、言語は、みずからが隔たりを生み出していることを告げながら隔たりを生み出す。そして隔たりを指示しつつ、あらゆる言語的な交換から残るものを指示する。言葉の再開はすべてこの残りのものに由来するのである。言語は決して充足しないが、このみずからの不充足を語ることができるし、またそうすることに役立つ。言語は隔たりの二つの端を結びつけることで、きわめてギリシア的であると同時にタルムード的な特徴づけに従い、あらゆる人間を例外なく言葉を話す動物ないし「生きもの」とするのである。しかし他方で、言語は、語るやいなや分割をする。しかも実際の言語の特殊性や語る各々の主体の特殊性においてこの結びつきを語る場合であってもそうだ。つまり、言語は、みずからのコミュニケーション的機能を超過する能力を有しているのである。この超過は、言語の可能性の条件ですらある。言語はたえずみずからを超過することなしには語るのをやめてしまうということだ。言語の「欠落」は、言語それ自身の指標であると同時に、言語を超え出るものの言語的な指標である。言語は、みずからの複数的で特異なダイナミズムを保証しながら、みずからを越え出るのである。それには歴史が、あるいは複数の歴史があって、言語学者ならばそれを再構成できるだろう。しかし、言語によって言語を再構成する作業が可能になるには、言語は利用可能なものとしてすでにここになければならない。したがって、言語があるのは、たえずみずからに先行するある贈与の行為においてなのだ。言語はみずからが示すことができないものを示し、意味しえないものを意味することができる。そして、たとえこの意味しえないものが意味しえないままであるとしても、それは「意味しえない」能記《シニフィアン》として、記号のうちで表現されるのである。

以上のような特徴を急ぎ足で指摘したが、これらは、どの点でメシア的時間性のパラダイムを告げているだろうか。この問いについては、二つの仕方で応答することができる。いずれも、時間についてのローゼンツヴァイクの考察に見られるものである。

「今日、われわれが強調しているのは、シュライエルマッハーにおけるように観想家の観想に対し時間のうちで開陳されるものとしての歴史ではなく、行為者の行為としての歴史である。だからわれわれは、「歴史における神」を見ることは受け入れない。というのも、われわれは歴史を像として、存在として見たいのではないからだ。われわれは、歴史が生成するプロセスのなかに神をよりよく再興するために、歴史における神を否定する。われわれは、各々の倫理的出来事のうちに神を見るのであって、完成した全体のうちに神を見るのではない[6]」。この短いテクストには、ローゼンツヴァイクがそのあとにかなり調整をして発展させるいくつかの明確な点が綴られている。まず、最初に見たように、歴史は、歴史哲学者が外部から観想できる「像」ではないし、歴史をその各々の生成の点で説明してくれる一様の時間のうちで漸進的に開陳されていく「存在」でもない。歴史は、それ自身として到来する時間にほかならず、それに責任をもつべき行為者の行為を巻き込んでいるのである。まさしくこの到来ないし出来事は、知の絶対的な観察に提示されるような存在としては決して構成されない。それは逆に、後にローゼンツヴァイクが「メタ倫理的」と呼ぶようになる審級を描き出す。それは、この「行為的」な交換のうちに時間的にいる主体たちがたがいに語り合う審級、時間と実効性とが結びつく倫理的-言語的な領域である。この結びつきこそが言葉の結びつきなのである。このような発見にもとづいて提示される「新しい思考」は、「語る思考」と言われるのはそれゆえである。この思考が「語る」ものとして「新しい」のはどの点においてか。それは、これまでの哲学的な伝統がみずからの言説を概念によって普遍的に構築する際に免れている必要のあった、他性と時間という二重の次元を思考にふたたび統合した点にある。「実効的な対話において、なにかが生じる。他者が私になにを語るか私はあらかじめ知ることはない。なぜなら私は自分自身がなにを語るかも知らないし、私がなにかを語るかどうかすら知らないからだ」。あらかじめ条件を設けようとするあらゆる知に先立つ、他者と言葉の実効的な倫理的‐世界的経験としての世界経験を見いだそうとする思考様式にとって、「時間を真剣に捉えること」と「他者を必要とすること」が、ただ一つの要件をなすのである。[7] 言葉がみずから語るとき、私の言葉を秩序立てる時間性は、最初から他者の時間性に結びついている。両者が区別されるのは、この結びつきそのものにおいてなのである。この時間性は、年代記的時間の下位区分には回収されないし、「万人」の普遍性に宛てているといって誰にも語りかけていない哲学的言説の独我論的主体性にも還元されない。それは、相互主観性の因数なのである。いっそう正確に言えば、この時間性は、ヘルダーリンの『平和の祝祭』の有名な承句と同じような組成で織り成されている。すなわち、最も重い経験、われわれが聴きながら行っている経験、そしてわれわれが今後そうなるところの、歌の呼びかけである。[8]

ここでこそ、『救済の星』のすでに言及した一節に戻らなければなるまい。言語が「結びつけると同時に分割する」とは、相互主観性を、対話的言語を通じてわれわれの実存の全体――夢みられたもの、黙したもの、期待するものなど、たとえ「非実効的」なものであれ――に根底的に随行するものとして描くことだ。言語とは、言わば個体発生的にも系統発生的にも、人々の歴史によって隅から隅まで貫かれた「器官」、媒体である。実際、始まりにおいて、言語は「《創造主》が人々に送った結婚の贈り物」

である。それは、生き生きとした言葉が語られる今日においても、「人々の子供たちにもまさに共通」しており、真ん中にある。それはまた来たるべきものでもある。というのも、「始まりと終わりのあいだの実効的な言語」、「各人に個別でありつつ万人に共通した」われわれの現在の言語は、いまだ純粋な結びつきではないからだ。ヘルダーリンの「歌」であれ、ローゼンツヴァイクの「合唱」であれ、「人類語」はない。われわれは、そうした言語が最終的に到来するという待望ないし期待のなかで話しているのである。言語の二重のバベル状態こそが、この宙吊りにされた約束の印である。すなわち、言語のメシア性の印、人間がもつ「人間的なものの刻印」である。[9] 哲学がみずからの要素そのものとして立てた普遍性は、傾向的なもの、約束されたものでしかないということだ。さもなければそれは、「誰かのため」にならないようにしたがゆえに、「誰のもの」でもなくなるだろう。[10]

この「刻印」を帯びた言語は、バベル主義に対し、マラルメの「欠如」の内部にすら見いだされる待望に力を与え、それを活気づける。もちろん、これによって、言語と、一義性というアリストテレス的な理想に起因するような概念とが区別される。[11] 概念は、それに特有の必然性ゆえに、内容それ自体を個別化し、それ以外のもの、つまり残滓を消去し、内容を浮かび上がらせ、それを抽出するかたちで定着させる。概念は言語から切り出されることで、言語を作り出す元にあったもろもろの意味の断絶を乗り越えようとする。というのも、言語が実効的なものになるためには、みずからが伝えている思考されぬ余剰の助けが必要であり、人類の博物学的な遺産をすべて循環させることなしには、言語がみずから語ることはないからである。厳密な思想は、こうしたものを言語から取り除いて、最終的にはみずからの表現に純粋に合致した形式的な言語の構築をめざすだろう。ところで、語ることとは、目的も志向もなく、こうして堆積した沈殿物を能動的に消費することであり、そうした沈殿物を思いがけない結晶化に従って再配分することだ。生き生きとした言葉と厳密な思想がそれぞれ展開していく道筋は、まさしく、よりよく分岐するためにたがいに交差するのである。

言語がわれわれに与えられ、「結びつけると同時に分割する」ことができるのは、このようなテロスなき外部化のおかげである。これこそがその「驚異」だとローゼンツヴァイクは言い、「神的本質」だとヘーゲルは述べた。それは、存在と非存在とを同時に語ることができ、最も古い過去と最も大胆な将来とを同時に語ることができるがゆえに、道であると同時に旅人である。物質的であると同時に分かちがたく非物質的でもあるこのつかの間の現在が「驚異」であるのは、発話のうちで現実化された記号が、それに先立っていた予兆の裏をかくためである。行為遂行的に成就された言語は、「成就されるべきであったこと」よりも多かったり少なかったり、あるいはまったく別であったりする。というのも、バベル以降、「至高のもの」が欠落しているとしても、この非合致的な欠落は、言語の経験によってたえず報いを得るからだ。われわれは、アダム的言語のなかにいるのでも、メシア的言語のなかにいるのでもない。われわれは二つのもののあいだ（ベイン、ベイノニ）、デリダの言う二つのものの「裂け目」[12]、言いかえれば、まさしく一つの言語から別の言語への間‐翻訳としての発話のなかにいるのである。バベルが意味しているのは、あらゆる翻訳を虚しいものとするような全般的な無理解でもカオス的な翻訳不可能性でもない。それが意味しているのは、根底的には、間主観的、つまり翻訳可能な機能をもった発話が行き渡っていること、そういう機能をもった言語が与えられていることである。バベルの外部には、混沌が廃絶された特異な沈黙、到達しえない起源の空虚な沈黙、あるいは、発話がめざす典礼的ないし共同体的な彼岸における充満した沈黙がみなぎっているのだろう。メシアの外部では、言語はみずからを約束することもなければ、それが差し向けられている人になにか約束することもないだろう。ところで、この約束なしには、われわれは語ることができないだろうし、すでに語られたあらゆる言葉を捉えようとするノスタルジーを理解することもできないだろう。あたかも、言葉を発したことで、言語が衰弱状態のまま固定化されたかのようである。これをふたたびよみがえらせることができるのは、発話がふたたび始められ、約束の〔前に－置く pro-mettant〕次元をふたたび導き入れることによってのみである。話すこととは、つまり、〈まだない〉の時間性、到来しないものの成就に向けて一歩踏み出す時間性のうちに入ることとなのだ。このような言葉の時間性は、脱自的なものであると同時に非志向的なものである。それは、隔たりおよび遅延として体感されるが、ただし即座に、横断〔過ぎ越し〕的な跳躍のうちにある。(13) デリダの言葉を用いれば、人が語るのは、約束されたものを到来させるためである。私が語っているもののなかから語ることが溢れ出て、私の口から解放されるためである。たとえ部分的であれ表現されているものの我有化の秩序には決して入らないような表現によって、語ることとの埋もれた層から言葉がふたたび上昇する。語ることは、汲み尽くすことも、使い果たすこともできない。実現したメシアニズムなるものがあるとすれば、それはおそらく、虚しい言葉の世界だろう。それは、意味が沈黙のうちに完全に共有され、名と事物が完全に共通するなかで、あらゆる了解〔聴くこと〕が為すことに一致するような世界だろう。このような言葉のメシアニズム的な彼方は、まだない。この〈まだない〉ゆえに、あらかじめ計画された目的なしに、言葉にまず一歩、次にもう一歩と踏み出していくことが課せられる。生き生きとした言葉は、みずからの言わんとする意味〔vouloir-dire〕へと向かい、裏切られ、そうして失望することで、ふたたび向かい始める。言語とは、襲、待望および隔たりによって、時間的にメシアとして構造化されているのである。言語がもたらす真理は、事物を貫く秘密の緊張からなる。それは、事物と知性との一致としての真理ではなく、世界の実効性のうちで待望しつつ保つべき態勢としての真理である。各々の語られた言葉が意味しているのは、自分自身が成就していないことであり、みずからが語ることに内的に参与しており、あらゆる言葉のただなかで言葉の再開を要求するということなのである。

言葉の経験がメシア的と呼ばれうるのは、合致が不可能であるという不幸ならざる経験だからである。「それでもなお」話さなければならない。話すことは、語ることの意味を汲み尽くすことは決してない、「がそれでも」話さなければならない。この「しなければならない」においては、アプリオリの断念はない。バベル以前の全体性へのノスタルジーもない。キルケゴールの信じる者のように、話す者は、約束に強く同意しながら、諦めることなく未知のものに結びついている。このような脱我有化としての言葉の経験こそ、ユダヤの伝統が鋭く刻み込んでいるものである。ユダヤの伝統は、言葉の〈二人のあいだ〉という性格のなかに、言ってみれば、言葉のもつある種の翻訳的な運命を見いだしている。言語と概念の関係もそこに立脚しているのである。

この伝統のエクリチュールを重層的に規定している自己同一性なき反復において、言語は最初から、その最も生来の動きのなかに捉えられている。それは、出発と到着、内部と外部、最初の語と最後の語という二重の刻印を有した運動である。タルムードおよびミドラシュの二つの格言を思い起こそう。それらはどちらも各々の仕方で「創世記」のエピソードに注釈を加えている（つまり、たがいに注釈を加え合っている)。ノアが酔い、裸になり、ハムがそれを目撃しセムとヤフェトに知らせるという逸話だ[14]。三人の兄弟は、ギリシア人(ヤフェト)、ユダヤ人(セム)、さらに慣例的な割り当てを超えたところの他者たち、言わばまったき他者たち(ハム)の名祖である。彼らの激動の歴史は、タルムードの解釈によれば、異質な語、語に由来する歓待、残酷な兄弟愛、たがいに異質な兄弟たちの歴史にほかならない。ハムは、ユダヤ/ギリシアという対よりもいっそう異質であり、その排除された第三項をなしている。迎接が可能であるとしても、ハムの排除ないし消去という代価を払うほかないかもしれないのだ。

二つの注釈のうち、一つ目の注釈は次のように述べている。「ヤフェトの語は、セムの天幕にあるだろう」[15]。ギリシアの伝統の語は、ヘブライの伝統の天幕にかくまわれていなければならない。概念は、いっそう広い迎接のうちに含まれていなければならないということだ。それによって、概念を別様に用いること、いっそう風通しのよいかたちで――おそらく概念的表象のうちでしか提示されないものの現在から解放されたかたちで――用いることが可能になるのである。「ヘブライの言語のために余白を残すように」――ルターはかつて、聖書のドイツ語訳というみずからの経験からの教訓をもとにこう勧奨していた。別のイディオムを導入するために、とりわけ哲学のイディオムを導入するために、こうして解放された開けた場ないし空間を認めるということである。ミドラシュはこの移設、空間化、戯れの隠喩にもう一つの項を追加し、問題は翻訳することだと明白に説明している。「トーラーの言葉がセムの天幕でヤフェトの言語で発せられるように」[16]。ここでは、トーラーをギリシア語で翻訳することが問題となっており、その必要性が承認され肯定されている。そしてこの翻訳それ自体は、セム語の庇護のもとに置かれなければならないと言われているのである。とはいえ、天幕はもはや、開けた場や開け直された場ではなく、はめ直す場、住まわせる場、閉じ込める場である。ここに表されているのは、ヤフェトの言葉、すなわち哲学が許容することのない、ノマド的で砂漠的な真理へと回帰する必要性である。こうした回帰は、風通しの良い広い空間や、果てしない純粋な地平性のうちにおいてではなく、住居へと身を引くことにおいてしか可能ではないというのである。

　これまでなされてきたように、始まりについて語ることは、伝統を経巡るための、あるいはもう一度巡り直すため起点を見定めることである。ところで、伝統そのものにおいては、この始まりはつねに、始まりの始まり、すなわちトーラーに先立たれている。トーラーはそれ自体において始まるのですらない。というのもそれはさらに翻訳だからだ。ただし、翻訳と言っても、出発地点にある捉えがたき言語、つまり、神という書き手による到達しえない書物からの翻訳である。したがって、到着地点の言語というトーラーの地位は、さまざまな可変的な規定に応じて、ラビたちによる注釈の全体を差配することになる。この注釈は、対立しているがタルムードによって解釈としては等しく権威を認められている次の二つの原理に従って分類されている。この二つの原理は、いずれも父祖として明白に二人の博士に関係している。すなわち、「トーラーは人間の言語を話す」（イシュマエル）と、「トーラーは人間の言語を話さない」（アキバ）である。

　この「言語」は、性質上規定しえないために、あらゆる現前《プレザンス》からではないにせよ、あらゆる説明《プレザンタシオン》から解放されている。あるいは解放されなければならない。現前は、それに見合った固有の外部性ないし超越を課すことで説明を瓦解させるのだ。ジャン＝リュック・ナンシーは「ユダヤ教は神のいる無神教だ」と書いたが、これを妥当なものとして支持できるのは[17]、超越論的なシニフィエの不在が、あらゆるシニフィアンを、相互応答、相互翻訳に結びつけるからである。こうした倍音《ハーモニック》は、言語の非常に単純な「秘密」を指示する。言語から隠しておくべき秘密ではなく、言語のうちでみずからに到達するようにさせてくれる秘密、言語に到達するようにさせてくれる秘密である。この言語の秘密、それは、言語は語るということだ。この秘密は決してみずからを隠すことはしない。それが、秘密を保つ最良の方法なのだ。こうした特徴づけはローゼンツヴァイクから借り受けているが、彼は、ハイデガーよりも前に、まったく別の仕方でこう強調していた。「言語の本来的な秘密とは、語が語るということだ〔*das eigentliche Gemeimnis der Sprache : das Wort spricht*〕」[18]。言葉は語る。それは「語られる」だけではなく、「語るもの」でもある。そして語るものであることによって、言語は「決して究極的なものとはならない」[19]。最後の語はありえない。さらに、最初の語もない。ただ「ほかのあらゆる債務契約〔engagement〕に先立つ、一種の前‐根源的な担保〔gage〕」があるのみである[20]。それは、ローゼンツヴァイクが、自分が起源語ないし根源語と呼ぶものを約束として規定する際に理論化しようとしたものである[21]。すでに述べたように、語ることは約束することである。「ほかのあらゆる出来事の前に与えられている担保」を引き受けること〔répondre〕である[22]。語るという端的な事実、言葉で、言葉によって捉えられるという端的な事実、飛んでいく言葉を素早く捉えるというよりはむしろつねにすでに言葉を摑む義務を負っているという端的な事実によって、語ることへの賭金がもたらされる。これによって、決して到来するにはいたらない到来する言語への終わりなき翻訳へと晒されるのである。これがローゼンツヴァイクのいう「決して究極的なものとはならない」の意味である。ウィトゲンシュタインのカブトムシについての寓話[*22]は、言語ゲームのなかで言語から「なにか」を奪うとしても、言語の行使や言語そのものの生に影響を及ぼすわけではない。つねに到来するものをめざしつつ、翻訳すべき言語の確たる出発地点から出発することはない――これが、あらゆる言葉がたどる細い糸なのである。バベル以前はない、あるいはもはやない。エスペラントはない、あるいはまだない。人が言葉を話すのは、つねに、絶対的な混乱（語る主体と同じ数だけの言語がある）を、暫定的に、たえず脅かされながら乗り越えることと、絶対的な了解（あらゆる主体にとってただ一つ透明な言語がある）への不確かな期待のあいだにおいてである。語るとはつまり、不可能な起源（この起源はあまりにも不可能であるために、タルムードは、トーラーの言語を「人間の言語を話す」／「人間の言語を話さない」という二重の特徴と非対称性のなかに置くことでこれをあえて濁している）から、まだ到来していない期待すべき出来事へと向かうこの跳躍のなかに捉えられているということである。このような言葉（*ver-sprechen*）の約束、命名（*verheißen*）の約束は、信仰や価値や志向とは関係がない。端的に、「約束が語る（*das Versprechen spricht*）」と言わねばならないだろう。約束は「呼びかけ、保証する」（*Verheißung*）[23]。それゆえ、「この約束の外部で語ることは可能ではない」のだ[24]。

　この語ることがなにを意味するかという点については、ドイツ的な路線、あるいは部分的にはドイツ‐ユダヤ的な路線があると考えることができる。それは［ヨハン・ゲオルク・］ハーマン（「語るとは、翻訳することだ」）を起点にし、ローゼンツヴァイクにおいて、とりわけ彼が「前に語る」と読んだものを発見したことで頂点を迎える路線である[25]。この「前に語る」の発見は、伝統的ないし歴史的‐批評的なあらゆる解釈学と対照をなしている。実際、ローゼンツヴァイクによれば、問題は、テクスト――この場合は聖書――にもとづいて、その意味が歴史的に産出された条件を事後的に明らかにすることではなく、この意味を「前に」割り当てることである。言いかえれば、ミクラ——これは聖書のことだが、ヘブライ語ではまさしく「朗読するもの」を意味する——の来たるべき読者‐話者の声ないし言葉を意味に先行させることである。つまり、言語を領有することは、意味の決定的な我有化と同じくらい不可能だということだ。人は、自分のものではない言語を話す。自分が話すことのできる唯一の言語は、誰にも割り当てられない他者の言語なのである。母語は「残る」が、ただし、まったくアーレント的な意味においてではない。つまり、亡命の言語とは「別に」残り続けるもの、取り置かれた住居、つねにすぐに居住可能になる所有物、回収しうる本来性という意味ではない(26)。言語はむしろ、負債として、待望として、退引し、苦しんだまま、遅れをとる〔*en reste*〕。『他者の単一言語使用』のなかで辿られた言語経験が指し示すのは、奇妙にも外部化しえない脱‐帰属である。母語の内的で、生来の非居住化〔inhabitation〕が、その最も特異な特徴である。デリダが明るみに出した、あらゆる母語の根源的欠落は、ローゼンツヴァイクのもとで、拡張されて徹底化されているのである。

　母語は、みずからの外へと脱して、砕け散るがままになったあとで、法の普遍的な構造のなかに、みずからの特異性ないし置き換え不可能性ごと直接書き込まれる。このことが意味しているのは、われわれに割り当てられているのはわれわれが自分のものにできないたった一つの言語であるというトラウマ的な条件である。自分のための単一言語がすべて不可能ないし不在であるという状態から、次のような経験が描き出される。それは、語る、すべてを語るという多形の「割礼告白」のなかに囚われる経験、断絶と禁止、分離と帰属、除去による契約と残りのものの贈与のなかに囚われる経験である。単一言語の遺産は、それが保存しているもの（決して話されたことのない言語の記憶）や約束しているもの（ただ一つの言語を話すことは決してないためにいまだ話されていない言語）の普遍性のなかで、これまで慣例的に認められてきたあらゆる区別――それぞれのシニフィアンを予期せぬシニフィエと離したり結び直したりする区別――を汚染させ、かなりの程度曇らせる。言語は、度を越した〔démesuré〕かたちでみずからの語ることに尺度を合わせながら〔se mesurer〕、脱固有化し、言わば思考〔pensée〕なくみずからを消費する〔dépense〕。思考されていない余剰に向けて、言いかえれば約束へ向けてつねに拘束されているもの、これが、（思考において）成就したものの、（言葉による）「新たな始まり」への反転として現れるのである。[27]

ローゼンツヴァイクは、言葉の普遍的に脱固有化する約束というこの土台にもとづいて、ユダヤ教によるこの普遍的構造のある種の集中的な徹底化を行っている。彼の哲学は、多くの点でもちろん改宗の哲学であるが、そうであるのは、奇妙にも、ローゼンツヴァイク自身の言葉を用いると異化〔*dissimilation*〕によってである。すなわち、ローゼンツヴァイクの哲学は、場を整え直そうとしているというよりも、領域を変えようとしている、別の問いに移ろうとしているということである。ここでもまた余剰という形象や、残ることすらしない残りのものという形象（これはおそらく――ただし別の仕方で――レヴィナス的な誇張やデリダ的な代補化にも見いだされるだろう）に連なる形象を用いるならば、こうした転換による徹底化は、最終的には、範例主義のテーマ系の位置をずらすことになるだろう。つまり、絶対的な脱固有化は「ユダヤ民族」に関して絶対的に脱固有的だ、ということだ。[28] この民族は、いかなる言語も所有していない。厳密に言って、みずからに固有な分け前としてのいかなる言語ももちえない。したがって、諸民族にとっては「みずからに共通した帰属の最も生き生きとした指標、つまりみずからに固有の言語」となるものをもちえないのである。[29] それは、なぜか。また、どのようにか。

a. ユダヤ民族の母語は、そのつど、あるいは多くの歴史的な情勢において、迎接する主人の言語、「宛名が外部にある言語」[30]、すなわち、非-帰属の、非-所有の、受け入れられた言語である。

b. イディッシュ語やユダヤ・スペイン語などのユダヤ的言語は、ユダヤ民族の彷徨や出会いを起点にもたらされたいくつもの交差に由来する偶然的な言葉にすぎない。したがって、それらは、宛名を押しつけられた、あるいは外部にある宛名が内部化された言語である。

c. ヘブライ語は確かに「ユダヤ民族」が「もつ自分の言語」と言われる。[31] 実際、それは、予期された永遠を典礼によって我有化することを命じるがゆえに、固有のものを示す言語である。しかし、この固有のものは「日常的な生活」ないし言葉にとって、決して我有化されない。逆にそれは、この言語が脱-固有化されることを意味する。というのも、それは、死(ヘブライ語[32]は死語であることがつねに否定され、日常的な生活においてはその「死」が神との生きた対話によってつねに乗り越えられるという「偽りの」死語である)、聖性(聖なる言語は分離の言語である)および忘却(ヘブライ語はしばしば後続世代の話者によって新たに習得されるべき、閉じられてもまた再開されるべき、死が呼び起こされるべきものである)によって織り成されているからである。

以上のことはすべて確かにそうであって、それゆえローゼンツヴァイクにとって、「ユダヤ民族」と「世界の諸民族」の切断は、ヘブライ語を上位言語ないし下位言語、さらには沈黙した(翻訳された)

言説にするような言語／エクリチュールの転換と重なり合っている。『救済の星』のある短い節で、ローゼンツヴァイクはこう言っている。世界の諸民族にとって、言語は失われたエクリチュールの後に生き延びるものであるが、ユダヤ民族にとっては、エクリチュールは、一切の日常性を逃れた言語のあとに生き延びるものである。もてなす側の言語、つかの間の滞在の言語を経巡ったあとに残るもの、それは話されていない言語、とはいえ「死語」ではなく、――メンデルスゾーンが戒律の実践をさすために用いた美しい表現によれば[33]――「生きたエクリチュール」のようななにかであるような言語である。このようなエクリチュールのみが、この言語‐エクリチュールないしエクリチュール‐言語という未聞のもののみが、既存の共同体の歴史的な規定に対する従属から、つまりただ時間でしかない時間のなかに閉じ込めてきた諸条件に対する従属から「永遠性」を解放することができるだろう。そして、そうすることで、無限と有限、内部と外部、生きた発話としての精神と死んだ記号としての文字といったもろもろの対立に挑むことができるだろう。ヘブライ語は、こうして唯一の《エクリチュール》‐読解の言語、唯一の超‐歴史的な言語、あらゆる経験的な主体が不在であってもあらゆるエクリチュールと同様に読解可能な言語になるだろう。ローゼンツヴァイクはさらに、この言語は、あらゆる記号が不在であっても、沈黙のなかで、身体に刻まれ身振りのなかに託された典礼的な儀礼性の理念のなかで読解可能だと述べるまでにいたっていると思われる。この言語は、しかも、どの言語もそうであるように単に間主観的なコミュニケーションの可能性を開くだけではなく、とりわけ、理念的な対象が超越論的主体にとって知解可能となる可能性をそこから解放させるというのだ。このことはまさしくヘブライ語をエクリチュールに近づけるだろう。ヘブライ語をこのように規定すると、それは、唯一の非単一言語的な言語、唯一の非言語的な言語、言語のなかでも最後のもの——言わばエクリチュールのなかでは最初のものであるために——となるだろう。脱固有化の頂点は、言うならば固有なものの頂点でもあって、時間のなかで永遠性を予期することができるが、とはいえつねに「二者のあいだ」にある——つまり、まったく別の言語、初めて到来する〔どれでもよい任意の〕言語に類似しているのだ。

すなわち、根底では、すべての言語に類似しているということだ。すべての言語は、特異な者たちの共同体と時間の約束の「あいだ」に織り込まれており、現世に対し、またその重々しい同一化に対し、来たるべき世界の出来事、待望の刻印を刻む。そうして、話された言葉を、メシア的な横断に貫かれた存在の時間化された器官とするのである。

原注

序章

（1）ツェランが念頭に置いているのはおそらく、「詩篇」一一九章で神に向けられた叱責の一撃だろう。「主の働かれるときです。／人々はあなたの律法を破棄しています」（一二六行）〔新共同訳による〕。

（2）« Corona », in *Pavot et mémoire*, trad. Jean-Pierre Lefèbvre〔「コロナ」、『罌粟と記憶』所収、『パウル・ツェラン全詩集1』改訂新版、中村朝子訳、白水社、二〇一二年〕. この「いまこそ時だ、時になる時だ」にこだましているのは、同じ詩集の別の詩にある「来たれ」である。「一度も存在しなかったものよ来たれ／男よ墓から来たれ」〔「遅く深く」〕。

（3）「理性的に耐え忍ばれている真理、非常に奇妙でありながら非常に月並みな真理がある。いまある世界は、ありえた世界、あるべきだった世界をいたるところに透かし見せているということだ。それゆえこの世界の活動に属するすべてには、別の世界でしか理解できないようなもろもろの要請が染みついている」(*L'homme sans qualités*, Seuil, t. 2, p. 740, trad. P. Jacottet〔ムージル『特性のない男』加藤二郎訳、『ムージル著作集』第一巻〜第六巻、松籟社、一九九二—九五年〕)。

（4）「通常の状態」は、「突如としてこの瞬間に、普通の生活の無意味さが魔法のように啓示される」ときに中断される（*Ineffable vide*, Éditions Unes/Gallimard, 1999, p. 11–12)。

(5) G. Agamben, *Le temps qui reste*, trad. J. Revel, Rivages, 2000, p. 131〔アガンベン『残りの時』上村忠男訳、岩波書店、二〇〇五年〕. ペギーはこれを「リズムの最後の審判」と呼んでいる。

(6) *La mémoire, l'histoire, l'oubli*, Seuil, 2000, p. 522〔リクール『記憶・歴史・忘却』久米博訳、新曜社、二〇〇四—〇五年〕.

(7) たとえば *Foi et savoir* (1996), Seuil, 2000, p. 79〔デリダ『信と知——たんなる理性の限界における「宗教」の二源泉』湯浅博雄・大西雅一郎訳、未來社、二〇一六年〕を参照。そこでは「一切のメシアニズムを超えた亡霊化するメシア性の空間と時間」が、「自分自身と異なるもの、自分自身以上のもの、すなわち他なるもの、未来、死、自由、他なるものの到来ないし愛」への開放を特徴づけている。

第1章

(1) 世俗化という概念の用法が、神学とメシアニズムに共通の時間的前提の表象を支えているだけに、この用法そのものがここで不当に扱われていないかどうかという問いを開く必要があるかもしれない（ハンス・ブルーメンベルクとカール・シュミットの論争、前者の『近代の正統性』（一九六六年）と後者の『政治神学II』（一九六九年）、そしてカール・レーヴィット『世界史と救済史』（一九五三年）を参照）。

(2) *Gesammelte Werke*, Meiner, Hambourg, vol. 8, 1976 (*Jenaer Systementwürfe III : Naturphilosophie und Philosophie des Geistes*), trad. G. Planty-Bonjour, *La philosophie de l'esprit (1805)*, PUF, 1982.

(3) 『悦ばしき知識』第三五七節。

(4) *Philosophie de la Révélation*, Livre III, PUF, « Épiméthée », 1994, traduction sous la direction de J. F. Marquet et J. F. Courtine. とりわけ第三六講を参照。

(5) *Les grands courants de la mystique juive*, Payot, 1960, p. 195〔ショーレム『ユダヤ神秘主義　その諸潮流』山

下肇ほか訳、法政大学出版局、一九八五年〕（シュミター、すなわち安息年〔七年ごとに土地を休ませる年〕は、先述の理論の「世界年代」におおよそ対応する）.

（6）ここで私が考えているのは注目すべき「キリスト教の脱構築」〔『脱閉域』大西雅一郎訳、現代企画室、二〇〇九年〕（« Déconstruction du christianisme », *Les Études philosophiques*, p. 501–519）である。同様に M. Gauchet, *Le désenchantement du monde : une histoire politique de la religion*, Gallimard, 1985 および *Un monde désenchanté ?*, Cerf, 1988 を参照。また別の仕方ではあるが E. Bloch, *L'athéisme dans le christianisme* を参照。ここにさらに「世界ラテン化（mondialatinisation）」についてのデリダの考察を付け加えるべきかもしれない。

（7）A. Derczanski et J. L. Schlegel, trad., Seuil, 1982, p. 328–341〔ローゼンツヴァイク『救済の星』村岡晋一・細見和之・小須田健訳、みすず書房、二〇〇九年〕.

（8）*L'Étoile de la rédemption*, éd. cit., p. 400–401.

（9）*Clio, Dialogue de l'histoire et de l'âme païenne* in *Œuvres en prose complètes*, III, Pléiade, p. 1191〔ペギー『歴史との対話——クリオ』山崎庸一郎訳、中央出版社、一九七七年〕.

（10）Préface, J. P. Lefebvre, Aubier, p. 34. 翻訳を若干修正した〔ヘーゲル『精神現象学』上・下、樫山欽四郎訳、平凡社ライブラリー、一九九七年〕。

（11）*Introduction à la métaphysique*, Tel-Gallimard, trad. G. Kahn, p. 20〔ハイデガー『形而上学入門』川原栄峰訳、平凡社ライブラリー、一九九四年〕.

（12）Aubier, 1964, trad. R. Munier, p. 35–43〔ハイデガー『「ヒューマニズム」について』渡邊二郎訳、ちくま学芸文庫、一九九七年〕.

（13）私が参照しているのは『批判的モデル集』に収められた「進歩」である（*Modèles critiques*, « Le progrès », trad. M. Jimenez et E. Kaufholz, Payot, 1984, p. 154–172〔アドルノ『批判的モデル集』Ⅰ・Ⅱ、大久保健治訳、法政大学出版局、一九七一年〕）。

（14） *Les progrès de la métaphysique en Allemagne depuis Leibniz et Wolff*, Vrin, 1973, p. 71 ; AK., XX, 7, 307〔カント「形而上学の進歩にかんする懸賞論文」円谷裕二訳、『カント全集13』岩波書店、二〇〇二年〕.

（15） *Idée d'une histoire universelle au point de vue cosmopolitique*, Pléiade, III, p. 188 ; AK, VIII, 17〔カント「世界市民的見地における普遍史の理念」福田喜一郎訳、『カント全集14』岩波書店、二〇〇〇年〕.

（16）『諸学部の争い』の第二部第五節のタイトルを参照（*Conflit des facultés*, Pléiade, III, p. 893 ; AK., VII, 84〔カント「諸学部の争い」角忍・竹山重光訳、『カント全集18』岩波書店、二〇〇二年〕。

（17） コンドルセはと言うと、『人間精神進歩史』のなかで、人間の進歩の「見込み」を計算し、そうすることで「われわれの期待の一覧表」を作成しようとしている（*Esquisse d'un tableau historique des progrès de l'esprit humain*, Garnier-Flammarion, p. 86〔コンドルセ『人間精神進歩史　第1部・第2部』渡辺誠訳、岩波文庫、一九五一年〕）。この一覧表は人類の無際限の改良のうちに、それを妨げる障害さえも統合しようとするものだ。こうして、「慰めを与える」期待から、偶然の儲けの産物としてこの儲けの確率によって定義される「数学的」期待に移行できるとされる。

（18） Adorno, *op. cit.*, p. 157–158〔前掲『批判的モデル集』〕.

（19） E. Bloch, *L'esprit de l'utopie*, trad. A. M. Lang et C. Piron-Audard, Gallimard, 1977, p. 223〔エルンスト・ブロッホ『ユートピアの精神』好村富士彦訳、白水社、一九九七年〕.

（20） サバタイ主義的異端――攻撃されたのち、秘密裏に標準化され、最終的に刷新をもたらすものとなった異端――について、G・ショーレムが、近代ユダヤ教のもろもろの歴史的動揺において伝統とそこからの脱出との境界は非常に曖昧であることを示したのは、まさにこの精神においてである（*Aux origines religieuses du judaïsme laïque. De la mystique aux Lumières*, trad. M. de Launay *et alii*, Calmann-Lévy, 2000）。ショーレムがこの結論に到達するのは、彼が「非歴史的な仕方で」（p. 252）考察するのを試みてすぐであることを指摘しておこう。

（21） *L'Étoile de la rédemption*, éd. cit, p. 264〔前掲『救済の星』〕.

（22）厳密な意味での一切の歴史哲学の根本的不可能性を示すための、『超越論的観念論の体系』に再録された若きシェリングの議論もおおよそこれである（たとえば *Schellings Werke*, éd. Schröter, t. III, p. 589）。

（23）言いかえれば、みずからのヘブライ的源泉の「うちなる彼方」にあり、その世俗化された諸形態と断絶したメシア性の総体である（この概念の三つの潜在的内実については一〇頁を参照）。

第2章

（1）*Encyclopédie des sciences philosophiques*, § 298.

（2）*Durée et simultanéité*, PUF, Quadrige, p. 61〔ベルクソン『持続と同時性』、『ベルグソン全集3』鈴木力衛ほか訳、白水社、二〇〇七年〕.

（3）*Ibid.*, p. 48.

（4）*L'irréversible et la nostalgie*, Flammarion, 1974, p. 8〔ジャンケレヴィッチ『還らぬ時と郷愁』仲沢紀雄訳、国文社、一九九四年〕.

（5）Cf. J. F. Courtine, « Temporalité et futurition », in *Extase de la Raison. Essais sur Schelling* (p. 203–259), Galilée, 1990 et P. David, « La généalogie du temps », post-face du traducteur aux *Âge du monde* (p. 315–358), PUF, 1992. 本書八九頁以下を参照。

（6）*Critique de la raison pure*, Pléiade, I, p. 798 ; AK, III, 59–60〔カント『純粋理性批判』有福孝岳訳、『カント全集4・5・6』岩波書店、二〇〇一年〕.

（7）*Sur le programme d'une philosophie à venir*, in *Œuvres*, Folio-Essais, 2000, vol. 1, p. 180 *sq.*〔ベンヤミン『来たるべき哲学のプログラム』新装版、道籏泰三訳、晶文社、二〇一一年〕

（8）Pléiade, III, p. 318 ; AK., VIII, 334–335 et p. 310 ; 328. 強調は引用者。これらの点については、F・プルース

トが自分の翻訳に付した興味深い序文も参考になる（Garnier-Flammarion, 1994, p. 5–40）。

（9）*Ibid.*, 310 ; 328.

（10）論争の的となっているこの案件のすべての項目を手にするには、一方で Thorleif Boman, *Das Hebräische Denken im Vergleich mit dem griechischen*, Göttingen, 1952〔ボーマン『ヘブライ人とギリシャ人の思惟』植田重雄訳、新教出版社、一九五七年〕と、他方で James Barr, *The Semantics of Biblical Language*, Oxford University Press, 1960 の批判を参照しなければならない。

（11）このことはC・トレスモンタンが福音書のギリシア語と聖書ヘブライ語ないしアラム語の比較研究のなかで見事に示していた（たとえば C. Tresmontant, *Le Christ hébreu*, Albin Michel, 1992,（2e éd.）, p. 108 et 148〔トレスモンタン『ヘブライ人キリスト』道躰章弘訳、水声社、二〇一三年〕を参照）。同じくB. Dubourg, *L'invention de Jésus I. L'hébreu du Nouveau Testament*, Gallimard, 1987 も参照。

（12）Cf. S. Quinzio, *Racines hébraïques du monde moderne*, trad. M. Darmon, Balland, 1992, p. 25.「自分のほうへやってくる未来にわれわれが背を向けており、未来がわれわれを追い越すときにわれわれはそれが過去になるのを見るというような［…］そうしたユダヤ的イメージがベンヤミンに援用されている」。ベンヤミンの歴史の概念についての第九テーゼの注釈としては、S. Mosès, *L'Ange de l'Histoire*, Seuil, 1992〔モーゼス『歴史の天使』合田正人訳、法政大学出版局、二〇〇三年〕を参照。

（13）*Œuvres*, éd. cit., III, p. 428（trad. modifiée）.

（14）G. Scholem, *Les grands courants de la mystique juive*, Payot, 1960, p. 326〔前掲『ユダヤ神秘主義』〕.

（15）「サンヘドリン篇」九八b。

（16）レヴィナスがタルムードのメシアに関するテクストの読解から引き出している意味はこれである（*Difficile liberté*, «Commentaires», Albin Michel, 1994, 3e éd., p. 83–129〔レヴィナス『困難な自由』合田正人監訳、三浦直希訳、法政大学出版局、二〇〇八年〕）。

（17）Aubier, tr. J. P. Lefèbvre, p. 85.

（18）ヘーゲルとメシアニズムの世俗化がみずからに定める「目的」はおそらく同じものではないが、まなざしによって定めることができるという点で、似通った仕方で目的を定めているのである。

（19）本書二三六頁以下を参照。

（20）一例は「使徒言行録」三章二一節。「イエスは、預言者たちが告げていた世界の恢復のときにふたたび訪れるでしょう」。

（21）さらなる詳細については G. W. Leibniz, *De l'horizon de la doctrine humaine. La restitution universelle*, Vrin, 1991 に付された M. Fichant のあとがき（p. 173-178）を参照。また本書二〇六頁以下を参照。

（22）*Gesammelte Schriften*, Martinus Nijhoff, 3, Dordrecht, 1984, p. 589.

（23）そして「フランス語で辛抱するとは、それが非常に辛いということを発見することである」とペギーは付け加えている（« Note conjointe sur M. Descartes et la philosophie cartésienne », *Œuvres en prose complètes*, III, Pléiade, p. 1279）。

（24）« Pour comprendre le messianisme juif » in *Le messianisme juif. Essais sur la spiritualité du judaïsme*, Presses-Pocket, « Agora », p. 25 *sq*〔ショーレム「ユダヤ教におけるメシア的理念の理解のために」、『ユダヤ主義の本質』高尾利数訳、河出書房新社、一九七二年〕.

（25）「サンヘドリン篇」九九a。

（26）Levinas, *op. cit.*, p. 93.

（27）この点と以下に続く描写の詳細に関しては、すでに引用したショーレムの『ユダヤ神秘主義の主潮流』を参照している。

（28）カフカはこうした分離の状況の「悲嘆」を強調するために、この二本の樹の理論を『八つ折り版ノート』の四冊目で取り上げている。とはいえこの分離の状況は、知恵の樹の「瞬間」は生命の樹の「永遠性」の「光のなかで消え去る」という事実によって与えられる「歓喜」のなかで撤廃される。こうして二本の樹の「理論」は、絶望と約束との深い緊張と連帯のうちで実存論的にしるしづけられる（*Préparatifs de noces à la campagne*, Folio, p. 125）。

（29）ローゼンツヴァイク「新しい思考」を参照。「生起するものは時間のなかで生起するのではなく、時間それ自体が生起する」（*GS*, 3, p. 148）〔ローゼンツヴァイク「新しい思考」合田正人・佐藤貴史訳、『思想』一〇一四号、二〇〇八年〕。この表現は、時間すなわち持続を「作られるもの、さらには一切が作られることの原因をなすもの」として性格づけるベルクソンの『思考と動くもの』の表現と近づけることができる（*La Pensée et le mouvant*, PUF, Quadrige, p. 3〔『新訳ベルクソン全集』竹内信夫訳、白水社、二〇一七年〕）。

（30）*Philosophie de la Révélation*, II, trad. sous la direction de J. F. Marquet et J. F. Courtine, PUF, « Épiméthée », p. 160.

（31）*Entre nous. Essais sur le penser-à-l'autre*, 1991, p. 263.〔レヴィナス『われわれのあいだで』合田正人・谷口博史訳、法政大学出版局、一九九三年〕

（32）タルムード、「サンヘドリン篇」九八a。

（33）*Ibid.*, 97a. 不意のものというこの性格は、「ヨハネ黙示録」や『ゾーハル』においてよりいっそう鮮明にされている。そこではその諸条件はときに不条理で沈鬱であるように思われる（「エサウがすべての涙を流しきってはじめてメシアは訪れるだろう」）。

（34）当然ながら、福音書の寓話の女性が見つけたドラクマ硬貨〔「ルカによる福音書」一五章八節以下〕と、アウグスティヌスの有名な注釈がそこから引き出している「忘却の想起」が思い起こされる。「したがって記憶は忘却をとどめもっている。忘却はここにある、さもなければわれわれは忘却を忘れていることだろう。しかし、忘却がここにあるやいなや、われわれは忘れている〔…〕。私は、それによって一切の想起が撤廃されるところの忘却そのものを覚えている」（*Confessions*, X, chap. XVI）〔アウグスティヌス『告白』下、服部英次郎訳、岩波文庫、一九七六年〕。しかしアウグスティヌスが、記憶の「広大なる宮殿」の無際限の容量、この宮殿がもつ把持と保管の疑いようのない能力、つまりは反復を強調するのに対し、タルムードはむしろ、遺失物とサソリとを近づけることによって、再発見による現在の中断の諸効果を引き立たせている。

(35) Jankélévitch, *L'irréversible et la nostalgie*, éd. cit., p. 88〔前掲『還らぬ時と郷愁』〕.

(36)「サンヘドリン篇」九八a。

(37) これは「ユダヤ的実存」を意味するためにショーレムが提案している表現である（*Judaica I*, Suhrkamp, p. 73）〔前掲『ユダヤ主義の本質』〕。

(38) *Préparatifs de noce...*, éd. cit., p. 105.

(39) Scholem, *Le messianisme juif*, éd. cit., p. 35〔前掲『ユダヤ神秘主義』〕.

(40) Y. H. Yerushalmi, *Histoire juive et mémoire juive*, trad. E. Vigne, Maspéro, 1984〔イェルシャルミ『ユダヤ人の記憶 ユダヤ人の歴史』木村光二訳、晶文社、一九九六年〕. ギリシア人は歴史記述を発明したとはいえ、古代の学校では歴史はまったく教えられておらず、歴史家たちは哲学者たち（あるいは医者たち）とは異なり学園《リュケイオン》ないし学校《アカデメイア》を形成しなかったことを指摘してよい。このこともまた問われるに値する逆説である。

(41) *Clio. Dialogue de l'histoire et de l'âme naturelle* in *Œuvres*, III, éd. cit., p. 1177〔前掲『歴史との対話――クリオ』〕.

(42) «Sur le concept d'histoire», in *Œuvres*, éd. cit., III, p. 430.『残りの時』におけるアガンベンの注釈を参照（Agamben, *Le temps qui reste*, éd. cit., p. 221–222〔前掲『残りの時』〕）。

(43) «Funes ou la mémoire», in *Fictions*, Folio-Gallimard, p. 109–118〔ボルヘス「記憶の人、フネス」、『伝奇集』鼓直訳、岩波文庫、一九九三年〕.

(44)「この理念性は記憶のなかで忘却をはらんでいるが、しかしこれは忘却そのものの記憶であり、忘却の真理である」（*Schibboleth*, Galilée, 1985, p. 65）〔デリダ『シボレート』飯吉光夫・小林康夫・守中高明訳、岩波書店、二〇〇〇年〕。

（45）証明（*Beweis*）と異なり、事実証明（*Bewährung*）は、「事実証明にすぎないにもかかわらず、事実証明されるべきものになにかを、すなわちまさに自分自身を、つまりは事実証明という試練をもたらす。〔…〕実効的なものはすべて、二度目に起こることで実効的なものとして実証される」（*Ges. Schriften*, éd. cit., 3, p. 633）。〔ローゼンツヴァイクの原文にもとづいた訳文は以下。「事実証明「にすぎない」にもかかわらず、事実証明されるべきものになにかを、すなわちまさに自分自身を、つまりは事実証明をもたらす。〔…〕神の現存は、神の支配することのうちではじめて実証される。神の二度目の現存が最初の現存を実証する」〕ドイツ語では〈一度は数に入らない〉（*Einmal est keinmal*）と言う。「初回」は、それだけで中断されると「初」にさえなりえないのだが、この唯一の「初回」の消失による純粋な忘却に抗って、「二回目」は、ハスィディズムの物語におけるように、忘却を記憶する。この物語では、最後にすべてが、場所も祈りも忘れられるのだが、思い起こされて、同じように物語られることができるのであり、とりわけ、忘れられたことと同じ効果をもつことができる。ここにあるのはおそらく、自分が忘れた当のものを想起の対象とするマラーノ的「記憶」の根本構造だろう。

（46）*L'entretien infini*, Gallimard, 1969, p. 460〔ブランショ『終わりなき対話 3』湯浅博雄ほか訳、筑摩書房、二〇一七年〕.

（47）アブラハム・ヘッシェル（*Das prophetische Bewußtsein*, Berlin, 1933）はユダヤ人の「悲愴な神学」と、秩序や宇宙や調和といった概念によって構造化されたギリシア人の「悲愴でない神学」とを対置していた。

（48）M. Blanchot, *Le livre à venir*, Folio Essais-Gallimard, p. 109〔ブランショ『来るべき書物』粟津則雄訳、ちくま学芸文庫、二〇一三年〕.

（1） *Principes de la philosophie du droit*, Vrin, éd. 1986, trad. Derathé, § 346〔ヘーゲル『法の哲学』藤野渉・赤沢正敏訳、中公クラシックス、二〇〇一年〕.

（2） *Faust*, v. 508–509〔ゲーテ『ファウスト』相良守峯訳、岩波文庫、一九五八年〕.

（3） *Principes de la philosophie du droit*, Vrin, éd. 1986, trad. Derathé, § 347〔前掲『法の哲学』〕. 同様に *Encyclopédie*, § 549 も参照。

（4） *ibid.*, § 331.

（5） *Ibid.*, § 331, add. ヘーゲル自身が参照を促す著作 *Des manières de traiter scientifiquement du droit naturel* も同様。

（6） A. Kojève, *Introduction à la lecture de Hegel*, Gallimard, 1959, p. 172〔コジェーヴ『ヘーゲル読解入門――『精神現象学』を読む』上妻精・今野雅方訳、国文社、一九八七年〕.

（7） *Phénoménologie de l'esprit*, éd. cit., p. 85〔前掲『精神現象学』〕.

（8） *Principes de la philosophie du droit*, éd. cit., § 331〔前掲『法の哲学』〕.

（9） これはM・ヘスが気づいていた困難である。もし「［ヘーゲルの］国家概念が絶対的な人間社会と一致する」のであれば、いかにして「絶対的な人間社会を特定の場所と時間に固定させながら思考する」ことができるのか。*Socialisme et communisme*（1843）, trad. *in* G. Bensussan, *Moses Hess, la philosophie, le socialisme*, PUF, 1985, p. 170.

（10） すなわち「概念の強化」の思想家である。「概念は、その最高度の潜勢力において、概念であり続けるのであり、それによって実効的な定在や実存への移行は与えられない」（Schelling, *Philosophie de la Révélation*, I, tr. sous la dir. de J. F. Marquet et J. F. Courtine, PUF, 1989, p. 93）。

（11） *Conférence de Stuutgart* in *Œuvres métaphysiques*, trad. J. F. Courtine-E. Martineau, Gallimard, 1980, p. 155（*Schellings Werke*, éd. Schröter, VII, p. 461）.

（12） *Introduction à la philosophie de la mythologie*, trad. sous la dir. de J. F. Courtine et J. F. Marquet, Gallimard,

1988, p. 510 et n. 3, p. 511 (*SW*, XI, 553). しかしシェリングが述べているように「カントは《法》の不完全性を見ていない」のかどうか、そしてその点について「カントの批判的感覚はカントを見捨てている」のかどうかは定かではない。その理由はのちに見る。

（13）*Ibid.*

（14）*Ibid.*, *Introduction*…, p. 508–509, *SW*, XI, 551–552. シェリングは世界を、場所というよりはむしろ、時代あるいは「年代（âge）」とみなしており、これはオラムのヘブライ語の語源に合致している。このことは時間性をめぐるシェリングの分析の中心点である。すなわちこの世界の時間、世界のこの年代は、停止した、宙吊りになった時間であり、時間の真のエポケーである（特に *Philosophie de la Révélation*, III, PUF, 1994, p. 128–129 を参照）。

（15）*Introduction à la philosophie*, trad. M. C. Challiol et P. David, Vrin, 1996, p. 84 et p. 38.

（16）R. Draï, *La pensée juive et l'interrogation divine. Exégèse et épistémologie*, PUF, 1996, p. 312. トハハーという語は、コアハすなわち「力」のなかにもみられる語根 kh にもとづいて構築されていると同書は言う。

（17）「シェリングは「概念」の用語で思考するのではなく、力を思考する［…］。シェリングは諸力の衝突のただなかで思考するのであり、かかる諸力に対しては、なんらかの概念的手続きのおかげで妥協の可能性が見いだされるようなことは決してない」（*Schelling. Le traité de 1809 sur l'essence de la liberté humaine*, trad. J. F. Courtine, Gallimard, 1977, p. 170）［ハイデッガー『シェリング『人間的自由の本質について』』、ハイデッガー全集第42巻、高山守ほか訳、創文社、二〇一一年］。

（18）*SW*, VI, p. 158–159.

（19）*Contribution à l'histoire de la philosophie moderne*, trad. J. F. Marquet, PUF, 1983, p. 160 (*SW*, X, 141).

（20）*Œuvres métaphysiques*, éd. cit., p. 237 (*SW*, VII, 459–460).

（21）*Weltalter*, III, p. 583.

(22) *Ib.*, II, 119 ; trad. Pascal David, éd. cit., p. 143.

(23) *SW*, X, 151; *Contribution...* , éd. cit., p. 169.

(24) この表現は、ローゼンツヴァイクが発見し編集したうえでシェリングに帰した断片である『ドイツ観念論最古の体系プログラム』にみられる。「われわれに必要なのは新しい神話学である、しかしこの神話学は、観念に奉仕しなければならず、理性の神話学とならねばならない」（*Materialien zu Schellings philosophischen Anfängen*, éd. M. Frank et G. Kurz, Francfort, 1975, p. 112）。同様に「あらゆる形而上学」は最終的に「道徳」や「行動」に帰着するだろう（p. 110）。

(25) *Critique de la faculté de juger*, § 64, Vrin, p. 189（Pléiade, II, p. 1160 ; AK, V, 370）〔カント『判断力批判』牧野英二訳、『カント全集8・9』岩波書店、一九九九―二〇〇〇年〕. これは計画から行動に移行する能力である。

(26) 「これらの［キリスト教の］概念は、いまここにあるがゆえに、理性によって自由に同意されるのであり、自分自身でも発見し導入することができた、すべきだった概念として認められる」（*Critique de la faculté de juger*, Pléiade, II, p. 1282（Vrin, p. 274）, AK, V, 472〔前掲『判断力批判』〕）。

(27) *SW*, XII, 123.

(28) *Système de l'idéalisme transcendantal*, *SW*, III, 593.

(29) 一八三四年十一月三日の書簡（in *Aus Schellings Leben. In Briefen*, éd. G. L. Plitt, Leipzig, Hirzel, 1870, III, p. 98）。

(30) 一八五一年六月三十日および一八五〇年三月三十日の書簡（in *Plitt*, éd. cit., p. 230 et 224）。

(31) *SW*, IX, 235 ; *Œuvres métaphysiques*, éd. cit., p. 295.

(32) A. Hollerbach, *Der Rechtsgedanke bei Schelling*, V. Klostermann, Francfort, 1957, p. 121 から引用。

(33) J. Derrida, *Les spectres de Marx*, Galilée, 1993, p. 63〔デリダ『マルクスの亡霊たち』増田一夫訳、藤原書店、二〇〇七年〕.

（34） *Philosophische und sozialistische Schriften*（*1837–1850*）, éd. A. Cornu et W. Mönke, Akademie-Verlag, Berlin, 1961, p. 8.

（35） *SW*, XIII, 195 ; trad. cit., t. II, p. 41.

（36） P・ダヴィッド（P. David, *De L'Absolu à l'histoire*, PUF, 1998, p. 112）はシェリングの区別を、内部のものと外部のものの区別に結びつけている。「〔…〕この内的および高位の歴史の乱入が、外的歴史に穴を開けにやってくる〔…〕」。

（37） 本書二二六頁を参照。

（38） G・ショーレムが与えている注釈を参照（G. Scholem, *Les grands courants*…, éd. cit., p. 292〔前掲『ユダヤ神秘主義』〕）。

（39） *L'esprit de l'utopie*, éd. cit., p. 320〔前掲『ユートピアの精神』〕.

（40） *Rome et Jérusalem*, trad. A. M. Boyer, Albin Michel, 1981, p. 65.

（41） Raphaël Draï, *op. cit.*, p. 405.

（42） B. Gross, *Que la lumière soit*, Albin Michel, 1995, p. 296 からの引用。

（43） *Socialisme et communisme*, éd. cit., p. 164.

（44） *Critique de la raison pure*, Pléiade, I, p. 1029 : AK, III, 248〔前掲『純粋理性批判』〕.

（45） 「極限の概念としての《理念》は、それに適合した仕方では決して具体的には与えられない」（*ibid.*, Pléiade, I, p. 1036 ; AK, III, 254）。

（46） 《理念》が規定するさまざまな「理想」が保持している「実践的な力」であり、なんらかの行動の完成の可能性の基礎として役立つ（Pléiade, I, p. 1194 ; AK, III, 384）。

（47） *L'espoir maintenant*, entretiens de 1980 avec B. Lévy, Verdier, Lagrasse, 1991, p. 25.

第4章

（1）E. Levinas, *Le temps et l'autre*（1948）, PUF, Quadrige, p. 64〔レヴィナス「時間と他なるもの」、『レヴィナス・コレクション』ちくま学芸文庫〕.

（2）*GS*, éd. cit., p. 152. Trad. M. de Launay, in *Les cahiers de la nuit surveillée*, 1, p. 52-53〔前掲「新しい思考」〕.

（3）先に指摘したように（七三頁）、われわれがここで喚起しているのはローゼンツヴァイクの言い回しである。T・ボーマンは、先に引いた研究において、かつてセム族にとって「時間はその内容と同一である」こと、彼らにとって時間とは「生起するものの概念」である（*Die Zeit ist der Begriff des Geschehens*）と述べていた（*op. cit.*, p. 120）。

（4）一九七五―一九七六年の講義「死と時間」（éd. J. Rolland, in *L'Herne. Emmanuel Levinas*, 1991, p. 21-74 (p. 32)）〔レヴィナス『神・死・時間』合田正人訳、法政大学出版局、二〇一〇年〕

（5）*Ibid.*, p. 71.

（6）*Ibid.*, p. 73.「時間の衝撃を受容しつつ、いまだ待望すること。受容することなく、引き受けることなく受容すること、その超越のなかでいまだ外部にとどまること、とはいえそれの影響を被るものを耐久すること。超越において、一つのそれ、項目、待望されたものではないものを待望すること」。

（7）「サンヘドリン篇」九七b。「もし厳密さが壁となって［メシアの］到来が妨げられるとすれば、なぜわれわれはメシアをそれでも待望しようとするのか。それは、この希望の代価を受け取るためである［…］」。

（8）Hegel, *Phénoménologie de l'esprit*, trad. Lefevre, éd. cit., p. 44〔前掲『精神現象学』〕

（9）*Ibid.*, p. 46.

（10）Levinas, *Autrement qu'être ou au-delà de l'essence*, La Haye, M. Nijhoff, 1974, p. 163〔レヴィナス『存在の彼方へ』講談社学術文庫〕.

(11) Hegel, *Phénoménologie de l'esprit*, éd. cit., p. 46〔前掲『精神現象学』〕.
(12) *Ibid*., p. 56.
(13) *Gesammelte Werkes*, éd. cit., vol. 8, p. 11 (trad. C. Bouton, «G.W.F. Hegel : Manuscrits d'Iéna sur le temps», in *Philosophie*, no. 49, 1996, p. 3–18).
(14) *Sein und Zeit*, éd. Niemeyer, p. 432〔『存在と時間』下、細谷貞雄訳、ちくま学芸文庫、一九九四年〕.
(15) *Ibid*., p. 435.
(16) Hegel, *Enchyclopédie des sciences philosophiques*, § 258〔『エンチクロペディ』二五八節〕.
(17) *Ibid*.
(18) Hegel, *Leçon sur la philosophie de la nature de Iéna*, 1805–1806, éd. cit., p. 10.
(19) *Ibid*.
(20) *Sein und Zeit*, § 82, p. 431〔前掲『存在と時間』下〕.
(21) Hegel, *Leçon sur la philosophie de la nature de Iéna*, éd. cit., p. 11.
(22) *Ibid*.
(23) Schelling, *Les âges du monde*, éd. cit., p. 134.
(24) *Ibid*., p. 146.
(25) *Ibid*., p. 106.
(26) *Ibid*., p. 93.
(27) *Ibid*., p. 98.
(28) M. Merleau-Ponty, *Phénoménologie de la perception*, Gallimard, p. 481〔メルロ＝ポンティ『知覚の現象学』中島盛夫訳、法政大学出版局、一九八二年〕. メルロ＝ポンティはしばしばシェリングにとても近い。ここで「固有の身体」が同期化を行い、これによってもろもろの時間が、同一の時間経験のもとに基礎づけられることになる。

（29） Schelling, *Les âges du monde*, éd. cit., p. 146.

（30） *Ibid.*

（31） *Ibid.*, p. 124.

（32） *Ibid.*, p. 260.

（33） 『世界年代』への〔仏語への訳者による〕あとがきにおけるパスカル・ダヴィッドの明瞭な指摘を参照（*Ibid.*, p. 338–339）。

（34） *Ibid.*, p. 104.

（35） Schelling, *Œuvres métaphysiques*, éd. cit., p. 280.

（36） Schelling, *Les âges du monde*, éd. cit., p. 213.

（37） ショーレムによる引用。G. Scholem, *Les grands courants*..., éd. cit., p. 297〔前掲『ユダヤ神秘主義』〕.

（38） *Cahier de l'Herne*, éd. cit., p. 73〔前掲『神・死・時間』〕.

（39） Cf. J. Rolland, *Parcours de l'autrement*, PUF, 2000, p. 296. 「〔レヴィナスにとって〕重要なのは、時間の次元としての現在や過去についての規定よりも前に、釘づけにされた存在であり、そこから剝がされる可能性である。そこにおいてこそ、時間そのものがみずからの時間化、持続ないし隔時性を見いだすのである」。

（40） E. Bloch, « Kant et Hegel ou l'intériorité dépassant l'encyclopédie du monde », in *L'esprit de l'utopie*, éd. cit., p. 212–228〔前掲『ユートピアの精神』〕.

（41） 通常の用法でそうであるように、われわれはこれら二つの観念を区別することなく用いるが、多くの場合、そこに経験的な側面（言わば「対神徳」）と蓋然性の判断、可動的な力動性と「魂の緊張」を含めている。両者を調整するのは、感情としての期待と、その対象としての希望とのあいだで差異を設けるのが有益と思われるときのみである。

（42）『パルメニデス』一五六D。「状態を変えるときに私たちが居合わせるこの奇妙な状態〔…〕それは瞬間的な状態だ。〔…〕なんらかの状態へとこの変化が起きる出発点〔…〕。瞬間的な状態というのは、運動と休止のあいだの奇妙な実体だ〔…〕。時間においては、それは決して存在していない」〔田中美知太郎訳『プラトン全集』第四巻、岩波書店、二〇〇五年〕。エクサイフネス〔突如〕とヌン〔今〕の対立については、以下を参照。J. L. Vieillard-Baron, *Le problème du temps*, Vrin, 1995, p. 86 *sq*.

（43）C・ブートンが明快な論文でこの点を取り上げている。C. Bouton, « “Que m'est-il permis d'espérer” : le problème de la finitude du temps chez Kant et Heidegger », in *Archives de philosophie*, 62, janvier-mars, 1999, p. 48–69.

（44）Kant, *Prolégomènes à toute métaphysique future…*, § 57, trad. Gibelin, Vrin, 1957, p. 140 : trad. Guillermit, Vrin, 1996, p. 131 : AK, IV, 352〔カント『プロレゴメナ』篠田英雄訳、岩波文庫〕.

（45）*Ibid*. ユダヤの伝統が神の名の一つ、マコムを解き明かすとき、神とは人間の外部にあって、あらゆる面から人間を取り囲んでいる空間であると説明している。

（46）E. Bloch, *op. cit*., p. 217〔前掲『ユートピアの精神』〕。強調は引用者。ちなみに指摘しておけば、十戒に書き込まれた戒律の形式もこれと同じ構造に従っている。つまり、命令は、命令法未来をとってなされており、約束となっているのである。たとえば「汝殺すなかれ」は「汝が殺すことがない（日が来るだろう）」ということだ。

（47）Kant, *Critique de la raison pratique*, Pléiade, I, 1366 : AK, III, 522〔カント『実践理性批判』波多野精一訳、岩波文庫〕.

（48）J. Rogozinski, *Le don de la Loi. Kant et l'énigme de l'éthique*, PUF, 1999, p. 59.

（49）ジャンケレヴィッチが『還らぬ時と郷愁』（*L'irréversible et la nostalgie*, éd. cit., p. 155 *sq*.）のなかで、「無力で滑稽なほど効力のない」期待について書いている箇所は、あまり説得的ではない。これには、ポール・リクールが『解釈の争い』（*Le conflit des interprétations*, Seuil, 1969）のなかで提示しているカント的な期待についての読解を対置することができる。

(50) C. Bouton, art. cit., p. 65.

(51) Kant, *La religion dans les limites de la simple raison*, Pléiade, III, p. 192 : AK, VI, 161〔カント『たんなる理性の限界内における宗教』北岡武司訳、『カント全集』第一〇巻、岩波書店、二〇〇〇年〕.

(52) Nietzsche, *Humain, trop humain*, §71〔ニーチェ『人間的、あまりに人間的』池尾健一訳、『ニーチェ全集』第五巻、ちくま学芸文庫、一九九四年〕.「箱からはただ一つの悪だけが出ていかなかった。パンドラは、ゼウスの命令で蓋を閉め、なかにとどまった〔…〕。こうして〔ゼウスは〕つねに期待を人類に与えた。実のところ、期待は悪のなかでも最悪なものだ。というのもそれは人々の苦痛を延長させるものだからだ」。

(53) これは、ガブリエル・マルセルが当時に（無制約的に）「私は希望する」と（表象的に）「私は〜であることを希望する」とのあいだに指摘した差異である。G. Marcel, *Homo viator*, Aubier-Montaigne, 1944, p. 43〔マルセル『旅する人間』山崎庸一郎ほか訳、『マルセル著作集』第四巻、春秋社、一九六八年〕.

(54) この領域はペギーがうまく描き出しているものだ。ペギーはそこに、イスラエルの「歴史」の「神秘」を見ている。「イスラエルは預言者たちを認めなかったが、とはいえ預言者たちはイスラエルを導いた。これがイスラエルの歴史の全体である」(Ch. Péguy, *Notre jeunesse*, Pléiade, III, p. 56〔ペギー『われらの青春』磯見辰典訳、中央出版社、一九七六年〕. 強調は私による)。注目すべきことに、ペギーは、ラケンの神秘を、イスラエルに固有の一種の時間の逆転に巧みに結びつけている（「ローマは場をもたらし、イスラエルは時間をもたらした」）。この逆転は、「剣」、「長官」、「住居」がイスラエルに思い起こさせる「恐怖」と一体となっている（*Clio*, *ibid.*, p. 1157）。その反響は、ベルクソンの「複数の時制をもつ哲学」にまで見いだされる（*Note sur M. Bergson*..., *ibid.*, p. 1271）。

(55)「《善》を覚えていない者は希望をいだかない」。ホフマンスタールによる選集より。Hoffmannsthal, *Livre des amis*, Maren Sell, 1990, p. 53〔ホフマンスタール『友の書』都筑博訳、弥生書房、一九七二年〕.

（56） W. Jankélévitch, *L'irréversible et la nostalgie*, *op. cit.*, p. 357, p. 271〔前掲『還らぬ時と郷愁』〕.

（57） Schelling, *Les âges du monde*, éd. cit., p. 260.

（58） フリードリヒ・フォン・ミュラーへの手紙（一八二三年）。Goethe, *Erfahrung der Geschichte*, Insel Verlag, Frankfurt, 1982, p. 308.

（59） Schelling, *Les âges du monde*, éd. cit., p. 222–223.

（60） Nietzsche, *Ainsi parlait Zarathoustra*, Aubier-Bilingue, trad. G. Bianquis, 1968, Prologue, 4, p. 56. "Pfeile der Sehnsucht nach dem andern Ufer"〔ニーチェ『ツァラトゥストラ』吉沢伝三郎訳、『ニーチェ全集』第九巻、一九九三年〕.

（61） 「創世記」六八章についての『ミドラシュ・ラッバ』を参照。

（62） E. Levinas, « Le lieu et l'utopie », in *op. cit.*, p. 133–137〔レヴィナス「場所とユートピア」、前掲『困難な自由』〕.

（63） アウグスティヌス『告白』一〇巻二一を参照。「幸福の思い出は、カルタゴの思い出と比較できるだろうか。否。［…］数の思い出とは。否。［…］雄弁の思い出とは。否。［…］喜びの思い出とは。できるかもしれない。というのも［…］喜びはその経験をしていなければ誰もそれについて語ることができないものだから。われわれはそれをわれわれの記憶のうちでふたたび見いだし、それをあらためて認めるのである」。

（64） 「サンヘドリン篇」九七a。

（65） とりわけ以下を参照。E. Bloch, « Kann Hohhnung enttäuscht werden ? », in *Verhremdungen*, V, Frankfurt, 1962, p. 211 *sq*.

（66） Racine, *Bajazet*, acte I, scène IV.

（67） 『饗宴』二〇七D―二〇八B（Pléiade, I, p. 742–743）〔プラトン『饗宴』久保勉訳、岩波文庫〕

（68） *Les écoles présocratiques*, trad. J. P. Dumont, Folio-Gallimard, p. 70〔『初期ギリシア自然哲学者断片集〈1〉』

日下部吉信編訳、ちくま学芸文庫〕.

(69) 断章についての以下の美しい注釈を参照。J. L. Chrétien, *L'inoubliable et l'inespéré*, Desclée de Brouwer, p. 149 *sq*. その結論はこうである。「〔希望されないものを〕見いだすことはできるが、主要な障害は、そちらの側ではなくわれわれの側にある。つまり、われわれにおける希望の不在、われわれの断念、われわれが日常的な懸念へと身を引いていることにある。そこでわれわれは、変更はできないが見つけることはできるとあらかじめ知っているものしか探すことはないのである」。

(70) Rosenzweig, *GS*, éd. cit., I, 1, p. 345.

(71) ラファエル・ドライによる、預言者におけるウーライ（かもしれない）およびミ・ヨデヤ（誰が知っているのか）に関する分析を参照（*op. cit.*, p. 175）。さらに、以下も参照。Péguy, *Clio*, Pléiade, III, p. 1116.「為そうとする熱狂、希望しようとする熱狂、そこに多くの時間をかけつつ時間的なものとともに（誰が知っているか）永遠的なものを為そうとする熱狂」。

(72) *L'étoile de la rédemption*, éd. cit., p. 339〔前掲『救済の星』〕.

(73) *Ibid.*, p. 342.

(74) *Ibid.*, p. 388.

(75) *Ibid.*, p. 305.

(76) *GS*, 3, p. 91.

(77) E. Levinas, «Textes messianiques», in *Difficile liberté*, éd. cit., p. 117–118〔レヴィナス「メシア的テキスト」、前掲『困難な自由』〕.

(78) *Ibid.*, p. 118.

(79) *Ibid.*, p. 120.

(80) Vaihinger, *Die Philosophie des Als-Ob* (1991), Leipzig, 1927 (10e éd.). ファイヒンガーの虚構的な〈あたかも〉

は、その存在論的な性格が不正確であるため、言ってみれば、実効性を下げることしかしていない。それゆえに、リスクを伴わない保守的な進歩主義にいたるのである。逆に、メシア的な〈あたかも〉は、時間および歴史の要請に直面した主体および今日について、(「あたかも私がメシアであるように」とか「あたかもあらゆる瞬間が永遠の瞬間であるように」というかたちで)その実効性をたえず高めようとする。

(81) J. Taubes, *La théologie politique de Paul*, Seuil, 1999, p. 112-113〔タウベス『パウロの政治神学』高橋哲哉・清水一浩訳、岩波書店、二〇一〇年〕.「救済の実効性ないし非実効性の問い」は、タウベスが不注意に述べているほど、『ミニマ・モラリア』の最後のテクストの告発の対象となっている最後の箇所と無関係な問題ではない。この問題が意味をもつのは哲学にとってだけである。まさしく哲学は、救済の光のもとで与えられるような事物を直観するよう際限なく定められているからだ。ベンヤミンが『神学的・政治学的断章』のなかで提示している見地は、アドルノに対立しているのではなく、その言明を別の観点に置いているとみなすことができる。すなわち、メシアニズムと歴史の異質性という観点、すなわち哲学にとっての観点である。

(82)『申命記のシフレ』五八章。「私がこの日にあなた方に提示するすべての掟を実践して守れ。それらの掟は、あたかもあなた方が今日シナイから受け取ったものであるかのように貴重であり、あたかも今この瞬間にそれを聞いたかのように、あなた方の口にあるだろう」。

(83) ローゼンツヴァイクはここに《律法》の法を、つまり、〈あたかも〉の全般的で厄介な枠組みを見ている(*GS*, I, 2, p. 789)。

(84) *Cours*..., in *Cahier de l'Herne*, éd. cit., p. 70〔前掲『神・死・時間』〕.

(85) *Ibid.*, p. 71.

(86) *Ainsi parlait Zarathoustra*, Aubier-Bilingue, trad. G. Bianquis, 1968, p. 451〔ニーチェ『ツァラトゥストラ』吉沢伝三郎訳、『ニーチェ全集』第一〇巻、一九九三年〕.

(87) *Ibid.*, p. 59.

(88) *Ibid.*, p. 417.

(89) Leibniz, *op. cit.*, p. 77. ライプニッツの『人間的教養の地平』と『万物の回復』を適切に編纂したミシェル・フィシャンは次のように強調している。「現実の主体、個的な実体ないし完全に規定された個人について、それらの構成および世界への帰属の最適化法則に従うならば、まず反復はありそうもないものとなり、最終的には否定される」(p. 197)。彼はまた、ライプニッツの結論は、仔細なものという観念についての深い熟考にもとづいていると指摘している。「仔細なものの充満は無限にいたり、行為体および出来事の個体性および反復不可能性を基礎づける」(p. 207)。

(90) Borges, *Histoire de l'éternité*, 1018, 1971, p. 210〔J・L・ボルヘス『永遠の歴史』土岐恒二訳、ちくま学芸文庫、二〇〇一年〕

(91) Heidegger, « Qui est le Zarathoustra de Nietzsche ? Note sur le retour éternel de l'identique », in *Essais et conférences*, Tel/Gallimard, p. 146〔ハイデガー「ニーチェのツァラトゥストラとは誰なのか?」田中純夫訳、『知のトポス　世界の視点』、二〇一五年〕.

(92) Nietzsche, *Le gai savoir*, § 341〔ニーチェ『悦ばしき知識』信太正三訳、『ニーチェ全集』第八巻、ちくま学芸文庫、一九九三年〕. もし永遠回帰の思想が課せられていたら、それは次の問いに耐えることのできない者を根絶しただろう。その問いとは、汝はそれを欲するのか、つねに、永遠に、何度でも欲するのか、「この至高かつ永遠の確認のほかはもはやなにも欲しない」ことができるのか、である。

(93) *Zarathoustra*, éd. cit., p. 336〔前掲『ツァラトゥストラ』〕.

(94) Borges, *op. cit.*, p. 215〔前掲『永遠の歴史』〕.

(95) "O du mein Wille ! Du Wende aller Not, du meine Notwendigkeit !". *Zarathoustra*, éd. cit., p. 422〔前掲『ツァラトゥストラ』〕.

(96) *Ibid.*, p. 391.

(97) *Ibid.*, p. 389.
(98) *Ibid.*, p. 387.
(99) *Ibid.*, p. 327.
(100) *Ibid.*, p. 56.
(101) *Ibid.*, p. 339.
(102) Jankélévitch, *op. cit.*, p. 109〔前掲『還らぬ時と郷愁』〕.「ニーチェの根本的な誤謬は、まさしく永遠の反復という怪物にあった」。つまり、反復の有限性と永遠性の無限性の矛盾ということだ。しかし、ニーチェにおいては回帰は「うまく偽装できていない空間性」にもとづいていると反論することもできる。
(103) Heidegger, *op. cit.*, p. 140-141〔前掲「ニーチェのツァラトゥストラとは誰なのか?」〕.
(104) *Zarathoustra*, éd. cit., p. 422〔前掲『ツァラトゥストラ』〕. ブラツラウのラビ・ナフマンは弟子たちに、「迷うことを恐れて」道を尋ねることをしないように勧めていたらしい。
(105) *Ibid.*, p. 339.
(106) ニヒリズムの概念を用いる際の困難についてはどれほど語っても十分ではない。この概念は、ある時代の文化的環境の体液診断でも世界観をさしているのでもない。そうではなく、感性的なものの価値低下のプロセスの結果、なににも値しない存在者の存在論的優位にしか帰着しない西洋の歴史の本質そのものをさしている。それゆえ、それについて賛成するかどうかはともかく、ハイデガーは、彼自身のニヒリズムの考え方を保つことによってこそ、ニーチェにおけるニヒリズムと価値の合致を結論づけ、ニーチェを形而上学的伝統に結びつけることができるわけである。
(107) Heidegger, *op. cit.*, p. 146〔前掲「ニーチェのツァラトゥストラとは誰なのか?」〕.(ハイデガー自身が第二の批判から逃れているかは定かではない。)
(108) *Zentralpark*, frament 9, in *Charles Baudelaire*, Suhrkamp, éd. 1989, p. 159.

(109) *Zarathoustra*, éd. cit., p. 422〔前掲『ツァラトゥストラ』〕.

(110) *Zentralpark*, tr. fr. 35, *op. cit.*, p. 179.

(111) F. Proust, *L'histoire à contretemps*, Cerf, 1994, Le livre de Poche, p. 82.

(112) Benjamin, *Zum Bilde Prousts*, in *Illuminationen*, Surkamp, p. 337 (*Gesammelte Schriften*, II, p. 312).

(113) *Das Passegewerk*, in GS, V, 1, p. 589. しかし同時に、ここでもまた、ペギーはここに「まったく時間的なもの」法則を見て取っていた。「いかなる作品も、どれほど完成されたものであれ、時間的に言うと、それほど完成していない。時間的に言うと、それが別の意味においてならばもっているはずの主を、それほど完全に受け取っているわけではない。[…] 未完成のものとして永続的に完成されていること [‥]」。ショーレムは、ヴァヴの文字の転換的な用法は（本書五七頁を参照）、統辞論的‐時間的には、本質的には、未完成のものを完成したものに、完成したものを未完成のものへと転換させるものであると述べている。

(114) F. Proust, *op. cit.*, p. 86.

(115) Hoffmansthal, «Le poète et l'époque présente», in *Lettre de Lord Chandos et autres textes*, Gallimard, 1992, p. 81〔ホフマンスタール「詩人と現代」小堀桂一郎訳、『ホフマンスタール選集3』河出書房新社、一九七二年〕.

第5章

(1) H. Michaux, «Jouer avec les sons», in *Passages*.

(2) GS, I, 2, p. 969.

(3) クロノス（「ガラテアの信徒への手紙」四章四節）およびカイロス（「エフェソの信徒への手紙」一章一〇節）の成就という意味である。

(4) 「ローマの信徒への手紙」三章三一節でパウロが用いているギリシア語の動詞（*katagorein*）は、ルターによっ

て *aufhebeun*〔止揚〕という動詞に移された。「もともと純粋にメシア的であった用語が〔…〕こうして弁証法の鍵語となった」とアガンベンが書いているのはまったく正しい（*Le temps qui reste*, Rivages, 2000, p. 159〔前掲『残りの時』〕）。しかし、問題のすべてはここにある。パウロとともに、その誕生の時点で捉えられたメシアニズム、その巨大かつ開かれた潜在性のもとで捉えられたメシアニズムが「世俗化」していくのだが、われわれがここで召喚している時間性についてのメシア的パラダイムの争点は、まったく別の方向へと向かうことになるのである。アガンベンが提案しているパウロのメシアニズムの検討が最後までもちこたえうるには、ユダヤ教を、そしてユダヤ・メシアニズムそれ自体を、次のような非時間的な「定義」（p. 184）のなかに閉じ込めるという条件が必要になる。「神との法的な関係を樹立することを欲してつくられた逆説的な状況に対する執拗な考察」というのがそれだ（*ibid.*）。

（5） *L'étoile de la rédemption*, éd. cit., p. 41〔前掲『救済の星』〕. ローゼンツヴァイクはこの「予期せぬ反転」は「ユダヤ的生にとっては本質的」だが、「キリスト教徒はそれを知らない」と付け加えている。

（6） J. F. Lyotard, *Heidegger et les «Juifs»*, Galilée, 1988, p. 52〔リオタール『ハイデガーと「ユダヤ人」』本間邦雄訳、藤原書店、一九九二年〕. さらに以下も参照。「ユダヤ人は、自らを基礎づけることに専心する西洋の精神のもとでは、この精神に抗うもの、未完了のものの傷口を絶えず広げるものである」（*Ibid*., p. 45）

（7） たとえば、権力の領域は、ローゼンツヴァイクが「測量可能なもの」と呼ぶものによって規定されるだろう。これに対して、「実際の世界」は、「鳩の足元」にやってくる「測量不可能なもの」に貫かれている。政治的なものを構成している幻想は、世界および実効性の重さを全面的に測ることができる（それに重しをかけることができる）と思っている点、あるいは少なくとも、それらを厳密に測量することで満足できると思っている点にあるだろう（*GS*, III, p. 660）。

（8） 「出エジプト記」二四章三節および七節（本書二五八頁以下も参照）。

（9） R. Draï, *op. cit.*, p. 66.

（10）「世界とは、オラムのヘブライ語の語根が示すように、（世界の）消失のことである［…］。消失は、時間の一貫性そのものであり［…］、時間が本質的様態をなしている場からの解放である」（S. Trigano, *Philosophie de la Loi*, Cerf, 1991, p. 17–18）。

（11）Rosenzweig, *L'étoile de la rédemption*, éd. cit., p. 477〔前掲『救済の星』〕.

（12）*Ibid.*

（13）*GS*, I, 1, p. 426. 世界は「為すべきもの（*faciendum*）」であり、「為されたもの（*factum*）」ではない。それが、世界が「信仰の事実性（*facticité*）の場」となる理由である。

（14）R. Draï, *op. cit.*, p. 271.

（15）Kant, *Doctrine du droit*, introduction, D, Pléiade, III, p. 480. AK, VI, 231〔カント『人倫の形而上学』樽井正義・池尾恭一訳、『カント全集11』岩波書店、二〇〇二年〕.

（16）*L'étoile de la rédemption*, éd. cit., p. 393〔前掲『救済の星』〕.

（17）ヘブライ語はマハル（明日）とレヘム（母型、慈愛）との結びつきを可能にする。

（18）J. Derrida, *Adieu à Emmanuel Levinas*, Galilée, 1997, p. 146〔デリダ『アデュー エマニュエル・レヴィナスへ』藤本一勇訳、岩波書店、二〇〇四年〕. このような内包－排除ないし内包された外部性の関係に、デリダがメシア的な政治の空間を見てとっているのだが、この関係こそはさらに、ローゼンツヴァイクによれば、ユダヤ教と諸国民との関係を規制しているものであると指摘することもできるだろう。

（19）*Midrach Rabba*, I, Verdier, 1987, p. 157.

（20）「ベラホート篇」七a。

（21）*GS*, III, p. 659. この注目すべき節において、ローゼンツヴァイクは、ドイツ語の *Recht haben* という語の二つの意味に当て込んでいる。それは、道理がある、権利があるという、各人が「追求している」もののことである。

（22）『ニコマコス倫理学』五巻、三、五。〔アリストテレス『ニコマコス倫理学』高田三郎訳、岩波文庫〕

(23) 同前、五巻、一〇、六。
(24) 同前、五巻、一〇、五—七。
(25) 同前、五巻、一、一三—一六。周知のように、これはまたアーレントの立場でもある。
(26) 「ニッダー篇」六九b。
(27) Levinas, *Autrement qu'être ou au-delà de l'essence*, éd. cit., p. 161〔前掲『存在の彼方へ』〕. ここでの「正義」はもちろんレヴィナスにおける意味で理解されなければならない。すなわち、他者の顔との関係への第三者の参入によって規定された領域という意味である。したがって、これはほとんど法的なもの、ディンに対応するものであり、「倫理」には対立する。
(28) トリガノが示唆する翻訳による(S. Trigano, *Philosophie de la Loi*, Cerf, 1991, p. 19)。
(29) *Ibid.*, p. 18.
(30) これは、ラブ・ヘセドといわれている(「出エジプト記」三四章六節)。無償で慈善に富んだ愛に満ちて、という意味である。
(31) たとえばハイデガーは、「転回」の前にも後にも、近代的側面と現代的側面、主題化と証言の双方に同様に属しているだろう。このことは、二〇世紀の哲学史におけるその戦略的な地位を説明する。
(32) J. L. Nancy, *Le sens du monde*, Galilée, p. 24.
(33) M. Blanchot, *La communauté inavouable*, Minuit, 1983, p. 73〔ブランショ『明かしえぬ共同体』西谷修訳、ちくま学芸文庫〕.「責任」ないし「義務」(ヘセド)は「《掟》からは到来しない」。逆に、「《掟》とはすでに用いられている言語によっては言明されない例外ないし常軌を逸したものだと言い表すことによって、《掟》を必然的に統御しようとする際に用いられる合法性の形式があるが、そうしたあらゆる形式に《掟》を還元することはできない」という点において、《掟》は「到来するだろう」。
(34) 『他者のユマニスム』がこの語に与える意味において(これは『全体性と無限』がそれに与える意味を修正し

ている）。すなわち、「同へ回帰することなく他に向かう同の動き」、「自分のための希望なき終末論、自分の時間からの解放」である（*Humanisme de l'autre homme*, éd. Livre de Poche, p. 45）〔レヴィナス『他者のユマニスム』小林康夫訳、書肆風の薔薇、一九九〇年〕

（35）エレミアがシャケド（見張り番）と呼ばれていること、エゼキエルがツォフェー（監視人）に結びつけられていること、とりわけ、ここで論じることはできないが、この点に関連した巧みな言葉遊びについて私の注意を向けてくれたのは、イェルサレム・ヘブライ大学のジュディス・ユリアンである。

（36）J. Derrida, *Donner le temps*, Galilée, 1991, p. 130.

（37）E. Levinas, *Humanisme de l'autre homme*, éd. cit., p. 45〔前掲『他者のユマニスム』〕.

（38）『ピルケ・アヴォート』一章一七節。

（39）Levinas, *Autrement qu'être...*, éd. cit., p. 12〔前掲『存在の彼方へ』〕.

（40）「自分の内部にあまりに集中したため、結局自分自身のことしか愛せなくなった者は〔…〕、もはや生きてはいない。すでに死んでいる」。« Profession de foi du vicaire savoyard », *Émile*, Garnier, 1964, p. 350〔ルソー『エミール』今野一雄訳、岩波文庫〕.

（41）すでに述べたように、「創世記」三章冒頭の数節は、「為すべきものとして神が創造したもの」として、ローゼンツヴァイクとともに「ラアソット」を読むべきだろう。

エピローグ

（1）私はここで言語〔langue〕と言語行為（Sprache）〔langage〕、さらに言葉〔parole〕を区別していない。問題はただ、それらに固有なメシア性である。

（2）*Igitur, Divagations, Un coup de dès*, Poèsie, Gallimard, 1976, p. 244〔『マラルメ全集〈二〉』松室三郎訳、筑摩

書房、二〇一〇年〕.

（3） *Ibid.*, p. 245.

（4） P. Campion, *Mallarmé. Poésie et philosophie*, PUF, 1994, p. 21.

（5） F. Rosenzweig, *L'Étoile de la rédemption*, éd. cit., p. 134〔前掲『救済の星』〕.

（6） *GS*, I, 1, p. 112–113. ローゼンツヴァイクは、従兄弟のエーレンベルクにこの手紙を書いたときにはまだ二四歳であった。

（7） *Das neue Denken*, éd. cit. p. 151–152〔前掲「新しい思考」〕. 本書一三四頁も参照。

（8） « *Viel hat von Morgen an. / Seit ein Gespräch wir sind und hören voneinander. / Erfahren der Mensch ; bald sind wir aber Gesang* ». この詩に対するハイデガーの注釈については以下を参照。J. F. Mattéi, *Heidegger et Hölderlin. Le Quadriparti*, PUF, 2001, p. 115 *sq*.（「対話と言語との関係から明らかになるのは、言語が対話のなかに到来するということだ。そのことが意味しているのは、［…］言語は人間の歴史のはじまりであるということだ」）。

（9） F. Rosenzweig, *L'Étoile de la rédemption*, éd. cit., p. 134〔前掲『救済の星』〕.

（10） F. Rosenzweig, *Das neue Denken*, *ibid*〔前掲「新しい思考」〕.

（11） 『形而上学』四巻一〇〇六B。「もし境界を設けなければ、またもし無限の意味があると主張するならば、明らかに、いかなる論証もありえない。というのも、一つの事物を意味することができなければ、まったくなにも意味することができないからだ」（Aristote, *Métaphysique*, Vrin, trad. Tricot, p. 201.

（12） 「私たちを言語へと、言語の〈すでにある〉へともたらす経験は、言語が私たちに先立ち、私たちの思考に命じ、私たちに意味を与えるために［…］、最初から割礼の経験、裂け目および帰属の経験なのです」（J. Derrida, *Un témoignage donné*..., in E. Weber（éd）, *Questions au judaïsme*, Desclée de Brouwer, 1994, p. 80）。デリダの言う「裂け目および帰属」が、ローゼンツヴァイクの〈結びつける－分割する〉と共鳴していることは指摘しておこう。

（13） 過ぎ越しの祭り（ペサハ）を、〔紅海の〕横断〔passageà〕、解放と約束の地への歩みだとするラビ派の解釈は、「口は語る」（ペ・サハ）というパスカル的な経験が見直し、修正するように、字義的にも許容される。

（14） 「創世記」九章二七節。「神がヤフェトの土地を広げ、セムの天幕に住まわせる」。ヘブライ語はここで、〔ヤフェトという〕名と〔「広げる」を意味するヤフェトという〕動詞の音の類似で言葉遊びをしている。

（15） 「メギラー篇」九b。

（16） 「ミドラシュ・ラッバ」三六、八。

（17） Jean-Luc Nancy, *Des lieux divins*, TER, 1987, p. 22〔ジャン＝リュック・ナンシー『神的な様々の場』大西雅一郎、松籟社、二〇〇一年〕.

（18） *Der Stern*..., *GS*, II, éd. cit. p. 264.「これが言語の真の秘密だ〔…〕。言葉は語るのである」（*Étoile*..., éd. cit., p. 280〔前掲『救済の星』〕）。

（19） *Ibid.*

（20） J. Derrida, *Heidegger et la question*, Champs-Flammarion, p. 115 *sq.*〔デリダ『精神について』港道隆訳、平凡社ライブラリー〕

（21） *Étoile*..., éd. cit., p. 134〔前掲『救済の星』〕「対象をその名で「呼ぶ（heißt）」現実の語〔…〕起源語はこれを約束（ver-heißen）した」。ローゼンツヴァイクは、語ること（sprechen）と約束すること（versprechen）、呼ぶこと（heißen）と約束すること（verheißen）、言いかえれば《名》と《約束》の言葉遊びを重ねている（《約束の地》はドイツ語では das Land der Verheißung と言われる）。Cf. Heidegger, *Qu'appelle-t-on penser ?*（*Was heißt Denken?*）, PUF, Quadrige, p. 128–134〔ハイデッガー『思惟とは何の謂いか』辻村公一訳、『ハイデッガー全集』第八巻、創文社、二〇〇六年〕.

（22） J. Derrida, *Heidegger* ..., éd. cit., p. 116〔前掲『精神について』〕.

（23） Heidegger, *Qu'appelle-t-on penser ?*, éd. cit., p. 133〔前掲『思惟とは何の謂いか』〕.

（24） J. Derrida, *Le monolinguisme de l'autre*, Galilée, 1996, p. 127〔デリダ『たった一つの、私のものではない言葉』守中高明訳、岩波書店、二〇〇一年〕.

（25） *GS*, I, 2, p. 754.

（26） H. Arendt, « Seule demeure la langue maternelle », in *La tradition cachée*, 10/18, 1987, p. 240–241〔ハンナ・アーレント「何が残った？ 母語が残った」、『アーレント政治思想集成 1』みすず書房、二〇〇二年〕.

（27） *Étoile*..., éd. cit., p. 134〔前掲『救済の星』〕. ローゼンツヴァイクは、この箇所で、「語ること」を、「啓示」の場、「無声」から「有声」への移行の場、「秘められたもの」から「明白なもの」への移行の場、「閉じたもの」から「開いたもの」への移行の場として示すために、翻訳は難しいが、*Wort*（言葉）と *antworten*（応答すること）、*Anfang*（始まり）と *auf-fangen*（迎接すること）の意味について言葉遊びをしている。この点については、以下を参照されたい。G. Bensussan, *Franz Rosenzweig. Existence et philosophie*, PUF, 2000, p. 59 *sq*.

（28） ローゼンツヴァイクが、「三つのかたち」で（それぞれドイツ語、ユダヤ的言語およびヘブライ語に関する）脱固有化を「ユダヤ民族」に割り当てることで、脱固有化を「和らげ」ているのではないかと批判することもできるだろう。デリダはそれを、『たった一つの、私のものではない言葉』の注目すべき注のなかで指摘している（éd. cit., p. 91 *sq*）。いずれにしても、ローゼンツヴァイクの徹底化の様態は、もちろん議論の余地があるにしても、真の再我有化をもたらすわけではないと指摘しようとすることはできる。

（29） *Étoile*..., éd. cit., p. 355〔前掲『救済の星』〕.

（30） *Ibid.*, p. 356.

（31） *Ibid.*

（32） 現代イスラエルにおけるヘブライ語——これはむしろ「日常的な生活」の言語という一般的な地位を得ている——の問題は、もちろんここでローゼンツヴァイクの視界には入っていない。

（33） M. Mendelssohn, *Jérusalem*, trad. D. Bourel, L'arbre double, 1982, p. 140.

訳注

＊1 Paul Valéry, «Notre destin et les lettres», *Œuvres*, II, Paris, Gallimard, «Bibliothèque de la Pléiade», 1960, p. 1068.

＊2 ヘーゲル『歴史哲学講義』の序論で提示される「事実そのままの歴史」「反省をくわえた歴史」「哲学的な歴史」の区別を参照。『歴史哲学講義』上、長谷川宏訳、岩波文庫、一九九四年、一〇―三五頁。

＊3 ランボーの詩「別れ」の有名な文句「絶対に現代的でなければならない」を踏まえた表現。『ランボー全詩集』宇佐美斉訳、ちくま学芸文庫、一九九六年、三〇八頁。

＊4 フィオーレのヨアキム（一一三五頃―一二〇二）はシトー会の修道院長を務めたカトリックの神学者で、独自の聖書解釈と歴史の予言で知られる。

＊5 ニーチェ『反キリスト者』第一〇節を参照。『ニーチェ全集14 偶像の黄昏 反キリスト者』原佑訳、ちくま学芸文庫、一九九四年、一七五頁。

＊6 ジョルジュ・ペレック『Wあるいは子供の頃の思い出』酒詰治男訳、人文書院、一九九五年、一二頁。

＊7 ハイデガーは一九三〇／一九三一年冬学期のフライブルク講義「ヘーゲル『精神現象学』」でこの語を用いている。「さて、『有と時』という表題に着目してオントクロニー〈*Ontochronie*〉について語ることができるかもしれない。ここではロゴスに代わって時がその位置を占めている。しかしただ両者が入れ替えられただけなのか。否。むしろすべてを根底から、そして有についての問いの本質的な動機を受け継いで新しく展開することが大切

なのである」(『ハイデッガー全集　第32巻　ヘーゲル『精神現象学』』藤田正勝／アルフレド・グッツオーニ訳、創文社、一九八七年、一九七頁)

＊8　「それでは、時間とはなんであるか。だれもわたしに問わなければ、わたしは知っている。しかし、だれか問うものに説明しようとすると、わたしは知らないのである」(アウグスティヌス『告白』下、服部英次郎訳、岩波文庫、一九七六年、一一四頁)。

＊9　Jules Michelet, «Avenir ! Avenir», *Europe*, 19, n°73, p. 6. ベンヤミンが『パサージュ論』の「覚え書および資料」の「F　鉄骨建築」の冒頭に掲げている。ヴァルター・ベンヤミン『パサージュ論　第1巻』今村仁司・三島憲一ほか訳、岩波現代文庫、二〇〇三年、三四四頁。

＊10　バルーフ・デ・メジュビジはハスィディズムの創始者バール・シェム・トーヴの孫。この逸話はブーバーの『ハスィッドたちの物語』("Das Vergessen", in : Ran HaCohen (hrsg.), *Martin Buber Werkausgabe*, Bd. 18. 1, *Chassidismus III : Die Erzählungen der Chassidim* (Gütersloh : Gütersloher Verlagshaus, 2015, SS. 246–247) で紹介されている(小野文生氏の教示による)。

＊11　「地上の汚れのしみついた目で見ると、われわれは、長いトンネルのなかで鉄道事故にあった旅行者の情況におかれているようなものだ。しかもこの事故地点では、入口の光はもはや見えず、出口の光は、たえず目を凝らしていてもじき見失ってしまうほど小さい。それどころか、どちらが入口でどちらが出口か、発端と結末のけじめさえもはや確かではないのである」(『決定版カフカ全集3』飛鷹節訳、新潮社、一九八一年、五六頁)。

＊12　スピノザがたびたび述べる「真理は真理自身と虚偽との指標である(Verum index sui et falsi)」(『エチカ』第二部定理四三備考など)に依拠した表現。ブロッホとアドルノの対談を参照。«Etwas fehlt... Über die Widersprüche der utopischen Sehnsucht. Ein Gespräch mit Theodor W. Adorno», in Rainer Traub und Harald Wieser (hrsg.), *Gespräche mit Ernst Bloch*, Frankfurt am Main, Suhrkamp Verlag, 1975, S. 70.

＊13　『純粋理性批判』で提示される「私は何を知りうるか?」「私は何を為すべきか?」に続く第三の問い、「私は

何を望んでよいか?」を指す。『純粋理性批判』下、原佑訳、平凡社ライブラリー、二〇〇五年、一二三頁。

＊14 ツィムツムとは、すでに本書第二章（六七―六九頁）で概要が述べられているように、十六世紀のカバリストのイサク・ルーリアの創造説に見られる考え方で、創造における神の「自己収縮」をさす。詳しくは、ゲルショム・ショーレム『ユダヤ神秘主義 その主潮流』（山下肇ほか訳、法政大学出版局、一九八五年）第七章を参照。

＊15 ヘシオドスの『仕事と日』では「神々の使者はさらに乙女に声を与え、その女をばパンドーレーと名づけたが、その故は、オリュンポスの館にすまずよろずの神々《パンテス》が、パンを食らう人間どもに禍いたれと、乙女に贈物《ドーロン》を授けたからであったのじゃ」とあり、続けていわゆる「パンドラの匣」の物語が展開される（松原千秋訳、岩波文庫、二〇―二一頁）。他方で、『神統記』においてはパンドラの名は明示的には出てこないが、五七〇行以降でパンドラに相当するヘパイストスが作った乙女に関する言及が見られる。ここではその双方が念頭に置かれている。

＊16 オメー氏（Monsieur Homais）とは、ギュスターヴ・フローベール『ボヴァリー夫人』に登場する薬剤師で、しばしば科学主義や進歩主義を信奉する俗物的な人物の象徴とされる。

＊17 『全体性と無限』第一部第一節において、絶対的に他なるものをめざす「形而上学的欲望」について、次のように述べられている。「形而上学的欲望は帰還を切望することがない。形而上学的欲望は生誕の地とは異なる国への欲望だからである。形而上学はどんな自然とも無縁の国、われわれの故郷でもなければわれわれが決して移り住むこともない国への欲望である」（レヴィナス『全体性と無限』合田正人訳、国文社、一九八九年、三一頁）。

＊18 タルムードの次の一節に次のようにある。「人が何も待っていないときにやってくる三つのものがある。遺失物、サソリ、そしてメシアである」（「サンヘドリン篇」九七）。

＊19 デリダの restance とは、デリダによる造語である。動詞 rester（残る、とどまる）の現在分詞を名詞化したものとも理解できる。「署名、出来事、コンテクスト」において、デリダはこれを、現前と不在の二項対立から逃れ、差異的な反復可能性を含んだ「マーク」を特徴づけるものとして用いているほか（『有限責任会社』高橋哲哉ほか訳、法政大学出版局、二〇〇三年）、『精神分析の抵抗』では「抵抗」と結びつけている（鵜飼哲ほか訳、

青土社、二〇〇七年)。「残遺」と訳されることもあるが、本書においては「残る」ことと「抵抗」の二つの意味がかかっていることが重要であるため、「残留＝抵抗」とした。

＊20 ソロモン王の裁きとは「列王記」第三章に見られる次のような逸話。同じ家に住む二人の女にそれぞれ一人赤ん坊がいたが、そのうちの一人が死んだ。どちらの女も「死んだのは相手の子で、生きているのは私の子だ」と訴えたため、ソロモン王は生きた子を二つに割いて両者で分けるよう命じた。この判決について、一方の女が、子を殺すのはやめて相手に与えるよう懇願したのに対し、ソロモン王はこの女に赤ん坊を生かしたまま渡すよう命じた。

＊21 nuque raide とは、直訳をすれば「硬いうなじ」である。一般的には、首を違えた際の痛みを表すこともあるが、聖書においてユダヤ民族が「頑なな民」と言われることから(たとえば「出エジプト記」三二章九節、三三章五節など)、ユダヤ人を形容する表現として用いられることがある。

＊22 ウィトゲンシュタインのカブトムシについての寓話とは、『哲学探究』で挙げられているものである。「痛み」が各人に固有であるなら、各人が持っている箱のなかに入っている、その人にしか見えない「カブトムシ」についても同様のことが言えるだろう。しかし、「カブトムシ」という語が慣用表現であるとすれば、「箱の中のそのものは、一般に言語ゲームの一部ではないし、またある何かですらない。なぜなら、その箱が空でさえありうるのだから」(ウィトゲンシュタイン『哲学探究』二九三節を参照。『ウィトゲンシュタイン全集8』藤本隆志訳、大修館書院、一九七六年、一九九―二〇〇頁)。

訳者あとがき

本書は Gérard Bensussan, *Le temps messianique : Temps historique et temps vécu*, Paris, J. Vrin, 2001 の全訳である。著者のジェラール・ベンスーサンは、エクス＝アン＝プロヴァンス大学、次いでストラスブール第二大学（現ストラスブール大学）で長く教鞭をとってきた哲学者であり、ドイツ観念論およびドイツ語圏のユダヤ系哲学に関する数多くの著書・論文を出版している。著書としては本書が初の邦訳になるが、これまでに以下の論文が日本語に翻訳されている。

「レヴィナスと政治の問い」（渡名喜庸哲訳）、『現代思想　臨時増刊号　総特集レヴィナス』、二〇一二年三月

「両義性と二元性――レヴィナスにおけるエロス的なものについて」（平石晃樹訳）、合田正人編『顔とその彼方――レヴィナス『全体性と無限』のプリズム』知泉書館、二〇一四年

「レヴィナスの作品におけるナアセー・ヴェニシュマー」（西山達也訳）、『京都ユダヤ思想』第四号（二）、特集号「レヴィナス哲学とユダヤ思想」、二〇一五年

一見して明らかなように、これらはすべてフランスのユダヤ系哲学者エマニュエル・レヴィナスの思想に捧げられた研究論文であり、ベンスーサンの専門領域のごく一部をカヴァーするにすぎない。したがって、これまでフランスで刊行されてきた主要著作を確認しながら、著者の言わば思想的バックボーンを多少詳しく紹介しておくことは、本書の理解のために無駄ではないものと思われる。

ベンスーサンの研究の出発点はマルクス主義とりわけモーゼス・ヘスの研究であり、ジョルジュ・ラビカとの共著で『マルクス主義批評辞典』(*Dictionnaire critique du marxisme*, Paris, PUF, 1982)を刊行したのち、博士論文を元にした『モーゼス・ヘス、哲学、社会主義——一八三六〜一八四五』(*Moses Hess, la philosophie, le socialisme : 1836–1845*, Paris, PUF, 1985)を出版している。それから二十年以上経った二〇〇七年にも、著者は長年にわたる他の哲学者をめぐる研究を踏まえてふたたびマルクスの「過度の思想」に立ち戻った『出て行く者マルクス——過度の思想』(*Marx le sortant : une pensée en excès*, Paris, Hermann, 2007)を世に問うている。ヘスへの関心からも想像されるとおり、ベンスーサンがたえずジュダイズム(ユダヤ教・ユダヤ思想)との関係に焦点を当ててマルクス主義に取り組んできたことは注目してよい。『ユダヤ人問題』(*Questions juives*, Paris, Éd. Osiris, 1988)と題された小著は、それ自体としては実在しないはずのマルクスやローザ・ルクセンブルクらにおける「ユダヤ人問題」(たとえマルクスがブルーノ・バウアー『ユダヤ人問題』に寄せた論文を書いているとはいえ)を対象とした論文を収めている(なお同書の第六章「歴史的時間とユダヤ的自己同一性」は、本書前半の簡潔な梗概とも言える)。

この関心事がその後の著者の重要な仕事に一貫した方向性を与えてきたのは間違いない。すなわち、哲学と神学(神話学)の錯綜ないし相克を軸にドイツ観念論を批判的に継承した後期シェリングおよびフランツ・ローゼンツヴァイクに関する一連の研究である。

まずシェリングについて、ベンスーサンは『啓示の哲学』(*Philosophie de la révélation*, Paris, PUF, 1993–1994)および『神話の哲学への序論』(*Introduction à la philosophie de la mythologie*, Paris, Gallimard, 1998)の翻訳プロジェクトに参加したのち、最近になって『世界年代』をめぐる研究書を刊行している(Les Âges du monde *de Schelling : Une traduction de l'absolu*, Paris, Vrin, 2015)。

またローゼンツヴァイクについては、早くも一九九一年に『ヘーゲルと国家』の翻訳(*Hegel et l'État*, Paris, PUF, 1991)を上梓したあと、コンパクトな概説書『フランツ・ローゼンツヴァイク——実存と哲学』(*Franz Rosenzweig : existence et philosophie*, Paris, PUF, 2000)と、より本格的な論文集『世界の形態のなかで——フランツ・ローゼンツヴァイクについて』(*Dans la forme du monde : Sur Franz Rosenzweig*, Paris, Hermann, 2009)を出版している。後者にはデリダやアーレントらとローゼンツヴァイクを関連づける論考も収録され、ローゼンツヴァイクの現代性を多様な角度から明らかにする試みがなされている。さらに本書と同時期にベンスーサンが、献辞にも名前が挙げられているマルク・クレポンおよびマルク・ド゠ローネーの「二人のマルク」とともに、ローゼンツヴァイク自身の論文を独自に編集した訳書を出版していることも付記しておきたい。改宗をめぐるオイゲン・ローゼンシュトックとの有名な手紙のやりとりや一九二五年の「新しい思考」を収めた『信と知——『救済の星』をめぐって』(*Foi et savoir : autour de* l'Étoile de la rédemption, Paris, Vrin, 2001)と、歴史哲学やユダヤ教育に関する短文を集めた『合流——哲学・歴史・ユダヤ教』(*Confluences : politique, histoire, judaïsme*, Paris, Vrin, 2003)の二冊が、フランス語圏のローゼンツヴァイク受容と研究の進展に果たした役割はいくら強調しても強調しすぎるということはないだろう。本書全体にわたるローゼンツヴァイクへの頻繁な参照は、ベンスーサンの広範な研究範囲のなかでこの哲学者が占める位置のきわだった重要性を物語っている。

ここまで言及してきた著作のほかに、著者はフィロン、マイモニデスからコーエンを経てレヴィナスにいたる「ユダヤ哲学」を論じた『ユダヤ哲学とはなにか』(*Qu'est-ce que la philosophie juive ?*, Paris, Desclée de Brouwer, 2004)、レヴィナスにおける倫理と政治の問題を扱った『倫理と経験——政治的レヴィナス』(*Éthique et expérience : Levinas politique*, Strasbourg, Éd. de la Phocide, 2008)を刊行している。さらに、編著を務めた『ユダヤ思想におけるドイツ哲学』(*La philosophie allemande dans la pensée juive*, Paris, PUF, 1997)には、論文「ドイツ哲学をまえにしたエマニュエル・レヴィナス」を寄稿している。

こうして目眩を覚えるほどの大量の書誌情報をもとにベンスーサンの旺盛な研究活動を概観してみると、特定の哲学者を題名に冠したモノグラフィーが大半を占めるなかで、本書『メシア的時間』が、思想史研究をベースに形成されたベンスーサン自身の思想を開陳した主著の役割を果たしているとがあらためて理解される。しかも本書の主題は、著者の研究をつねに導いてきた哲学とジュダイズムとの対決から浮かび上がる「メシア的時間」である。この表現において、時間という伝統的な哲学概念と、メシアというユダヤ教に淵源をもつ宗教概念との衝突的結合になにが賭けられているのかは、本書の冒頭から述べられるとおりである。忍耐し待望する主体によって経験される内的時間を媒介として、直線的に進行していく歴史的時間の枠組みのなかに水平性を中断する垂直性を備えた出来事が貫入することで、著者が「メシア的襞」と呼ぶ時間の層状構造が生まれる。本書はこの「メシア的襞」の原型と成り立ちを、聖書やタルムード、カバラといったジュダイズムの古典テクストに依拠して解説しつつ、その一端がドイツ観念論の歴史哲学のなかで暗黙的に作動していた実態を、歴史をめぐるヘーゲルとシェリングの対決の分析、カントにおける「隔たり」の概念の評価、さらには全面的なローゼンツヴァイクの援用にもとづいた精緻な「哲学」的読解によって示していく。哲学と宗教との複雑な絡み合いをまえにして、安易にその解消と相互排除をもくろむことなく問題に取り組む態度は、依然として「哲学」に属するのだろうか。哲学の「学」的さらには「学科」的な狭隘さが、本書が明るみに出す時間をめぐる豊かな人間的経験を記述する妨げになってきたとすれば、「哲学」を営んでいると自任する者こそがこの問いに肯定的に答え、それに立ち向かわなければならないだろう。本書が詳細に論じるように、近代哲学の起源となる構造が「メシアニズムのキリスト教的世俗化」（本書二五頁）であるとしたらなおさらである。ここでもまた哲学と神学との積極的な協働関係を述べたローゼンツヴァイクの姿勢が思い起こされる。

本書を通じてドイツ観念論以降の哲学者たちが特権的な場所を占めているために、『メシア的時間』という書名が想像させるものとは異なって、本書の内実は近現代ドイツ哲学の研究書としての性格を強く示しているが、本書がより広い文脈のもとに置かれていることも指摘しておきたい。第一に、本書はウェーバー、シュミット、ブルーメンベルクといった近代政治と神学をめぐる古典的な社会思想史の系譜を引き継ぎつつも、政治における神学の世俗化を、キリスト教そのものとして現れたユダヤ・メシアニズムの世俗化として再解釈する。この点で本書はデリダの「世界ラテン化」やナンシーの「キリスト教の脱構築」といった議論の延長線上に位置することになる。第二に、本書は、こうした近現代ドイツ哲学との対話に多くの頁を割いているが、随所で見られるように、レヴィナスの哲学的な企ての全体を理解することをそのサブ・テーマとしているという読み方もできるだろう。予期の地平を超えた「未来」に向かう「希望」や、記憶可能なものを超えた「過去」に向かう「ノスタルジー」、「隔時性」という時間概念それ自体が「他者」との「倫理」を要請するという問題構成、さらにこの「倫理」と「正義」との単純には裁断できない交錯関係など、とりわけ本書後半では、レヴィナス哲学の主要問題を関連する哲学者やユダヤ教の伝統の議論に交差させることで、いっそう重層的な理解を促しているといってもよい。さらに、本書は、フランスの現代思想との関連で言えば、レヴィナスの思想を直接的に継承するばかりでなく、九〇年代以降のデリダが提起する「メシアニズムなきメシア的なもの」や「出来事」の思想、「他者の単一言語使用」の問題を理解するうえでの理論的要素を提供してくれる。

本書の原書刊行に先立つ九〇年代には、ベルリンの壁の崩壊やソヴィエト連邦の解体といった歴史的事件を経て、政治・社会制度としての共産主義体制が終焉を迎え、フランシス・フクヤマのベストセラー『歴史の終わりと最後の人間』(一九九二年)はリベラルな民主主義と市場経済の勝利によってマルクス主義的伝統の一切に終止符が打たれたと喧伝していた。二〇〇一年という新しい千年紀が始まる年に刊行され、しかも『メシア的時間』という、時代背景を彷彿とさせる簡明直截な題名を付されながらも、適度な学問的禁欲を保つ本書は「終わり」をめぐるこうした言説に名指しで言及することなく、それを大文字の物語の終焉をめぐる「ジャーナリスティックな解説」(本書一五頁)の一言で片づける。問題なのは、ある時代の終わりや、歴史そのものの終わりでさえなく、終わりが刻み込まれた時間性を哲学的に思考することだからである。その意味で本書は特定の時代的なしるしを帯びつつも、歴史のなかで内的時間を耐え忍びながら今この瞬間に新しいものを待望する主体の時間性を考察するための、文字どおり時代を超えた手引きとなるだろう。また、本書の関連書と言えるステファヌ・モーゼス『歴史の天使——ローゼンツヴァイク・ベンヤミン・ショーレム』(合田正人訳、法政大学出版局、二〇〇三年)も合わせてお読みいただければ、硬質な筆致でつづられた本書の射程をよりよく理解することができると思われる。

藤岡が本書と出会ったのは、レヴィナスの『実存から実存者へ』のメシアニズムを扱った修士論文を執筆していた最中のことである。同書の最後に唐突に現れる「希望の真の対象とは、メシアないし救済である」という文章をはじめて目にしたときには、フッサールの現象学とハイデガーの存在論を素地としたレヴィナスの「哲学」のなかに個別の宗教用語が現れる意味を理解することができなかった。しかし「メシアとは人間ではなく、時間であり、さらには時間の時間性なのだ」(本書六一頁）という本書の言葉をヒントにあらためて『実存から実存者へ』を読み通してみると、捕虜収容所で執筆され戦後すぐに刊行されたこの著作がまさに「メシア的襞」の構造を記述していることに気づかされたのだった。『レヴィナス著作集　1・2・3』（三浦直希・渡名喜庸哲・藤岡俊博訳、法政大学出版局、二〇一四〜二〇一八年）によってその一端が明らかになった捕囚生活を経て復員し、ヨーロッパの荒廃とユダヤ共同体の絶望的な悲劇を知ることになるレヴィナスは、「壊れた世界」「転覆した世界」といった表現がどれほど平凡なものと化そうとも、それは「ある真正な感情」を表していると述べる。この感情から出発することで、実存のただなかでの実存者の誕生がはじめて語られ、そして実存者がみずからの存在から脱出する方途が、贖いえない現在の瞬間を償う「メシア」、すなわち他者が介入する契機である時間そのものとして思考されていくのである。

渡名喜は、フランスにてレヴィナスとアーレントに関する博士論文を準備するなかベンスーサンの仕事に出会った。とりわけレヴィナスについては、西洋哲学、なかんずく彼自身が明示的に身を置いているはずの現象学の枠組みを踏まえたとしても、そもそもの問題構成自体が理解できないことがあり幾度もつまずくことがあったが、そのつど支えになったのが本書を含むベンスーサン氏の仕事である。たとえば、レヴィナスの哲学は「ユダヤ的」だとよく言われるが、しかし、聖書のヘブライ語に遡れば、タルムードの議論に直接飛び込めば、いわゆる「ユダヤ哲学」の伝統をたどり直してみれば、あるいは近代の「ヨーロッパ・ユダヤ人」の歴史に照らし合わせれば、その「ユダヤ性」がなにかが理解できるわけではない（このことは、アーレントにしても、「最後のユダヤ人」を自称するデリダにしても同様である）。ベンスーサンは、ユダヤ教およびユダヤ哲学の伝統的な議論を踏まえつつ同時に近現代独仏哲学の全体を視野に入れ、それればかりか、いわゆる「宗教哲学」や「哲学史」はもとより、「政治」や「倫理」を含む幅広い領域において積極的な議論を展開しているが（彼はアーレントについてもユダヤ思想との関連での論文をいくつも書いている）、それぞれの領域についての深い理解に基づきつつ、とはいえそのうちのどれかに固執することはせず、つねに時代、地域、言語を交差させて現代哲学にアプローチする姿勢からは多くのものを学んだ。本書でも発揮されているこうした多角的な見方は、おそらくベンスーサン自身が、一つの場に身を定めることをせず、つねに交差の場——地中海を挟む生まれ故郷のアルジェリアと本国フランスとのあいだ、ストラスブールにてライン川を挟むドイツとフランスのあいだ——に身を置いていたことと関わりがあるのかもしれない。

渡名喜が本書の翻訳を企画し、二人で訳出を開始したのは二〇一一年のことである。同年秋にレヴィナスの『全体性と無限』刊行五〇周年を祝う国際シンポジウムを機にベンスーサン本人が来日されたこともあり、できるだけ早期の刊行をめざしていたのだが、その後、訳者二人は先述の『レヴィナス著作集』の翻訳に注力したために、本書の作業を大幅に遅らせてしまった。忍耐づよくお待ちいただいたベンスーサン氏にお詫びを申し上げたい。訳出にあたっては、藤岡が「はじめに」から第三章、渡名喜が第四章から「エピローグ」までをそれぞれ訳したうえで、両者が全体を通読し用語および表記の統一を図った。藤岡の担当箇所において、ブーバーに関して小野文生氏の、ヘブライ語の転写について北村徹氏のご教示をいただいた。記して感謝する。抽象度が高く濃密な文体でつづられたベンスーサンのフランス語を日本語にする作業は困難をきわめた。少しでも読みやすくなるように修正を繰り返したものの、いまだ晦渋な箇所が多く残っているのはひとえに訳者の非力によるものである。読者のご叱正を乞う次第である。

法政大学出版局の郷間雅俊氏は、私たちの翻訳の提案を快く受け入れ、博士論文が終わるか終わらないかの不安定な時期にいた訳者たちを信頼して翻訳を任せてくださった。刊行の遅滞をお詫びするとともに、いつもながらの迅速かつ丁寧な仕事に心からの感謝を申し上げる。

二〇一八年九月

訳　者

マ 行

ラ 行

人名索引

ア 行

カ 行

サ 行

タ 行

ナ 行

ハ 行

《叢書・ウニベルシタス　1085》
メシア的時間
歴史の時間と生きられた時間

2018年10月10日　初版第1刷発行

ジェラール・ベンスーサン
渡名喜庸哲／藤岡俊博 訳
発行所　一般財団法人　法政大学出版局
〒102-0071 東京都千代田区富士見2-17-1
電話 03(5214)5540 振替 00160-6-95814
組版: HUP　印刷: 三和印刷　製本: 積信堂

Printed in Japan

ISBN978-4-588-01085-9

著　者

ジェラール・ベンスーサン（Gérard Bensussan）

1948年生。ストラスブール大学名誉教授。専門はドイツ観念論およびユダヤ思想。ヘス，マルクス，シェリング，ローゼンツヴァイク，レヴィナスらについての多数の著書・翻訳で知られる。おもな著作に『モーゼス・ヘス，哲学，社会主義—— 1836–1845』（PUF, 1985），『ユダヤ人問題』（Éd. Osiris, 1988），『フランツ・ローゼンツヴァイク——実存と哲学』（PUF, 2000），『ユダヤ哲学とはなにか』（Desclée de Brouwer, 2004），『出て行く者マルクス——過度の思想』（Hermann, 2007），『倫理と経験——政治的レヴィナス』（Éd. de la Phocide, 2008），『世界の形態のなかで——フランツ・ローゼンツヴァイクについて』（Hermann, 2009），『シェリングの『世界年代』——絶対的なものの翻訳』（Vrin, 2015）がある。

訳　者

渡名喜庸哲（となき・ようてつ）

1980年生。東京大学大学院総合文化研究科博士課程単位取得退学。パリ第7大学社会科学部博士課程修了。博士（政治哲学）。慶應義塾大学商学部准教授。フランス哲学，社会思想史。共著に *Arrachement et évasion: Levinas et Arendt face à l'histoire*（Vrin, 2013），訳書にナンシー『フクシマの後で』（以文社），ブーレッツ『20世紀ユダヤ思想家』1・2・3巻（共訳，みすず書房），デリダ『最後のユダヤ人』（未來社），『レヴィナス著作集1・2・3』（共訳，法政大学出版局）ほか。

藤岡俊博（ふじおか・としひろ）

1979年生。東京大学大学院総合文化研究科博士課程修了。博士（学術）。滋賀大学経済学部准教授。フランス哲学，ヨーロッパ思想史。著書に『レヴィナスと「場所」の倫理』（東京大学出版会），訳書にブーレッツ『20世紀ユダヤ思想家』1・2巻（共訳，みすず書房），カイエ『功利的理性批判』（以文社），『レヴィナス著作集1・2・3』（共訳，法政大学出版局）ほか。